People · History

陈诚晚年（插图版）

孙宅巍 著

浙江大学出版社 全国百佳图书出版单位

图书在版编目(CIP)数据

陈诚晚年 /孙宅巍著. —杭州：浙江大学出版社，
2012.3
ISBN 978-7-308-09526-6

Ⅰ.① 陈… Ⅱ.① 孙… Ⅲ.① 陈诚（1898～1965）—
生平事迹 Ⅳ.①K827=7

中国版本图书馆CIP数据核字（2011）第279333号

陈诚晚年

孙宅巍　著

丛书策划	黄宝忠
丛书主持	葛玉丹　宋旭华
责任编辑	宋旭华
封面设计	彭若东
出版发行	浙江大学出版社
	（杭州市天目山路148号　邮政编码310007）
	（网址：http://www.zjupress.com）
排　　版	浙江时代出版服务有限公司
印　　刷	临安市曙光印务有限公司
开　　本	710mm×1000mm　1/16
印　　张	21.25
字　　数	285千
版 印 次	2012年3月第1版　2012年3月第1次印刷
书　　号	ISBN 978-7-308-09526-6
定　　价	39.80元

浙江大学出版社发行部邮购电话 (0571)88925591

前言

　　仔细分析民国要员的晚年，便可发现，这一阶段在不同人物的一生中，占据着各不相同的位置。对于他们各自的事业来说，有的晚年达于辉煌阶段，有的晚年则走向没落。

　　陈诚是中华民国史上的一名风云人物，其一生的经历，丰富而繁杂，充满了传奇色彩。早在30年代中期，他担任庐山军官训练团副团长，以及在抗日战争中不时被蒋介石派往关键的战场参与指挥时，就有人预测，他将成为蒋介石的副手和继承人。但是，陈诚真正成为蒋介石的不可替代的副手，还是在他的晚年，即国民党政权撤据台湾以后。那时，陈诚先后并同时担任"行政院院长"、"副总统"和国民党副总裁三要职。这一"二号人物"的重要地位，一直保持到他生命结束。

　　综观陈诚的一生，其作风踏实、清廉、雷厉风行，政治上忠蒋、反共、爱国。这些特点，在其晚年表现得尤其明显。陈诚的作风，在民国要员中颇具特色，在台湾岛也受到各种不同层次人物的赞扬。他以忠蒋、反共闻名于海内外，因而他始终是蒋介石在台湾最为信任的人物。不过，随着陈诚一生的历练，台海政局的变化，陈诚晚年在忠蒋、反共方面，亦有其微妙的变化。如在1960年蒋介石要修改"宪法"，第二次连任"总统"时，因与陈诚个人的升迁有着直接的关系，故其个人也不能没有一点想法和看法。陈诚的大公子履安就说过："父亲与蒋介石最大的冲突，是出现在蒋介石第二次连任总统的时候。"待蒋如愿以偿第二次连任"总统"后，陈虽亦连任"副总统"，并依旧被任命为"行政院院长"，"但是陈诚已经心灰意冷"。[1] 到他生命临终前，由于中国共产党对台做了大量的工作，并制订了正确的方针政策，他给世人留下了即无"反共"又无"反攻"内容的三点遗言，也很值得人们深思。必须特别指出的是，陈诚始终是一名爱国者。他坚决反对"台独"和由联合国"托管台湾"，致力于开发边疆和发展民族经济。在他逝世后，周恩来总理曾对他的"爱国"和"坚决反对美国制造两个中国"加以肯定。

本书在描述陈诚晚年的各项活动时，努力坚持实事求是的原则。在肯定陈诚某项活动的同时，不为其隐讳错误；在否定陈诚某项活动的同时，也不故意抹去不该否定的事情。

本书叙述的时限已由书名决定，即叙述陈诚的晚年时期。但"晚年"始于何时，并无统一的标准。或早或迟，或长或短，因人而异。大体说来，老人生命的最后一段即为晚年。陈诚50岁出任东北行辕主任，51岁赴台，52岁东山再起。考虑到陈诚终年68岁，从他51岁赴台起，即进入一生经历中的"台湾阶段"。因此，本书基本上将他在台湾的年代作为晚年；同时，为照顾前后衔接，又需要交代他为何较其他南京要员更早地到了台湾，因而又追溯到东北督战和病休上海，并对其从排长到参谋总长的经历略作回顾。

把陈诚在台湾的完整经历作为"晚年"的内容来写，还有一个好处，即方便读者更多地了解台湾的政治、经济情况。由于台湾海峡的中隔，长期以来，海峡两岸同胞互相对于对方政治、社会、经济及著名人物的活动情况，知之不多。当然，陈诚在台湾活动的方方面面，大陆读者不可能充分了解。笔者衷心希望，本书能够在这方面起到一种沟通和填补空白的作用。

为了使读者能在阅读本书的同时，了解陈诚一生的主要经历，在书末特附录"陈诚生平大事年表"。同时，笔者在写作过程中，查阅了大量档案、报刊资料，访问了一些陈诚当年的部属，参考了台海两岸出版与发表的陈诚传记及相关文章，兹一并附录于书末，俾便读者查考，并向有关档安馆、报社、杂志社、受访者、著作与文章作者顺致谢忱与敬意。

著　者

2010年7月于南京

目　录

第一章　大陆最后岁月

一　从排长到参谋总长

陈诚，字辞修，浙江青田人。1898年1月4日出生，先后入高市小学、丽水浙江省立第11中学和浙江省立第11师范学校读书。1918年入保定陆军军官学校学习，后被编入第8期炮科。1922年于保定军校毕业后，分配至浙江第2师第6团任少尉排长。

少尉、排长——这军队中最起码的官衔，便成了陈诚戎马一生的最初一个台阶。

1923年3月，陈诚随邓演达去广东参加革命，在邓任团长的建国粤军第1师第3团任上尉副官，旋调上尉连长，负责警卫大元帅府。5月，陈诚随孙中山出征西江沈鸿英叛军，在作战中胸部负伤，幸为邓演达亲自率部抢救而脱险。他在肇庆医院养伤、治疗期间，适逢大元帅行营参谋长蒋介石来院慰问伤员。这是陈诚与蒋介石这一对恩怨相伴一生的难兄难弟之间匆匆而过的第一次接触。9月，陈诚伤愈，升任师部独立连少校连长。

1924年春，黄埔军校成立。陈诚不计官阶，随邓演达到该校任上尉特别官佐，任教育副官之职。在这里，26岁的陈诚，因一个十分偶然的机会，为日后的官运亨通打开了门径。一天晚上，他因出外访友，深夜始归，一时不能入睡，便携带孙中山先生的《三民主义》一书到操场练习单杠。恰巧遇到清晨散步的校长蒋介石。蒋随手拿起《三民主义》翻阅，只见上面圈圈点点，显然已被被认真阅读过，遂对陈诚大加赞赏，并询问了其姓名、单位，还作了记录。操场的奇遇，成了陈诚依靠蒋介石发迹、一生追随蒋介石的开始。

不久，广州大本营组成东征联军，讨伐陈炯明，陈诚被任命为校军炮兵第1营第1连上尉连长。陈诚率领的炮兵连，成为黄埔军校中最早的一支炮兵部队。1925年2月中旬，陈诚的炮兵连在淡水之役中大显神威，将叛军火力压倒，使步兵一涌而上，攻克淡水城。淡水一战，使默默无闻的陈诚受到蒋介石、何应钦的赞赏，在革命军中崭露头角。

1925年陈诚在东征战役战场

接着，3月的棉湖之战，更使陈诚声威大振。战斗中，炮兵连因大炮发射过多，撞针发软，已卸下炮身。但面对黑压压冲过来的叛军，蒋介石直接命令陈诚重新架起大炮，亲自发射。陈诚明知炮弹已不能发射，又不好违抗命令，便硬着头皮，将炮架起，试射一发。不料这一炮不仅打响，而且正好击中叛军一群散兵；接着又连发三炮，连发皆中，似有天助。[1] 在炮兵的轰击下，战局大为改观，校军的阵地也转危为安，战斗取得了胜利。陈诚的突出表现和战绩，轰动了全团，受到各级指挥官的赞许。此后，陈诚率炮兵连，又参加了广州国民政府的第二次东征，并因在惠州之战中再立战功，升迁校军第2营少校营长；半年后，调任黄埔军校炮兵大队长。

1926年7月，广州国民政府决定出师北伐，组成了以蒋介石为总司令的国民革命军总司令部。陈诚始任国民革命军总司令部中校参谋，在蒋介石身边工作；不久调任预备第1师严重部所辖第3团团长。部队到达赣州后进行改编，陈诚仍在原部，任第21师第63团上校团长。1927年2月中旬，在桐庐附近，陈诚率部随21师与孙传芳3师之众背水激战，陈部伤亡甚众，连、排长伤亡不少。在十分危急的情况下，陈诚亲率特务队、侦察队冲锋，并横穿往返于200米宽的阵地第一线，鼓励官兵奋勇作战。第21师连克新登、杭州，陈诚擢升第21师少将副师长兼第63团团长。四一二反革命政变后，思想比较倾向于国民党左派的师长严重，请病假休养，陈诚遂代理师长，旋实任师长。

南京国民政府为彻底解决张宗昌直鲁军和孙传芳余部，于5月开始分三路进行"第三期北伐"。陈诚所率第21师被编入第1路军第4纵队何应钦辖下，辗转作战于苏北扬州、通州（南通）、徐州一带。蒋军在攻击徐州中失利，陈诚所部也损失较重。蒋介石于8月中旬辞总司令职，并宣布下野。这一局势，使青云直上的陈诚，在宦途上遇到挫折。

孙传芳在取得8月初的胜利后，利用南京政府在军事上、政治上处于困境的机会，集中了11个师和6个混成旅的兵力，分别沿津浦路和大运河南下，于26日趁江面大雾，分三路强渡长江，攻占龙潭和栖霞山。此时，执掌南京国民政府军事大权的何应钦、李宗仁、白崇禧急令在南京驻防的第21师陈诚部驰援栖霞山。陈诚虽胃病正在发作，仍抱病上阵，指挥阵地上5个师的军队，从三面向敌军据点发出冲锋，先后攻克栖霞山、龙潭两地。按说陈诚带病指挥，勇于负责，战果辉煌，应受奖升迁；但他实际得到的却是一枚酸涩的苦果。由于部队中派系的矛盾，又逢蒋介石下野，陈诚于10月被免去师长职，赴沪养病。陈诚在其戎马生涯中，第一次遇到了顿挫。

陈诚赴沪不久，就来到老上司严重手下，任军政厅副厅长；12月，严重辞军政厅长职后，陈诚任军政厅代理厅长，兼军事委员会军事教育处处长。

1928年初，蒋介石复出；4月，蒋任命陈诚为国民革命军总司令部警卫。陈诚就任警卫司令后，大肆扩充实力，共辖3个警卫团，节制2个炮兵团，指挥2个宪兵团，其实力超过杂牌军的1个军。但不久，在部队整编中，警卫司令部就被裁撤，仅以原警卫司令部的2个团与第17军曹万顺所部的4个团合编为第11师，曹为师长，陈为副师长。不过，陈诚却掌握着该师的人事、经理实权。

陈诚以第11师副师长的名义，实际指挥第11师，于1929年3月间，参加讨桂战役，西据武汉；旋又于5月间，"宣慰"新编第5师，北进襄樊。这年夏天，曹万顺因处事失当，引起部队中黄埔系下级军官的不满，被排挤走，陈诚遂接任第11师少将师长。此后，陈诚大量罗致黄埔学生，锐意改革，大力编遣曹万顺旧部，使第11师官兵素质有了较大的提高，从而成了他戎马一生中的起家部队。

12月，唐生智起兵反蒋。陈诚所部第11师被编在第2路军刘峙属下的右翼军中。激战中，第11师有的团被冲垮，有的团伤亡过半，陈诚亲率特务营到前线参加战斗，并对唐军喊话。在度过了最艰难的局面之后，至1930年1月初，陈军随蒋军大部队全面反攻，大获全胜。在收编唐军和其他杂牌军的基础上，第11师扩充为3旅9团，实力大大加强，跃入甲种师行列。

在随之而来的中原大战中，陈诚率第11师，因及时赶赴曲阜，击溃晋军，解了第12师之围，后又与第60师、61师首先攻进济南城，而获重奖，并被提升为第18军军长兼第11师师长。中原大战结束后，陈诚所率第18军得到较大充实，辖有第11师、14师及直属攻城旅，总兵力达4万余人。与此同时，陈诚对第18军进行了大刀阔斧的整顿，将其建设为一支以他为中心的、具有独特风格的战斗部队。自此，人们便习惯地将蒋军中的陈诚系称为"土木系"。按中国的字形拆解释义，"土"者，"十一"也；"木"者，"十八"也。第11师和第18师正是陈诚系部队的基础。

在国共关系破裂以后，陈诚参加了对江西红军的"围剿"。1931年6月，他开始担任左翼集团军中第2路进击军总指挥。1933年2月，其所统率的第52师和第59师在黄陂被歼，师长李明、陈时骥被俘。蒋介石为此发出"万急电"，称此为"本军未有之惨事"、"无限之隐痛"。[2]陈诚接蒋电，百感交集，默然曰："诚虽不敏，独生为羞。"[3] 3月21

日，急于寻找红军主力决战的第11师，在草苔冈附近被红军包围，经终日激战，第11师大部被歼，师长萧乾负伤。陈诚得悉这一消息时，几乎昏厥倒地。数日中，伤心泪下，羞愧不已。一个月内，连损3师，这在陈诚一生的战斗记录中，堪称为少有的失败。蒋介石并未因此失去对陈诚的信任，在第五次"围剿"中，仍命陈诚担任主攻部队北路军前敌总指挥兼第3路军总指挥。陈诚认真领会蒋介石关于"战术守势，战略攻势"，"步步为营，处处筑碉"的方针；同时又利用了红军中"左"倾军事冒险路线的错误，于1934年间，先后占领中央苏区的广昌、建宁、石城、宁都等地，迫使红军离开苏区，进行长征。这年7月，陈诚还被任命为庐山军官训练团副团长，蒋介石亲任团长，负责轮训全国各地的高级军官。由此，陈诚开始在各种不同场合，担任蒋介石的副手。蒋有意培养陈诚的迹象，亦逐渐显露。

　　1935年3月，陈诚兼任陆军整理处长，受命整理全国陆军，后又增

1936年12月陈诚（右二）与国民党军政要员及其夫人在西安事变中

加对全国骑兵、炮兵、工兵的督导整理。4月，晋升陆军中将。1936年6月，奉派赴山西协助阎锡山防御红军东渡黄河，任"剿匪军"第1路总指挥。其间蒋介石曾电告阎锡山："中正不可一日无辞修。"[4] 6月，任陈诚为晋陕绥宁四省边区"剿匪"总指挥；9月，加陆军上将衔。12月，调任军政部次长；12月12日，在震惊世界的西安事变中，与蒋介石同时被拘，后因事变和平解决，获释回南京。

抗战爆发时，陈诚正在庐山举办军官训练团。因战事日紧，训练团于1937年8月中旬提前结束。陈诚被派往淞沪战场，任第3战区前敌总指挥兼第15集团军总司令，后又任第3战区左翼作战军总司令。陈诚率部顽强抗击日军，付出重大代价，同时也重创日军。至转移阵地时，他以自己直接指挥的军队殿后，掩护撤退，致使伤亡更重于其他部队。

在武汉会战期间，陈诚先后被任命为武汉卫戍总司令、国民政府军事委员会政治部长、第9战区司令长官兼湖北省主席。在政治部中，与担任副部长的共产党人周恩来和以无党派民主人士身份出现的第3厅厅长郭沫若之间，由于各自奉行不同的路线和方针，关系微妙而复杂，曾发生过不少分歧和矛盾，但总体说来，还是维持了与中国共产党人合作共事的局面。1938年7月，出任三青团中央团部书记长，而三青团团长则由蒋介石亲任。10月10日，陈诚指挥所部将被包围于万家岭的日军大部歼灭，使其"陈尸满谷，弃械遍野，仅数百人向西北冢突，情状至为狼狈"[5]。陈诚所部，经数月奋战，已疲惫不堪。10月24日，蒋介石下令自武汉撤退，25日武汉失陷。

武汉失陷后，陈诚于12月初赴重庆，专任政治部长，其第9战区司令长官与湖北省主席职，则分别交由薛岳、严重代理。但是，每遇重大战役，蒋介石常派陈诚返回前线，指挥战事，如南昌、长沙之战等。1939年5月，陈诚升陆军二级上将；10月，兼任新设立之第6战区司令长官；12月，他又奉派参与粤北战役的指挥。陈诚发现粤北部队尽使用于第一线，手中没有机动预备力量，实为一着险棋，遂秘密将第9战区之第54军经长沙运至祁阳待命，并控制一部列车备用；后果于日军大举北犯、粤北守军亟待增援时，将第54军快速运抵，给予日军迎头痛击。陈诚在后来忆及这一情节时，还颇带欣赏的口吻说："此乃粤北战事转败为胜之最大关键，而且含有一段神秘的意味在内。"[6] 也有些战役指挥，陈诚奉命于危难之间，战场条件太差，陈诚无回天之力，致未能凑效，如1940年初的桂南战役、6月的宜昌之战，陈诚均自请处分。

第6战区曾于1940年上半年短期撤销，7月，重建第6战区。在此前后，陈诚辞去政治部长与三青团书记长职务，专任第6战区司令长官兼湖北省主席，驻节湖北恩施。他在恩施主政期间，集党、政、军大权于一身，利用自己的权威与地位，推行了一套创利的战时经济政策，如实行"二五减租"，部分物品的平价供应和比较严厉的"三禁"（烟、赌、娼）政策等，取得了一定的成果。1941年10月初，指挥反攻宜昌作战，予敌重创，迫敌第13师团，连卫生、后勤人员都组织起来，参加战斗；但正待将宜昌完全占领时，敌大批后援部队到达，不得不奉命撤退，致功亏一篑。这一战役共歼敌3677名，毁敌机14架、舰船14艘、汽车107辆。[7]

中国最高军事当局为了打通陆上与盟国的通道，编练新军，准备反攻，于1943年初，决定设立远征军司令长官部。2月11日，陈诚奉派为远征军司令长官，仍兼第6战区司令长官与湖北省主席，驻节云南楚雄之弥渡。在此期间，他策定了远征军作战部队整备计划。为了训练远征军的基层干部，并使其会使用美械装备，军事委员会举办了驻滇干部训练团，蒋介石亲任团长，龙云与陈诚任副团长，陈诚实际负责。与陈诚打交道较多的中国战区参谋长、美国驻华军事代表史迪威认为：陈诚是中国诸将领中的一位"最强有力和令人感兴趣的人"；"在蒋介石的儿子具备条件之前，他会被看成临时的继承人"。[8] 陈诚于5月初，拟定了在中缅战场反攻作战的初步计划。

正值陈诚筹划远征军实施反攻之际，鄂西战局突呈紧张。驻湘鄂日军集中7个师团，约10万兵力，配以飞机百余架，自5月中旬起，大举西犯。陈诚奉命由云南飞返恩施，坐镇鄂西前线指挥。他诱敌于渔洋关至石牌要塞间，求歼敌军于大江之西；令嫡系部队第18军之第11师胡琏部拼死固守石牌。经半月激战，日军不堪疲惫，主动后撤。此役共歼日军25178名，毁敌机45架、汽车75辆、艇舶122只。[9] 陈诚因指挥鄂西会战有功，于10月9日，获国民政府授予的青天白日勋章。

鄂西会战结束后，陈诚迅返远征军司令部，并于10月再次拟定远征军反攻计划，其部署为以主力分别攻取腾冲、龙陵，进入八莫、九谷，然后进攻腊戍，与盟军会师曼德勒。陈诚本人因胃病复发，于11月底赴重庆休养，未及实践这一计划，远征军司令长官一职由卫立煌接替。后来卫立煌基本按照这一计划，实现了与英美盟军会师、打通国际通道的目标。

陈诚经半年休息，于1944年五六月间，先后作为机动力量，奉命参

1945年陈诚（右）在重庆机场与毛泽东（中）、张治中（左）合影

与豫西作战之指挥与整顿西北局势。7月6日，他受命接替蒋鼎文，担任第1战区司令长官兼冀察战区总司令，统辖9个集团军、23个军。11月，陈诚接替何应钦，任军政部长，何改任陆军总司令；1945年1月，陈诚又兼任后勤总司令，直至日本投降。

陈诚在抗战中，转战8年，悉心指挥，为打击日本侵略者、夺取抗日战争的胜利，作出了贡献。

抗战胜利后，陈诚主持军政部，开展部队复员与接收工作。1946年上半年，他根据"三人军事小组"达成的《关于军队整编及统编中共部队为国军之基本方案》的精神，将陇海路沿线及西北的国民党军，整编为27个军、67个师；将长江流域及其以南的国民党军，整编为29个军、80个师。后因国民党挑动了全面内战，部队整编工作亦中辍。

1946年5月，国民政府接受美国军事顾问团的建议，决定撤销军事委员会及其军令部、军政部、陆军总司令部，设立国防部。31日，正式发布命令，白崇禧任国防部长，陈诚任参谋总长兼海军总司令，这样，

1946年5月9日陈诚（中）在南京机场迎接美国陆军参谋长艾森豪威尔（左二）

陈诚便掌握了全国军事大权，可以直接秉承国民政府主席的命令，统率陆海空军。

从少尉排长到陆军二级上将、参谋总长，陈诚用了24年的时间。这24年，使陈诚从军官阶梯的最底层，爬到了顶峰。

二　主持东北战局

陈诚被任命为参谋总长后，尚未正式宣誓就职，便遵照蒋介石的命令，通过郑州"绥靖"公署主任刘峙，指挥第5、第6两"绥靖"区的部队，约10个整编师30万人，于1946年6月26日，向中原解放区李先念部发起进攻，从而点燃了全面内战的战火。

当时，中原解放区连同地方部队，总共只有6万多人。他们遵照中共中央"立即突围，愈快愈好"，"生存第一，胜利第一"的指示[10]，于6月底，分北路、南路、东路三路突围，先后在六七月间，冲破国民党军的围堵，完成了战略转移。

紧接着，在中原地区挑起战事后，陈诚又调动第1"绥靖"区李默庵部、苏北"绥靖"军李延年部和第5军邱清泉部等，向苏中、苏北解放区，发动了大规模的进攻。他甚至扬言："两星期解决苏北问题。"七八月间，苏中解放区部队在粟裕、谭震林的指挥下，打了个"七战七捷"，歼灭国民党军6.5个旅和5个交警大队，计5万多人；而国民党军只夺得了如皋、海安两座空城。

在华北，9月下旬，陈诚调动国民党军第11战区孙连仲部和第12战区傅作义部共22个师，分沿平绥线及其两侧地区，东西并进，攻击张家口。10月上旬，傅作义部利用解放军晋察冀部队判断的失误，乘其调动之机，先取张北，继于11日进占塞外重镇张家口。次日，陈诚于飞赴归绥（今呼和浩特市）途中，在张家口上空故作盘旋，以显示其"胜利"。他为这一"胜利"冲昏了头脑，信誓旦旦地预言："我负责地说，国军战领之地，确有力量保障其安全。""万一军事解决，三个月至五个月，一定完了。"[11]

当人们在战火中迎来1947年的时候，陈诚跨入了人生的"天命之年"——50岁。

2月21日，陈诚晋升为陆军一级上将。可以说，在军衔上，他爬完了最后一个台阶。因为在此之上，便是特级上将，在全国全军，只有蒋介石一人可以享受这一殊荣。

可是，与陈诚晋升陆军一级上将只相隔一天，东战场便响起了丧钟。鲁南战场的李仙洲集团于2月23日，在莱芜、吐丝口间华东野战军的袋形阵地中，遭到毁灭性的打击，第73军、46军主力被解放军全歼，身为第2"绥靖"区副司令的李仙洲被俘，胶济路西段及其两侧城镇10多处获得解放。

西战场的战事进行得也不顺利。对于一共只有主力部队6个旅2.7万人的中共延安地区，蒋介石、陈诚调动了34个旅23万人实施攻击。西北野战军于3月19日主动撤出延安后，在1个多月的时间里，先后在青化砭、羊马河、蟠龙三战中，使国民党军连失3旅，计1.4万多人。陈诚竟不惜捏造事实，夸大战绩，称："共军用以保卫延安之兵力共3师13旅，配合民兵约共16万人"；"俘获万余人"。[12]

紧接着，国民党军队的"王牌师"整编第74师又于5月15日被合围在孟良崮、芦山地区。两天后，号称国民党军"五大主力"之一、全部美械装备的整编第74师被全歼，师长张灵甫、副师长蔡仁杰、第58旅旅长卢醒被击毙，3.2万官兵被毙伤、俘虏。蒋介石哀叹，"这是我军剿匪以来最可痛心、最可惋惜的一件事"[13]。

在全国各战场中，最令蒋介石、陈诚感到棘手的地方还是东北。1947年春季，东北民主联军即有"三下江南，四保临江"之壮举，使国民党军损失4万人，并且一直未能占领临江城。五六月间，东北民主联军又发动夏季攻势，共歼灭国民党军4个师、连同非正规部队计8万余人，攻克城市36座。国民党军虽暂时保住了四平城，但被迫收缩于中长路四平南北段和北宁路沈阳、山海关段的狭长走廊地带。

陈诚在这年夏秋间，曾多次去东北活动。7月中旬，他抵沈阳后，于14日分别会见东北各省主席、各市市长及团长以上军官，并宣读蒋介石的命令，批准东北保安司令长官杜聿明短期离沈就医，其职务由副司令长官郑洞国代理。陈诚于15日到达刚刚经过激战的四平，代表蒋介石对驻军进行慰问、打气；16日到长春，传达蒋介石对长春军民"深致慰问之意"。8月6日，陈诚再飞沈阳；12日，奉派为东北各省市党部、团部统一组织委员会主任委员，全权处理东北党团一切事宜。在沈阳期间，陈诚曾与前来考察的美国特使魏德迈作长时间的单独交谈。他对魏德迈说：

> 中国有句俗话，叫作"病入膏肓，不可救也"。拿我自己的病来讲，我患的是胃溃疡，只要下决心动一次大手术，就有治愈的希望。但如果我患了癌症，恐怕万能的上帝也救不了我。东北的情况，已不是整治几个将领可以好转的；老百姓积怨太深，也不是看到一些贪官污吏落入法网，便能消除所有积怨保持平衡的。
>
> 现在东北的军事力量太弱了，但我们的军队在各战场受牵制，一时不可能集中太多兵力投入东北战场。此外，一些美械装备的甲种师，枪械坏了便没有替换的，弹药消耗光了便没有补充的，还怎么发挥他们武器的优势呢？我们的军队现在只能集中守几个大据点，没有进攻能力。守是不可能长久的，因为对方决不会等到你援军开来了再进攻。[14]

如此，陈诚建议魏德迈做两件事：一是说服蒋介石将关外让给共军；二是派空军尽快将东北的军队撤往关内。他认为，"这样我们还可以保存精锐守住关内，与共产党分疆而治，这大概是目前的唯一出路"。

魏德迈回到南京真的向蒋介石提出了"撤出关外，防守关内"的建议，但是，这一建议最终未能为蒋所采纳。不仅如此，蒋介石还决定派陈诚去东北收拾日益恶化的局面。8月29日，陈诚奉派兼任国民政府主席东北行辕主任。

9月1日晨8时50分，陈诚偕楚溪春等人，乘"追云"号飞机赴东北上任。国防部长白崇禧、次长秦德纯等到机场送行。楚溪春，毕业于保定军校第1期，曾任该校第8期队长，而陈诚乃保定军校8期生，故尊称楚为"老师"。楚因1946年顽固死守大同而出名，陈诚当即留楚在南京任中央军官训练团副教育长；此次北行赴任，亦邀其同行，以为左右手。

陈诚座机在沈阳机场降落后，受到原行辕主任熊式辉等行辕高级官员的欢迎，并检阅了仪仗队。陈诚与熊式辉素来不合。江西"围剿"时，陈诚损失3师之众后，身为江西省主席的熊式辉，因不满陈在赣独揽大权，向蒋建议，将陈部被歼师的番号，予以撤销。"八一三"淞沪抗战爆发后，陈、熊同时奉蒋之命赴前线考察，但回来后，熊认为"不能打"；陈则认为应"扩大沪战事以牵制之"，并为蒋所采纳。[15] 熊式辉是个老谋深算的人。早在七八月间陈诚多次往返东北、广泛接触东北各界人士时，就看出了苗头，故连续7次向蒋介石递上辞呈。

2日上午10时，陈诚在东北行辕大礼堂正式就职。熊式辉向他的继任交出了大印。陈诚在作了简短的即席讲话后，又与熊式辉和全体参加仪式人员合影留念。

陈诚就任伊始，洋洋洒洒地发表了一篇《告东北军民书》，把"执行政府剿匪政策"作为行辕今后的首要任务；提出"去奢崇俭，力挽颓风"的口号；要求东北军民"各就岗位，各尽职守，于艰难困苦之中，寻求自力更生之道"。[16] 他还在一次公开训话中严肃指出：

　　在这里，官多于兵，兵多于枪。各部队长不是积极整训部队，努力作战，而是去忙于做生意、办学校、搞政治活动；地方政府搞什么保安团，尽是乌合之众，而办保安团的经费又列在预算第一位，贪污腐化成风，没有为党国效一点力，却尽干祸国殃民之事。所以，如不杀几个，这种风气如何能扭转？不杀几个，民愤如何得平？[17]

随着陈诚对东北各项军政工作的接手，他愈觉这里的一切工作均不上正轨。于是，上任半个月后，又于纪念"九一八"16周年时慷慨陈词，历数东北之种种弊端。他说："各人不务本业，不尽职守，分心旁骛，而唯局部一时之利害是图。其尤著者，譬如军职人员，往往对于部队的训练与士兵的生活，漠不关心，而去办理经济教育文化等事业，甚至兼商业……同时文职人员，身负一方政治责任者，却往往喜弄兵权，扩充部队，而对于民众的组织、国民的生计、青年的教育，反少注意。此等不正常现象，不独是风气败坏的根本原因，同时也就是国家乱源之所在。故抗战胜利已两年，而军事政治尚未能悉趋正规。"[18]

陈诚心中虽十分明白，东北大局已无可挽回；但是既奉上命出主行辕，也只能将死马当作活马医，雷厉风行地采取了一些重大的举措。

首先，将叠床架屋的军政机构加以调整。东北原有保安司令长官部与东北行辕互相牵制。按说东北行辕系东北地区最高军政机构，有权统筹指挥区内所有军政事宜，但东北保安司令长官也是东北最高的军事长官，他名义上受行辕节制，可事实上只是保持了一种礼貌上的报备手续而已。陈诚果断地将东北保安司令长官部予以裁撤，一切对解放军作战的军事指挥均由东北行辕全权负责。原东北保安司令长官杜聿明因病已去北平，副司令长官郑洞国改任东北行辕副主任；行辕参谋长董英斌留任，秘书长由长年跟随陈诚的朱怀冰担任；行辕与保安司令长官部的编余人员，一律编入东北训练团政工大队内。此外，将军事重镇沈阳的守备机构加以改变，撤销原沈阳警备司令部，改建沈阳防守司令部。原兼任警备司令赵家襄已调锦州，由新任东北行辕总参议楚溪春接任防守司令。好在楚为赵之岳父，原警备部内部人事变动不大。

其次，进行严厉整肃。陈诚宣称："与其说向共匪拼命，不如先从自己拼命做起！"[19]于是，他又使出了当年在湖北主政时期的铁腕：以举办"兵学研究会"为名，将暗设赌场的中将田湘藩逮捕归案；将不战而逃的本溪区保安司令李耀慈以"弃守领土"罪处以极刑；将利用职权勒索钱财的少将李修业加以拘捕；将收编军队、买空卖空的少将刘介辉递解出境。即使是防守四平"有功"，获授青天白日勋章的第71军军长陈明仁，也因被控第71军有抢粮行为，而被免去军长职务，调任总统府中将参军。惟其如此，辽宁省参议会议长马愚忱说："熊式辉是内科大夫，开药治病；陈诚是外科大夫，对东北的恶性肿瘤开刀了。"[20]

第三，扩充部队，增强实力。陈诚从其他战场调来第49军、53军，充实军力。第49军军长王铁汉，"九一八事变"时北大营的守将；第53军原军长为万福麟，现任军长周福成。该二军均为"九一八事变"前的东北军。同时，陈诚又把东北原有的9个保安区、11个保安支队以及交警总队等部队，扩编为新3军、新5军、新7军和新8军四个军；把骑兵支队扩编为3个旅的骑兵师；把青年军的第207师扩编为暂编第6军；以收编伪满军队组成的保安团为主力，扩编了暂编第55师、56师、57师、58师、115师、116师等部。陈诚的嫡系将领潘裕昆由第50师师长提升为新1军军长，龙天武由第14师师长提升为新3军军长。经过整顿、扩编、增调，陈诚手中共握有14个军又1个骑兵师，计约40万人，对外号称50万大军。

第四，整顿经济秩序。东北战后接收工作，比之内地尤其混乱，许多军政人员，非法接收，并且不加处理，致使南京政府拨来的补贴管理费用，不能用于工厂复工，而被转移至别处。陈诚于9月19日召集银行及商会负责人开会，商订了避免资金内逃的办法；并将若干处理接收机构与生产机构加以合并改组，限期复工生产。陈诚还采用了一些新的经济政策与措施，以革除弊端。如：9月28日，下令将大豆管制政策改为输出许可制，大豆由商人自由收购运输，不加限制；豆油、豆饼可由商人自由输运关内。10月3日，下令废止《东北经济紧急措施方案》，取消对关内输出的贸易限制，使计划范围内的输出、输入均可自由进行；规定今后凡输入东北所急需物资者，可凭运单发票输出同等价值的五金器材。为稳定东北军心、民心，陈诚还呈准南京政府，以1000多亿元东流通券和2300亿元法币，从上海、天津等处购运粮食。

就巩固国民党政权对东北的统治而言，陈诚确可谓尽职尽责，做了他所可以做的一切事情。但是，国民党政权在东北及全国各地的颓势，也绝非抓几个人、杀几个人，或者颁布几项新的政策、法令所能挽回。

陈诚在1947年的"国庆献词"中狂妄宣称："要趁此机会将整个'共匪'主力消灭，尽复失地，使'共匪'此次进扰为最后的一次，以便明年今日东北四千五百万同胞皆能欢欣鼓舞，同申庆祝。"[21]然而，东北战局的发展，与陈诚的估计正好相反。经过东北解放军50余日的主动进攻，陈诚所部东北国民党被歼6.9万人，有15座城市获得解放，农安至铁岭间、锦州至山海关间的铁路均被破坏。等待着他的，是人生道路上的又一次失败和顿挫。

三 王牌军覆灭

1948年元旦，伴随着东北解放军冬季攻势隆隆炮声的来临，迎来了被陈诚认为是其一生中极为黯淡的日子。解放军的攻势来得太快、太频繁。秋季攻势刚过，冬季攻势又开始了。

为了稳住军心、民心，陈诚不得不故作镇静，虚张声势。他告诉东北军民：东北已度过最困难时期，如果国军能纠正行动迟滞笨重的弱点，并注意爱惜武器弹药，注意陆空联络，服从命令，则全盘局势将由被动转为主动。他还宣称，国民党军即将由铁岭、沈阳、新民三路出兵，对东北解放区进行"扫荡"。

新民、沈阳、铁岭是一个三角地带。它像一把扇子向着西北方向展开。扇子的顶点是沈阳，两端是新民和铁岭，那结了冰的宽阔的辽河，犹如一道弧形的银边。陈诚面对东北解放军的冬季攻势，集中了15个师的兵力，在这个扇形阵地上，准备从近100公里的正面，分三路向彰武、法库方向推进。其部署为：新3军、新6军主力为右翼，由沈阳、铁岭一线向西推进；新5军为左翼，由新民向北推进；第71军、新1军主力居中，由沈阳向西北推进。

在这场战斗中，陈诚与林彪——国共两军的主将，都采用了围歼的战术，互相都企图创造条件，将对方的全部或一部包围起来，加以歼灭。所不同者，陈诚想一举围歼林彪所部20万人；而林彪则是看准了陈诚部署上的薄弱环节新5军，只希望一战吃掉这一个军。结果，中共部队达到了战役歼敌的预定目标。

陈诚命令新5军以强行军占领距新民25公里的公主屯，以便对东北解放军实施口袋战术。1月3日，陈林达率部攻抵公主屯，并成为三路国民党军中比较突出的一翼。在这里，他们遭到了东北解放军第2、第3、第6、第7等纵队及炮兵第1、第2、第4团的合围。

新5军军长陈林达发现自己进入险境，立即给坐镇沈阳指挥的陈诚发去急电，请求从秀水河边的公主屯退守到有坚固设防的辽河西岸小镇巨流河。

陈诚对于作为机动兵团使用的新5军，究竟应退至辽河边固守，还是应坚持现有突出位置进攻，举棋不定。他命令新6军廖耀湘部，务于5日前抵达公主屯，与新5军会师。但此时，解放军的包围正在逐步完成，新5军的退路愈来愈窄。

一天以后，陈诚决定撤回新5军，命令陈林达立即率部向辽河转进。然而，为时已晚。公主屯的一兵一卒已经再也冲不出来。陈林达再次向陈诚紧急求援。陈诚命新5军就地死守3天待援；同时再次电令新6军廖耀湘部，无论如何须于7日正午前，进攻到东蛇子山与西蛇子山南北一带，以解新5军之危。

5日，解放军开始发起冲击。两军在茫茫的雪原上厮杀了三天三夜。在激烈的战斗中，解放军始终处于主动地位。新5军终于抵挡不住解放军凌厉的攻势。它的军部和两个完整的师——第43师和第195师，共2万余人被全歼，军长陈林达被俘。而负责为新5军解危的新6军，却在新5军被全歼之后，才姗姗赶到。

国共双方，对于这场惊险的战斗，都有详细的描述。国民党方面的资料称：

> 负有占领公主屯重大任务的新5军，在军长陈林达率领下，攻势甚猛，排除共军拼死抵抗，于3日占领泡子沿、闻家台，逼近攸关20万共军生死存亡的公主屯。4日，新5军在枪林弹雨中，冒死前进，遂将7纵队包围于公主屯内，已完成东北行辕3天内进抵公主屯命令，并期待新6军能在5日会师。林彪在此千钧一发时刻，他鉴于公主屯局势危急，遂纠集了5个纵队主力10余万众，于4日深夜赶到公主屯地区，对新5军予以反包围。此刻，新6军倘能在东北行辕期限内，于5日赶到公主屯与新5军会师，此空前大会战，当可顺利完成，整个历史或将重写了。[22]

在《中国人民解放军战史》中，则赫然记载：

> 我军决心集中主力首先歼灭较孤立突出和战斗力较弱的左路新5军，尔后再视机扩张战果。遂以第6纵队在新5军前进路上节节阻击，诱敌深入，尔后配合自彰武南下的第3、第7纵队，自蛇子山向西的第3纵队等歼灭该敌于新民以北的公主屯地区；以第1、第4、第10纵队进至沈阳以北、以西地区，阻止

敌右、中两路向新5军增援。1月5日，我第6、第2、第3、第
7纵队按预定部署，将新5军主力合围于公主屯地区。接着对
被围之敌展开猛攻，经6日和7日两天激战，全歼新5军军部及
第43、第195师，俘新5军军长陈林达。新5军主力被歼后，中
路、右路敌人仓惶退回铁岭、沈阳。[23]

参加合围全歼新5军战斗的东北解放军第3纵队第7师第20团第1营
营长赵兴元介绍说，第3纵队的任务是迂回至法（库）新（民）公路以
东，切断敌人退路，在辽河北岸围歼新5军。"几天以来，新5军就像一
只被困的野兽，到处乱窜；在深井子、叶家窝栅遭我打击后，先跑到安
福屯，又跑到周家屯，最后在我两支部队的夹击下仓惶逃到了闻家台。
闻家台只是个不到三百户人家的小村子，陈林达把他的军部和一个师的
残部、一个炮团、一个特务营以及一大堆后勤辎重，加上个保安团，统
统塞进这点子大的地方，大概是认为我们不会在这样天寒地冻的天气里
追击它，就是追，他也可以利用闻家台周围这一大片开阔地阻止我们，
只要能再坚持那么一两天，另两路敌人往这边一靠拢，也就万无一失了。
可是敌人估计错了。我们一下子扑上来四个团，按倒他们就打。"[24]

被俘的军长陈林达，是湖南湘潭人，时年45岁，黄埔四期生，原为
第52军第195师师长。陈诚主持东北行辕后，刚提升为以195师为基干的
新5军少将军长。当1月6日东北解放军炮兵部队向闻家台实施猛烈炮击
时，他带了7名卫士从掩蔽部里钻出来，企图逃走，但没有走出100米，
便被冲上来的解放军官兵俘虏。陈林达在被俘后的第7天，才暴露出新5
军军长的身份，从而成了东北战场上被俘的第一名蒋军军长。据当时的
《东北日报》披露：

　　他被俘以后，假装是军部的书记官，换了个名字，穿着
一件油污的大衣，踏着一双破烂的鞋，帽子扣得很紧，还在脸

上涂了一层黑灰，整天躲在阴暗的屋角里，不大说话，更不敢认人。哪知他的下级军官经我军教育动员后，便把他的秘密揭穿。开始他还不承认，后来看到人证物证，只好站起来嗫嚅地说："我用不着再隐瞒了，你们的政策我是知道的，你们不杀，我也是知道的。"[25]

新5军全军覆没的消息由陈诚报告蒋介石后，蒋介石极为震惊。10日，辽河枪声未息，蒋介石便带了国防部作战次长刘斐、陆军副总司令范汉杰，由南京直飞沈阳。蒋在沈亲自主持召开军事会议，追查造成新5军惨败的责任。在东北高级将领中经过一番推诿、争吵之后，陈诚只好无可奈何地表示，自己指挥无方，请求按党纪国法惩办。对于陈诚自请处分，蒋介石当然不忍下手，但是陈诚声望的下降，却是无可争辩的事实。

大败之后，陈诚仍企图力挽危局，把希望寄托在美国的援助上。1月14日，美国驻沈阳总领事华德前来访谒陈诚，并询问了东北战场的军事情况。陈诚说，苏联已将缴获日军的武器装备了中共军队。美国装备国民党军的计划，第一期30个师还没有完成，第二期30个师又因日本投降而终止；即使已经装备者，一部分因无零件及弹药继续补充而不能使用，一部分因气候关系显已失效；相反中共现用日军武装，原为日本关东军适应寒地而设计，故不受气候限制。最后，陈诚请华德转告马歇尔元帅："如真要援华，必须争取时间。"接着他又意味深长地说了一句："中国同我的病一样，可以医治的，但时间不能拖延！"[26]

四　上海养病

陈诚在东北的多次谈话中，都以自己身上的疾病，来比喻东北危急的局势。早在1947年10月21日，陈诚便发现胃出血现象。蒋介石得悉后，遂于23日致电慰问。11月5日，蒋介石再次电询陈诚健康状况；不久，便派戚寿南医师到沈诊治。

戚寿南大夫检查陈诚身体后，认为必须尽快住院动手术，若长期任其出血，将影响日后的治疗。要动手术，在炮火纷飞的沈阳城，显然是不适合的。但是蒋介石起初还是不想放陈诚离沈，提出给陈增派助手，以便多少减轻一点他身上的负担。陈诚深知，东北高级将领对于前一段严厉的整肃，都有怨言，若再派自己系统的将领来，已不能起到缓冲的作用。他便向蒋介石推荐刚从国外归来的卫立煌前来接替。蒋听后沉吟不语。因有人告发，卫立煌在抗战中任第1战区司令长官期间，与中共有来往，私访延安，并以弹药、物资接济八路军。蒋介石对卫立煌不够放心。陈诚则建议蒋介石："用人不疑，疑人不用。"经过一番考虑和思想斗争之后，蒋介石最终觉得，卫立煌确是一名战将，在统率远征军时曾立下过赫赫战功，于是便下了将卫立煌用到东北的决心。曾经担任过卫立煌秘书的赵荣声先生写道：

> 蒋介石记得很清楚，他嫡系的高级将领中，还有一个能拼能打的卫立煌。论资历和声望，都能够充当独当一面的封疆大吏；论人事关系，像杜聿明、郑洞国、范汉杰、廖耀湘这些人或者是卫立煌在远征军中统率过的，或者是他过去的老部下，他都能驾驭得了。更重要的一点是卫立煌率领远征军打了胜仗，在美国军界获得好评，最近他又到美国，和美国军界酬酢频繁，获得美国佬的支持。和以前魏德迈公然提出要蒋介石撤换熊式辉、杜聿明的情形根本不同，派卫立煌去东北，再适合没有了。虽然抗日战争前期卫立煌和八路军来往密切，有亲共的嫌疑，但是经过这些年的考察，没有发现卫和共产党有什么来往，也没有什么不轨行为。何况这一年派卫立煌到美国参观原子弹试验，参观美国军事设备和军事大业，让美国将领影

响他，使他看到在将来的第三次世界大战中，哪一方面实力雄厚，巩固了卫立煌亲美崇美的思想。因此蒋介石把卫立煌当作一张王牌打了出来。[27]

赵先生的这段分析，入情入理，确是把蒋介石起用卫立煌的复杂心态表现了出来。

方针既定，蒋介石动员了张群、顾祝同等文武干将去做卫立煌的工作。陈诚的夫人谭祥也亲去南京上海路卫公馆劝说："辞修病得没法，只有请卫先生去东北才有办法。""卫先生一去东北，就是救了我们一家。"但是卫夫人韩权华在旁边听了却不舒服，她

1932年1月1日陈诚跟夫人谭祥结婚照

深知东北是个烂摊子，接不得，心想："救了你们一家，不是坑了我们一家？"为此，韩权华还和丈夫大吵了一顿。卫立煌身边的人也多劝他不能去东北。卫拿出了丈夫气概："军人以服从命令为天职，在这个时候，不能考虑得那么周到！"[28]

1948年1月17日，蒋介石签发了一条命令：

　　特派卫立煌为国民政府主席东北行辕副主任兼东北剿匪总司令。[29]

天津《大公报》为此作出解释称：

"东北军事由卫氏指挥后，陈诚兼主任可不常驻东北，而匀出时间来在京执行参谋总长的职务。"

"国防部以东北问题经纬万端，目前政治、经济、军事等项全部集中于东北行辕，爰建议仿照华北体制，调整东北机构，设立东北剿匪总司令部，专负东北国事全责；并直隶于国防部，兼受东北行辕之指导。"

其实，东北"剿总"的设立是对4个月前陈诚砍去东北保安司令长官部的否定，因为它们同样都是在东北行辕这一地区性最高军政机构之外，存在的一个平行的最高军事指挥机构。这只能作"此一时也，彼一时也"之解释。

不管《大公报》如何帮助解释，陈诚自己心中十分清楚，蒋介石对卫立煌的任命，实际上宣告了自己指挥东北战事的结束。陈诚从东北战场上得到了解脱。历史的轨迹，在这里又一次巧合。4年前，陈诚因胃病离开远征军时，就是卫立煌接替了远征军司令长官的职务；此次，陈诚又因胃病发作，再次由卫立煌取代执掌东北。其实，陈、卫之间，由于各自的经历与背景不同，陈诚是公认的蒋介石嫡系，卫立煌则被称为蒋介石"嫡系中的杂牌"。他们二人各自互相戒备，并不是一对配合默契的合作者。

卫立煌受命东北新职后，蒋介石只给他3天准备时间。1月21日，卫飞北平，与北平行辕主任李宗仁、华北"剿总"司令傅作义商谈军事；22日，抵沈阳视事，并携去蒋介石手谕。

2月5日，已至旧历年底，在东北坐镇了5个月的陈诚，怏怏离去。他慨叹道："国病日甚，身甚病同剧，曷胜怆怀！"[30]陈诚离沈后，将东北行辕暂交其副手罗卓英主持。

时隔一周，蒋介石于2月12日发出电令：在陈诚病假期间，东北行辕主任职务，由卫立煌兼代。

陈诚由东北返回南京后，虽仍挂参谋总长职衔，但就局势、人事、身体条件来看，已均非效力之时。卫立煌主持东北战局后，曾多次致电陈诚，"以目前控制地区狭小，就地筹办困难，请求空运补给"。陈诚的看法与卫立煌不尽相同，他认为对东北巨量的物质补给，单靠空运，乃力不能及，只有依靠东北守军本身，积极打通陆路交通。他于2月21日向蒋介石报告说："对东北数十万大军之作战补给，纵倾全力空运，运输量亦极有限，为解决该方面补给问题，似应先谋打通新民至锦州间路线，并确保其畅通，始能解决补给之困难。"[31]

陈诚立意打通陆路，不无道理，惟卫氏迭次来电，请求空运，未必不懂得打通铁路的重要，然非不欲也，是不能也！陈诚坐镇东北时，亦曾竭力打通各路线，但最终落得个"铁路南站通北站"（即只在一个城市内通行）的惨局。因此，陈诚的这一建议，也只能使卫立煌望梅止渴，啼笑皆非。

2月27日，陈诚偕夫人由南京乘车抵沪，上午8时到达，9时即由谭祥陪同赴上海国防医学院作检查。医师嘱咐，由于目前身体比较虚弱，需要先静养一段时间，到天气暖和以后再行手术。

从此，陈诚谢绝一切社交活动，在法租界一所公寓式的私人住宅里，专心休养身体，等待手术。尽管这时他仍戴着参谋总长和东北行辕主任两顶桂冠，但是在报纸上已极难找到关于他的消息。昔日风云一时的新闻人物，如今却向社会隐藏了自己的踪迹。

陈诚曾于3月1日致电蒋介石，请辞本兼各职，但蒋介石批示："希安心养病，不必请辞。"

6月4日，陈诚住入位于江湾的国防医学院。12日上午10时，由著名的外科专家张先林大夫为他成功地把胃切除了2/3。

蒋介石对陈诚的身体至为关注。在陈诚手术后住院休养期间，于7月31日派总统府第三局局长俞济时，携带手谕前去探望。陈诚于8月25

日出院，回到寓所继续休养。9月，蒋介石又派人送去医药费金圆券1万元，约合2500美元。

陈诚自2月末抵沪，计在沪休养、治疗7月有余，至10月初结束。

五 黯然赴台

陈诚在上海期间，一面治病，一面静观政治风云的变幻。

树欲静而风不止。陈诚本人由于复杂的思想状况和处境，虽不想再抛头露面，但在3月末召开的"行宪国大"上，却有许多代表围绕着他的名字吵闹不休，引起了一场轩然大波。

难产的行宪国大，经过半年多的吵吵闹闹，终于在1948年3月29日于南京开幕。本来，蒋介石在《开会词》中已为此次会议定下了基调："国民大会的使命，只是行使选举权，以完成中华民国政府的组织。"[32]可是代表们的意见却与之相左，他们强烈地要求："将地方情况反映于大会，反映于中央政府，对于当前时局及政府施政方针，应有广泛之检讨。"[33]代表们的动议，经付诸表决，竟以绝对多数赞同而获通过。

4月9日，蒋介石在《施政报告》中，再次规劝代表，"切不可重视细节，议论纷纷，争持不决"；甚至恳求大家，"为了国家，程序愈简单愈好，议程的进行愈迅速愈好"。[34]但代表们并不理睬蒋介石的要求，对部长们的报告，尖刻批评。特别是北方代表，在台上大骂政府，台下代表为之鼓掌喝彩；也有的代表在台上颂扬政府，台下代表则发出嘘声、尖叫声、跺脚声，会场吵成一片。美国驻华大使司徒雷登，后来在回忆到这一场面时，对于"会场秩序混乱，人们大喊大叫，行为恶劣"，仍有十分深刻的印象。

4月12日下午，国大代表就国防部长白崇禧的军事报告及检讨作自由发言。许多代表把国民党军在战场上失败的账，一股脑儿全算到了参谋总长陈诚的身上。

山东代表赵庸夫第一个在发言中，点了陈诚的名。他说：

> 政府应该明是非，信赏罚，检讨目前军事，为什么会严重到这一步？其原因是由于参谋总长陈诚的三大政策：1. 肃清游杂，现在共产党在东北的六十万军队，就有这批被肃清出去的游杂；2. 整编军队，把一军编成一师，一师编成一旅，有的不知道编到哪里去了；3. 调整人事，说是整编军队国家化，把张三的军队交给李四带，李四的军队又交给赵五带，这样的调整人事，究竟有用么？[35]

一名叫吴叔观的代表，呼应台上的发言，要求陈诚到会上来报告他的工作。另一名代表王会文叫嚷：熊式辉、陈诚都要向代表报告东北军事。

赵庸夫见台下有人支持他的讲话，越发慷慨激昂。他提高嗓门说：

> 抗战开始时，我们的军队还不是很好，后来杀了一个韩复榘，于是军心大振；现在军事当局要明赏罚，才能收拾人心！[36]

这几名代表锋芒直指陈诚的讲话，使会场上情绪激动。有些代表听到传闻，说陈诚将去美国动手术，更加感到气愤。代表张步贤在自己的位置上站起来，高声喊叫："由大会发电给上海市政府，不要陈诚走！"

"诸葛亮挥泪斩马谡，我们要求蒋主席演这出戏！"

赵庸夫受到鼓舞，口气也更加强硬："应请政府杀陈诚以谢国人！"

一场对白崇禧所作军事报告的自由发言，竟演成了对参谋总长陈诚的缺席审判；国民大会变成了公审大会。

对于这样的局面，1000多名代表中，各人的心态也不尽相同。有把刀锋直指陈诚的；有借陈诚开刀而实际把矛头指向蒋介石的；有站在一旁看笑话的；也有为陈诚鸣不平的。

最感到难堪和难过的是蒋介石。蒋介石在幕后，很为这样的场面着急，连忙向大会主席团发话："责任在我，与辞修无关。"[37] 并命大会秘书处，加速对军事报告讨论的进程，以尽快结束这种混乱的局面。由于蒋介石的干预，才勉强平息了事态。但是，这一发生在国民大会上的闹剧，有1000余名代表和上百名记者在场，是封锁不住的。第二天，全国各大报纸都登出了代表要求"杀陈诚以谢国人"的消息。这对于正在上海静养的陈诚，无异于一声惊雷。他听惯了战场上大炮的轰鸣，却没有领教过这种不见火光的炮击。

国民大会的风波之后，陈诚也从他的一些部属那里，得到诚挚的同情和安慰。

陈诚的嫡系将领、老98师师长夏楚中说：

> 辞公去东北，谁都知道是临危受命，明知不可为而为之。岂知东北战场失利，辞公抱病归来，南京上层掀起一股倒风，纷纷要求委座"挥泪斩马谡"！亏得委座连连说"责任在我，与辞修无关"，才把这风头压下去。

另一名陈诚的嫡系将领、老11师师长方靖，叙述了当时见陈的情景：

> 我已有几年不见陈诚了。这一次看到陈诚，脸色蜡黄，一副病容。我对陈诚，比对蒋介石的感情要深厚得多。现在看到老长官容颜全非，又听说受了那么大的攻讦，再也忍不住了。向他敬礼后叫了一声"钧座"，眼泪就像连珠似的淌下来。[38]

不可否认，在经过来自国民大会的暴风雨般的袭击之后，陈诚的声望和个人的精神状况都直线下降。5月1日，陈诚抱病勉力赶到南京，当面再次向蒋介石请辞所担负的一切职务；10日，送上书面辞呈；12日，获得蒋介石的批准。至此，他只剩下了一个四星上将的空衔，不再担负任何实职。

10月6日，当中国人民解放军已经攻克泉城济南，辽沈战役正在紧张激烈进行的时候，陈诚接受蒋介石的建议，离开了喧闹的大陆，去台湾岛的草山（即阳明山）休养。整个旅程显得十分冷清。离开上海的时候，陈诚穿一件淡灰色哔叽夹袍，戴一顶旧呢帽，由夫人陪同，慢步登上飞往台北的飞机。机场上只有几位陈诚的部属为他们送行，显得凄凉和冷落。

飞机在台北松山军用机场降落后，前往欢迎的人，连新闻记者在内，一共不到20人。唯一高官阶的官员，是台湾警备司令彭孟缉。陈诚与彭孟缉没有在一起工作过，但是18年前，他们曾有一面之缘。1930年，陈诚以第18军军长的身份去日本参观秋操，彭当时还只是一名炮兵中尉，正在日本读炮兵专科。他们曾交谈一小时。

新闻记者们都想从陈诚身上打听到一些内幕消息。陈诚只是淡淡地对他们说："奉总统之命，来台养病。"

陈诚抵台之初，由于行动突然，台湾方面全无准备，只得暂住草山湖底路145号警备司令部招待所。后因草山潮湿，复搬至延平南路一幢二层楼的陈旧洋房里去居住。据在陈诚抵台后不久即去拜访的冯世欣先生著文介绍，当时的台北："市容虽然整齐，但行人稀少。如衡阳街的店铺，多是一间门面的小店，生意好像很清淡。重庆南路很多店铺都关着门，只有两边走廊有些地摊，卖些军用物资。西门町成都路的妈祖庙，前边都是土墙，有点乡村的味道。中山北路比较整齐，但两边都是日式平房。"而陈诚暂住了一段时间的湖底路145号，很多人搞错了它的单位。冯世欣先生说："很多书上记载辞公在草山养病住在台电招待所，系错，连郭骥先生都不清楚湖底路一四五号系警备部招待所。"[39]

陈诚到台后，将曾经长期珍藏的一架望远镜和一支手枪，赠予彭孟缉。这件事或者多少能反映出他当时的心志。一位了解内情的记者，后来在回忆陈诚刚刚来台的情况时说：

> 他三十七年（即1948年）来台时，随身带来的私人物件，有两样是他最心爱的，一样是一架望远镜，另一样是一支手枪。是他北伐、"剿匪"、抗战和"勘乱"期间无役不与的心爱之物，但他来台后不久，就都赠给彭孟缉将军。他的意思是他的戎马生涯已经结束，"宝剑送侠士"，作战用的东西，应该送给最有希望的军人。[40]

陈诚在台北，乐于同记者和来访者作无拘束的私人谈话，但谢绝任何人在报纸上予以报道。记者王直后来在谈到这年11月一次拜访陈诚的情况时说：

> 陈先生和我见面时，首先说明今天的谈话，只是私人之间的聊天，一个字也不能见报，并幽默地说："如果你要在上海新闻报上发表，我就无话可说。"我说我完全是基于私人对陈先生的敬仰而前来晋谒，不是来访新闻，我并向陈先生保证，决不写一个字。[41]

陈诚远离了大陆上激烈厮杀的紧张气氛，远离了物价飞涨、通货膨胀的混乱局面，也远离了"杀陈诚以谢国人"的逼人气势。他在人生的低谷中，于台北度过了一段短暂的、平静而又惆怅的岁月。

第二章 东山再起

一 接掌台省

1948年秋冬，陈诚在台北静养之时，正是大陆国共两军在东北、平津和淮海三地进行战略决战的关键时刻。蒋介石如坐针毡。东北的辽沈大战已经结束，中国人民解放军在东北战场大获全胜，47万国民党军队被歼灭；平津战场上已经丢了新保安、张家口，从12月20日起，天津外围的争夺战开始打响；淮海大战的败局已定，第7兵团司令黄百韬自戕，第12兵团司令黄维被俘，杜聿明集团的两个兵团被合围待歼。南京政府的政局险象环生，翁文灏内阁倒台，孙科匆匆组阁，蒋介石的心腹文臣陈布雷服安眠药自杀。经济上，发行不久的金圆券已呈崩溃之势，通货膨胀，物价飞涨。这种种迹象表明，南京政府的垮台，已在劫难逃。蒋介石不得不把维持国民党政权的最后一线希望寄托于与大陆隔海相望的台湾岛。既然如此，就得派一个信得过的人物去镇守该岛。于是，在政界沉默了半年多的陈诚又得到了重新活跃的机会。

12月29日，根据蒋介石的提名，由孙科主持的行政院决定，任命陈诚为台湾省政府主席。这一天，正在检阅台湾警备旅军事演习的台湾省主席魏道明，在毫无思想准备的情况下，突然接到蒋介石关于任命陈诚为台湾省主席的电令。魏不敢怠慢，立即转送陈诚，促其尽快接任。事后，陈诚对于接任台省主席的经过作了如下叙述：

> 三十七年秋，本人即来台养病，是年十二月二十九日，前台湾省主席魏道明先生忽转来总统电令，命即接任台湾省主席职务。我看到这个电报，非常诧异，亦非常惶恐，当时魏主席就说："如此重大人事调动，总统事前未征询我们二人

的意见，显因政局已有重大变化，所以总统才有这种非常处理，你我都是总统干部，希望你赶快准备接事。"时本人胃疾未愈，难胜艰巨，深恐有负总裁付托，故不能不加考虑。翌日，总统又电令克日接事。势危事急，不容考虑，本人于三十八年一月五日接任台湾省主席职务。[1]

1月5日，新旧任主席的移接仪式在省府二楼隆重举行。魏道明简单致词曰："今日举行移接典礼，本人对诸君在过去廿个月中之协助深表感谢，依常例交接仪式乃介绍新任主席与诸位见面。今日之新任主席乃众所皆知之陈主席，故余应将诸君介绍与陈主席见面。台湾今日处在大后方地位，相信在陈主席领导下，必可加强安全。"[2] 魏氏致词完毕后，即亲将用红绸包裹的省府大印移交给陈诚。陈诚亦作简短致词，称颂他的前任魏道明领导有方，成效卓著；谦称自己经验不足，体力尚弱，深恐有负重托。他特别强调将按既定方针办，并标榜要为人民谋利益。陈诚说："今后一切措施，当本已定方针，继续迈进……政府是人民的政府，政府应以人民的意志为意志，以人民的利益为利益。一切自皆以人民为主。"[3]

接着，陈诚为就任新职举行记者招待会，作了很有鼓动性的就职演说。他说：

> 我们须共同了解台湾是中华民族生命的第一环，整个的台湾以及所有的物资产业，并非日本人遗留下来的东西，更不可视同战利品，而是我们台省六百万同胞五十年来胼手胝足的血汗累积，更是我全国千百万军民牺牲奋斗，以头颅热血所换来。我们宜如何善予利用，俾有助于国家民族，并有利于全省同胞，这是我们对于台湾应有的认识与努力。
>
> 本省今后一切措施，当以"人民至上，民生第一"为依

归……古语谓"不患寡而患不均"。今日社会的普遍现象，则是既患寡，又患不均。我们今后不独要力求生产的增加，更要力求分配的合理，此为三民主义的初步工作，亦是后期革命的首要任务。我们今后对台湾应即以此为努力的方针，并期其成功。

……

总之，今日台湾所最需要的，就是政府与人民共患难同生死的精神，使台湾成为一个复兴中华民族的堡垒来担负复兴中华民族的使命。[4]

此次陈诚之接任台省主席，确是又一次"受命于危难之际"。台湾虽因远离大陆各方面得以相对平稳与平静，但在国民党政权从整体上看仍处于全面崩溃之势的情况下，同属国民党统治下的台湾岛，当亦不致有太大的例外。当时的台湾，亦处于危机四伏、内外交困的境地，经济衰退，物资匮乏，物价飞涨。据统计：台湾1947年物价上涨率为77%，1948年为1144%，1949年6月又猛增到1189%。工农业生产的状况也岌岌可危。至1948年年底，粮食产量为99万吨，占战前最

1949年1月陈诚（右）就任台省主席后与前主席魏道明（左）合影

高量的70.7%；蔗糖为50万吨，占35.4%；鱼类5.4万吨，占69.2%；煤炭165万吨，占57.9%；发电131.8万千瓦，占86.7%。政治上，台湾当地人民与政府的对立十分尖锐，人心浮动，外交形势也很孤立。对于台湾当时的危险状况，陈诚曾有一段透彻的说明：

> 政治方面，政府的信用并没有建立，少数野心分子勾结国外不肖之徒，正从事"台独"、"托管"活动。军事方面，当时台湾的兵力有限，由大陆撤退来台的若干部队，战志消沉，纪律败坏，不仅不能增强台湾的防御能力，甚至反足以加深内部的危机。财政经济方面，金融动荡，通货膨胀，物资缺乏，物价高涨。社会方面，到处充满了消极悲观和动摇失望的心理。[5]

总之，大陆局势愈恶化，台湾隐忧愈加深。

有鉴于此，陈诚自叹："以养病之身，骤膺重寄，自度极不适宜。惟国家安危所系，又不能不悉力以赴。"

就职之初，陈诚举行茶会，招待台省及时住台省的大陆中委、立监委和国大代表，计138人。与会者询问陈诚如何治台？他表示：到台湾一共才3个月，对台湾的情形还了解得不十分清楚，"须彻底了解后，始能言如何治台"。又有人问："会不会用当年治理湖北的方法，来治理今日的台湾？"陈诚回答："我担任湖北省主席与台湾省主席，时间差了10年，地点相差2500里，当然不能简单地搬用同样的方法来治理。这就和在甲地可以吃的药，在乙地未必适合吃一样。"[6]

在陈诚就台省主席一周的时候，蒋介石于1月11日致电陈诚，告以治台方策。电云：

> 台湾陈主席：今后治台方针：一、多方引用台籍学识较优、资望素孚人士参加政府。二、特别培植台湾有为之青年

与组训。三、收揽人心，安定地方。四、处理稳重，对下和蔼，切不可操急，亦不可操切，毋求速功速效，亦不可多订计划，总以脚踏实地，实心实力实地做事，而不多发议论。五、每日特别注意各种制度之建立，注意治事方法与检点用人标准，不可专凭热情与个人主观。六、勤求己过，用人自辅。此为补救吾人过去躁急骄矜，以至今日失败之大过，望共勉之。中正手启。子真府机。[7]

此电不仅包含了治台的政治方针，且有关于个人修养方面的告诫多项，婉转地提醒陈诚注意以往执事中的毛病。

陈诚于接任台省主席约两月之后，在1949年3月1日至7日，假台北介寿馆介寿堂召开了主持省政后的第一次全省行政会议，出席者有省府各厅、处、局长及主管人员，各县市长，各县市参议会正副议长，各县市省立中等以上学校校长等，另中央驻台各机关负责人，省级各银行、各公营公司负责人均列席，与会人员共210人。会议讨论议案计240案。会议围绕确立"人民至上，民生第一"的施政原则、抓住施政重点，以及力争完成1949年度施政计划这三项中心议题，进行讨论。陈诚特别强调在施政中，要采取"重点主义"。他说："今天固然是百废待举，但如果百废俱举，必因之分散人财物力，而至一事无成，反致成为浪费。如果我们能够集中力量，选择最重要最迫切的工作去做，则必然可以收到一点成就，而不致于想兼筹并顾，反而弄成顾此失彼的情形。"[8]

这次行政会议，着重从政治、经济、文化、财政四个方面，提出了要求，明确了努力的目标。政治方面，要推行地方自治、健全组织、提高行政效率、确立人事制度、推行土地改革政策。陈诚对于台省多级行政组织中的流弊，深有感触。他指出："在我国一般通病，在因人设事，结果，组织流于庞大复杂，大部分经费耗费于养冗员，真正生产事业反而无法举办。因此，由省县市到乡镇的各级机构，都应该力求紧凑，并且从适应实际的需要为限。"[9] 经济方面，重要的是增加工农业生产，满足民生的需要。会议特别重视粮食的增产，因为台湾正面临着人口的急速增长，但粮食产量仅相当于日本统治时期之70%。陈诚于会议期间提出："粮食的增产，除发展水利、增加肥料、改良种子、防止病虫害，以及集中一切人力物力，配合推行外，尤须着重三七五减租与土地政策的推行。"[10]陈诚设想，使粮食、蔗粮、渔获量、煤炭、铁路货运、港口进出船舶等项，在本年度内均增长10%—15%。文化方面，会议要求奠立实施"计划教育"的基础和建设"三民主义的新文化"。陈诚解释："所谓计划教育，就是由政府统筹教育经费，并按照青年智能与兴趣，分别指导升学或就业的教育制度。"他还进一步在会上提出，统筹教育的经费，小学由乡镇统筹，高初中由县市统筹，师范与专科以上学校则由省负担。[11]财政方面，则要求财政金融与国民经济、生产事业相配合，财政支出量入为出，同时奖励出口，争取外汇。

在3月7日上午的闭幕式上，陈诚就发展生产、加强合作和地方自治三个问题，作为总结性发言。关于发展生产，陈诚特别属意于化肥生产。他认为化肥生产直接关系到粮食的增产，应首先集中力量充实生产设备，使化肥的年产量，在2年后达到15万吨的水平。关于加强合作，陈诚指出，须从纵的方面和横的方面同时着手，使得从中央到省、县、市，以及在经济、财政、金融等方面都能密切合作。他说："惟有大家互相合作，消除阻力，才能使不易解决的获得彻底之解决。"[12]关于地方自治，陈诚告诫，在选举中，切不可利用金钱与势力等非法手段来获致当选。他在闭幕词的最后，向全体与会者强调："本省人材甚多，希望能尽量参加政府工作，以便共同为建设地方而努力，尤望在座各位本服务为人生第一要义之原则，切实执行大会各项决议案，达到预定的目的，以期解决人民实际困难。"[13]

陈诚在稳定生产、发展经济方面的一条重要举措，是于1949年6月成立"台湾区生产事业管理委员会"，自兼主任委员。当时台湾的公营事业有国营、国省合营和省营三大类，大部分为接收日人的企业。陈诚规定在整顿期间所有公营企业的董、监事人员停止行使职权，各企业重新核定资本，办理登记。与此同时，大力促进民营事业的发展。他亲自决定了工业生产的4项原则：（1）配合粮食增产计划，扩建肥料工业与水利建设；（2）扩充电力建设，以为发展工业之基础；（3）增加外销产品的生产，以争取外汇；（4）增加省内必需品的生产，以节省外汇。

陈诚制定经济政策的指导思想是：先求其"有"，然后再求其"平"。到1949年末，他总结主政将近一年来的情况时认为：这一年来，求平已经注意到了，但求有却未尽理想；而如果根本没有，求平也无用处。他打了一个生动的比喻：

> 譬如只有一碗饭，要两个人吃，每人半碗，一定不饱，如果这碗饭还给有钱有力的人拿去，另一个人更一点没吃。因此越发没有越发不平，越发不平，也越发没有。[14]

陈诚但任台湾省主席将近一年，到1949年12月，台湾的工农业生产有了较为明显的发展。这一年，粮食产量达120万吨，较上年增加24%；肥料、糖、水泥的生产，增长100%以上；电力、纺锭增加20%至50%以上。工农业生产的初步发展，为国民党政权撤离大陆，栖息台岛，奠定了基础。

为总结1949年度台省政府工作，制定1950年度全省工作计划，陈诚于1949年12月5日至12日，在台北市中山堂主持了第二次全省行政会议。各级政府机关负责人、各县市长及民意机关代表、各省立中等以上学校校长、各公营事业机关负责人以及各界人士代表共232人出席，另有139人列席会议。陈诚在会议开幕时，作工作报告指出：

这次会议的主要目的，在检讨过去，策励将来。现在
"卅八年"（按即1949年）度快要终了，在这一年中，各项施
政的利弊得失，在这里都需要我们虚心地来检讨，然后再根据
检讨出来的缺点，力求改进。"卅九年"（按即1950年）度的
施政方针，已经拟就草案，今后如何权衡轻重，规划施行，也
需要我们在这里作充分的研讨。[15]

陈诚认为，一年来，台湾省在社会生活的各个方面，都取得了进步
与成绩，它们的主要表现为：一是人民生活的改善。其中获益最大的是
农民，由于粮食的增产和"三七五减租"的进行，使占全省人口60%以
上的农民，平均增加了30%以上的收入；不过，渔民、盐民、公教人员
及东南区的部队官兵生活，改善不大或仍比较清苦。二是物价的稳定。
由于币制改革的成功，金融与物价都比较稳定，特别是粮价"一直非常
平稳"，具有"极端重要"的意义。在这方面，陈诚希望注意抓好行政
经费的收支平衡、保持新币充足的发行基金、做到外汇的收支平衡这样
三件事。三是生产的发展。在粮食增产的同时，省政府对与农业有关的
化肥、水利、水电、交通等方面，也加大举措，取得了成绩。四是教育
文化的发展。这一年中，省教育经费的投入已超过预算6%，县教育经费
也超过预算4%，全省教育的普及程度达到80%以上，比日本统治时期提
高了1倍。五是地方治安的加强。自6月以来，全省共取缔散兵游民2万
人以上，分别送往部队、培训就业，或依法处理，乞丐已经很少见到。

在新中国已经成立、台湾岛处于风雨飘摇的危急情况下，陈诚主持
制订的1950年工作计划之要旨为："以保卫台湾为重心，无论人民和官
吏皆须加强认识，提高警觉，各方面配合军事。"[16]陈诚在省府工作报
告中，从政治、经济、教育文化三个方面分别提出了具体的要求。政治
方面，要抓好推行地方自治、实行三七五减租和组训民众。经济方面，
要在今年粮食增产20%的基础上，明年再增产20%，达到140万吨以上；

同时，对民营工业加以扶植。教育文化方面，要做到教育机会均等，凡是优秀的学生都要给以升学的机会，使大专毕业生充分就业。

12月12日，台省第二次行政会议闭幕。陈诚在闭幕词中，再次强调，明年施政的总目标是，配合军事，确保台湾，并进一步积极准备，向大陆发展。他号召全体与会者："在中央领导之下，团结一致，集中力量，共同努力，来负起我们应负的责任，执行此次大会所决定的议案，使能一一见之于实际行动。"[17]

二　忠蒋不二

1949年1月21日，陈诚奉召飞南京，晋见蒋介石。不料，当陈诚座机飞临定海上空时，在机上突接南京来电，嘱改飞杭州。他并不知道，这时蒋介石已正式宣布引退，并决定于当日抵杭州，然后再去奉化溪口"隐居"。

在陈诚接任台省主席后的半个月中，摇摇欲坠的南京政府，内外交困，中枢内乱作一团，吵闹得不可开交。矛盾的焦点是在蒋介石的去留。

早在1948年10月下旬，美国驻华大使司徒雷登就已预测，在南京政府政局日益恶化的情况下，蒋介石只有引退一途。他在向华盛顿的报告中，提出了新的对华方针："可以劝告蒋委员长退休，让位给李宗仁或者国民党的其他较有前途的政治领袖，以便组成一个没有共产党参加的共和政府。"[18] 当时，由于美国政府还没有把握预见将来事态的发展变化，因此，暂时未采纳司徒雷登的意见。到孙科就任行政院长后，司徒雷登的中国顾问傅泾波往访行政院时，便明确告诉孙科：蒋之下野，为进行和议所必需。

正当蒋介石一筹莫展之时，坐镇在汉口的桂系实力人物白崇禧，突于12月24日向蒋介石发出通电，表示民心军心都不能再战，要求"双方军队应在原地停止军事行动，听候和平解决"。白崇禧当时是国民党华中"剿匪"总司令，手中握有30万能战之兵，驻守长江中游南北两岸。他抢先打出"和谈"旗号，实为借机向蒋介石施加压力，逼蒋下野，好由桂系取而代之。李宗仁随即宣布和平主张，要求蒋介石下野。25日，中共权威人士列举了43名"罪大恶极，国人皆曰可杀"的"举国闻名的头等战争罪犯"名单，其位居前三名者即为蒋介石、李宗仁、陈诚。蒋介石被定为头号战争罪犯，这是中共方面对蒋所施加的政治压力。紧接着，河南省政府主席张轸和湖南、湖北、河南、广西4省参议会议长亦发出请蒋下野的通电。

蒋介石于万般无奈之下，被迫作出了下野的决定。他亲笔写下"冬天饮寒水，雪夜渡断桥"两句话，表明了此时痛苦、复杂的处境与心态。29日，遂授意孙科内阁通过以陈诚接任台湾主席的决定，以为国民党政权日后退往台岛，预作安排。

12月31日下午，蒋介石邀国民党中央执监委约40人，在黄埔路官邸聚餐，由张群代为宣读次日他将要发表的新年文告，以征求意见。当争论到是否要公开表示下野时，蒋介石终于按捺不住内心的愤怒，喊道："我并不要离开，只是你们党员要我退职；我之愿下野，不是因为'共党'，而是因为本党中的某一派系。"[19]随后，便拂袖而去！显然蒋所指的某一派系，即以李宗仁、白崇禧为首的桂系。

1949年元旦，正当海峡彼岸的陈诚奉蒋介石之命，紧锣密鼓地准备执掌台省时，蒋介石在南京发表了包含个人准备引退内容的新年文告。内称：

> 只要共党一有和平的诚意，能作确切的表示，政府必开诚相见，愿与商讨停止战事，恢复和平的具体方法。
> 只要和议无害于国家的独立完整，而有助于人民的休养生息，只要神圣的宪法不由我而违反，民主宪政不因此而破

坏，中华民国的国体能够确保，中华民国的法统不致中断，军队有确实的保障，人民能够维持其自由生活方式与目前最低生活水准，则我个人更无复他求……和平不能实现，则个人的进退出处，决不萦怀，而一惟国民的公意是从。[20]

中国共产党于1月14日发表了《中共中央毛泽东主席关于时局的声明》，明确提出和平谈判的八项条件，将"惩办战争罪犯"、"废除伪宪法"、"废除伪法统"、"依据民主原则改编一切反动军队"等项，列入先决条件之首，与蒋介石《元旦文告》中引退之先决条件针锋相对。19日，蒋介石与其高级幕僚商讨说："我是决定下野的了，现在有个案子请大家研究：一个是请李德邻出来和谈，谈妥了我再下野；一个是我现在就下野，一切由李德邻主持。"大家面面相觑，没有答话。蒋介石愤愤地说："我现在不是被共产党打倒的，是被国民党打倒的！"[21]

1月21日下午2时，蒋介石在黄埔路官邸，召集在南京的党政军高级官员，举行紧急会议，宣布正式"引退"。此时，陈诚正遵照蒋的旨意，由台赶飞南京。他对蒋的去留，尚不知底。蒋介石在紧急会议上，黯然宣告：

……军事、政治、财政、外交皆濒于绝境，人民所受痛苦亦已达顶点。我有意息兵言和，无奈中共一意孤行到底。在目前情况下，我个人非引退不可，让德邻兄依法执行总统职权，与中共进行和谈，我于五年之内决不干预政治，但愿从旁协助。希望各同志以后同心合力支持德邻兄，挽救党国危机。[22]

蒋介石说罢，即取出已拟好的《引退谋和书告》，《书告》略称："战事仍然未止，和平之目的不能达到……故决身先引退，以冀弭战销兵……爰特依据中华民国宪法第四十九条，'总统因故不能视事时，由副总统代行其职权'之规定，于本月21日起，由李副总统代行总统职权。"[23]

蒋介石于当天下午4时许，乘美龄号专机离开南京，直飞杭州。陈诚的座机先蒋机于杭州笕桥机场降落。5时20分，蒋介石的美龄号专机亦降落于此。蒋、陈在机场进行了简单的谈话。陈诚后来在追叙这一天见蒋情况时说：

> 当飞至定海上空时，南京来电嘱改飞杭州，我当时判断，大局定已发生重大变化，内心万分忧惶。到笕桥下机不久，总裁座机降落，总裁第一句话就说："我已将总统职务交李副总统代理了。"我听了这句话，内心更有说不出的沉痛与忧虑，当向总裁报告："总统此次引退，在个人是很好的，但国家怎么办？"当时总裁说："只要大家努力，革命是不会失败的，纵然一时失败，亦可从头做起，最后一定成功。"[24]

蒋介石由陈诚、蒋经国、俞济时、汤恩伯等陪同，参加了浙省主席陈仪为迎蒋而设的晚宴。但是蒋介石心绪极差，滴酒不沾，大家也不欢而散。

次日，蒋介石乘机续飞奉化溪口。陈诚则遵蒋嘱飞赴南京，谒见代总统李宗仁。李当时正忙于政府改组，不得详谈，而陈之见李，亦仅为例行公事。陈诚告别李宗仁后，又去行政院、财政部交涉台湾财政、食盐等项问题。其中最为严重者，为由大陆撤至台湾的军队、政府官员及其家属，已达百万人口，这是仅由台湾一岛的财政绝对供养不起的。经与行政院长孙科协商，行政院答应：中央在台的生产事业可由台省政府管理；台湾军费开支，可在中央存台物资及其盈余中折算；另拨1000万美元作为对台贸易基金。有了这几条，陈诚心中方稍觉踏实。

二三月间，大陆虽无重大战事，但南京政府面临的政治危机更为加深。3月8日，行政院长孙科因反对李宗仁与中共和谈，以及对军事上的失败自感无法交代，提出内阁总辞职；12日，由何应钦出面，组建新内阁。在和谈方面，2月13日，李宗仁派出由颜惠庆、章士钊、江庸三人组成上海人民和平代表团，以及以私人资格访问的邵力子先生，去北平试探中共和平之意向。代表团受到中共方面的热情接待，并由毛泽东主席接见。代表团于27日返回南京，向李宗仁转达了中共的原则立场。中共希望他割断与美国的联系，划清和蒋介石顽固势力的界限。可是，中共的这一原则立场，未能为李宗仁所接受。李宗仁与中共和平谈判的指导思想是，强调"对等"和"体面"，只同意在两政府共存的条件下讨论中共的"八条"。

这一段时间，陈诚在台湾正忙于整顿社会秩序，筹备开展"三七五减租"。他对蒋介石的忠诚，应当说是没有疑问的。台湾出版的《孙立人冤案平反》一书中，曾披露了一段内幕消息：

> 就在蒋先生下野之后不到一个月时间内，美国国务院即训令驻华大使馆公使衔参事莫成德（Litington T. Menhsnt），命他由南京潜来台湾对陈诚进行"游说"，劝陈"自立"……莫成德是二月十二日抵台，在台与陈诚进行多日密谈，那时的蒋先生是把全副精神用在李宗仁与中共进行和谈的要事上，似乎对台湾的动静无暇兼顾。至于陈诚有没有因莫成德的游说而"动心"？现已不可究诘。但结果是：莫成德与陈诚没有达成"共识"，则为事实。[25]

另据美NSC密档第53号第7项称：

> 国务卿艾奇逊主张：以孙立人替代陈诚为台省主席。我

们（指美国政府）所需要者，乃一干练笃实之人，不必听蒋介石之指挥，亦不必从李宗仁联合政府之命令，耐心为台湾谋福利。[26]

上述资料都说明，陈诚不为美国方面的"游说"所动，坚持忠蒋的立场不变。

3月16日，陈诚奉李宗仁电邀，去南京商谈关于与中共和平谈判事宜。李宗仁主张"隔长江而分治"，"希望能够确保长江以南若干省份的完整，由国民党领导，如东北、华北各地由中共领导一样。必要时让步到湖北、江西、安徽、江苏四省和汉口、南京、上海三市联合管理"。陈诚对李宗仁说：看不出中共方面有妥和的理由，中共方面的和谈，"其作用不外动摇军心民心，加速我们内部的瓦解崩溃，并争取渡江的准备时间而已"。[27]

陈诚离开南京后，于返台途中，过奉化，再次晋谒蒋介石，向蒋报告了在南京的见闻、生活和感想。蒋介石对他说："在台湾要做最坏的打算与万一的准备，使台湾成为复兴民族的基地。"陈诚对于蒋介石如此看重台湾的地位，以及交给的"神圣"使命，受宠若惊，时刻牢记。他把在台湾取得的一切成绩，都归结为执行蒋之指示的结果。陈诚后来在向国民党七全大会的报告中说："我们在台湾一切重大措施，都是秉承总裁指示来做的，所以总裁的贤明领导，乃是扭转危局最基本的因素。"[28]

三　绿岛冤狱

经过两次晋见蒋介石，当面聆听其对台工作的指示，陈诚领悟到一个重要的道理：说一千，道一万，必须首先稳住台湾，在台湾站稳脚跟。他说：

面对台湾所面临的重重危机，我们怎样才能完成总裁交付我们的使命，使台湾成为复兴民族的基地呢？经过深长的考虑，我们认为现在只有一个机会——一个最后的机会。事急时危，与其拘泥故常，等待失败后再讲理由，毋宁采取必要措施，在站稳后再受责罚；与其怕对历史负责，致使中华民国的历史从此中绝，毋宁受少数人的责难，保持中华民国的历史于不坠。[29]

陈诚执掌台湾省政不久，就碰到了以台湾大学和台湾师范学院为主的四六学潮。

1949年三四月间，大陆争生存、争自由、争取真正和平的学生运动进一步高涨。4月1日，南京中央大学、国立政治大学等10所专科以上学校师生员工5000余人，举行示威游行，到总统府向代总统李宗仁请愿，要求提高师生员工待遇，实行"七项诺言"，停止征兵、征粮、扩编军队等，遭到国民党军警的围殴，被打死2人，打伤200多人。四一血案在国统区内引起了强烈反响，学生的正义行动得到了广泛的声援和支持。

受大陆学生运动的波及，4月6日，台北台湾大学和台湾师范学院的学生张贴进步标语，提出各种要求，遭到军警凶殴。数百名学生复上街示威游行，沿着罗斯福路，径往台北警察局抗议。学生们沿途呼喊反迫害、反饥饿、反专制口号，高唱《你这个坏东西》的歌曲，群情激愤。陈诚对此次学潮，初不动手，静观事态发展，直到学生与警察发生互殴，有几名警察被打伤时，他认为时机已经成熟，立即采取严厉措施，进行镇压。台湾警备总部于7日半夜调动队伍，将台大与师院包围，根据早已掌握的名单，将"有问题"的教职员和学生集中起来，分别逮捕、审讯。陈诚认为，这一事件，是受了"共党职业学生"的煽动，是"中共潜伏台湾的匪谍分子一种有计划的行动"。他以省主席的身份，下令省立台湾师范学院即行停课整顿，并宣布成立直接隶属省政府的师范学院学风整顿委员会，任刘真为主任委员。接着陈诚又召集教育厅长陈雪屏、省参议会议长黄朝琴、副议长李万居、台大校长傅斯年、台湾警备副总司令彭孟缉、师范学院学风整顿委员会主任委员刘真等研究对策。他指示："真正的匪谍分子往往只躲在幕后操纵，很少自己出面闹事的"；要"在'不流血'的原则下，清除匪谍，安全学校"。[30] 在陈诚的一手主持下，逮捕了一批学生，对一些未逮捕者也进行了甄审，以软硬兼施的办法，平息了这次学潮。4月8日，陈诚以台湾省政府的名义，向行政院发去一份处理学潮的电报，内称：

> 近查本省师范学院及国立台大少数不法学生张贴破坏社会秩序之标语，散发煽惑人心之传单，甚至捣毁官署，私擅拘禁公务人员，扰乱秩序，妨害治安，殊堪痛惜，为整顿学风，保障大多数纯洁青年学生学业起见，不得已将为首学生拘送法办，并饬令师范学院虞日（7日）起暂行停课，听候整顿，所有该院学生，一律重新登记，再行定期复课。除分电台大并通饬中等以上各校，告诫并约束学生外，谨电察核，详情容续报。[31]

陈诚对学生动动的镇压，深得台湾上层人士的赞扬。他们称赞他："不动声色和傅斯年等合作，把大专学校里的共产分子清除"；"这个努力，不只是对教育的贡献"；"它的意义，对以后台湾社会治安、经济建设，都有很大关系"。陈诚自己也很得意地说：

> 处理这次学潮，三天三夜，没有好好休息，比打一次仗还辛苦……学潮好像手上长了一个疮疱，必须等它发脓成熟，疮头呈现白色，动一下手术，将脓挤出，那就好了。假如

开始发现疮疤，马上开刀，不但青年叫痛，老师、家长都不同
情，甚至还要责备政府压迫青年。等到大家一致要求非清除少
数害群之马不可的时候，才可获得民间的谅解与支持。[32]

在处理四六学潮前后，陈诚还制定各种法令，严格控制出入台湾人
员的社会舆论，以加强国民党政权在台湾的统治。1949年2月18日，正
式颁布了由他主持制订、并经省府会议和省参议会讨论通过的《军公人
员及旅客入境暂行办法》。该办法于3月1日起施行，旨在以行政措施，
强行限制入境人员。5月9日，陈诚发布"戒严令"，在台湾全境自20日
零点实施戒严，规定除基隆、高雄、马公3个港口在警备总司令部监护
下开放外，其余各项一律封锁，严禁出入。戒严令规定：

（一）自同日起基隆、高雄两港市，每日上午1时起至5
时止，为宵禁时间，其他各市除必要时，暂不宵禁；（二）
基隆、高雄两市，各商店及公共娱乐场所，统限于下午2时前
停止营业；（三）全省各地商店或流动摊贩，不得有抬高物
价，闭门停业，囤积日用必需品，扰乱市场之情事；（四）
出入境旅客，均需按规定办理登记手续，接受出入境检查；
（五）严禁聚众集会，罢工罢课，游行请愿等行动；（六）严
禁以文字标语或其他方法，散布谣言；（七）严禁人民携带武
器或危险物品；（八）居民无论家居外出皆须随身携带身份
证，以备检查，否则一律拘捕。

"戒严令"严厉宣布：

有下列行为者处死刑：（一）造谣惑众者；（二）聚众
暴动者；（三）扰乱金融者；（四）抢掠财物者；（五）罢

工、罢市扰乱秩序者；（六）鼓动学潮，公然煽动他人犯罪者；（七）破坏交通通讯器材者；（八）妨害公众之用水及电器煤气事业者；（九）放火决水发生公共危险者；（十）未受允许，持有枪弹及爆炸物者。

为控制舆论，又抛出《戒严时期出版物管理办法》，将"为共匪宣传者"、"诋毁国家元首者"、"淆乱视听，足以影响民心士气或危害社会治安者"、"挑拨政府与人民情感者"等8种情况，列为须查禁的出版物之列；并规定，"凡在本地区印刷或出版发行之出版物，应于印就发行时，检具样本一份，送台湾警备总司令部备查"。

在所谓打击"匪谍"的名义下，许多无辜的台湾人民惨遭迫害。陈宣布：在1950年1月至7月间，共办理"匪谍"案件300余件，逮捕1000余人；被破获者有所谓中共"中央局"、"华东局"、"华南局"等秘密特派组织。不久，又因破获所谓"重整后的中共台湾省委"，在苗栗山区复逮捕400余人。一时间，台湾岛上一片恐怖气氛。作家江南在《蒋经国传》中写道：

> 位于台北植物园附近的马场町，取代过去南京雨花台的地位。据执教东京立教大学的戴国辉说："我当时在南海路的建国中学念书，有天我看到一辆卡车，载着七八位犯人，双手背绑，口用白衣扎着，大概怕他们声张，一忽儿，传来枪声。我心里想，他们做了革命的烈士了。"翻开一九五〇年前半年的《中央日报》，《匪谍××等数犯，昨日枪决伏法》的标题，一周出现好几次。
>
> 以"匪谍"名义，送往青岛东路军人监狱、台东绿岛，或用麻袋捆扎，未经司法程序，丢到海里喂鱼的不计其数。[33]

　　江南在书中还举出许多在"匪谍"罪名下的受害者实例。例如：台北的一位化学工程师陈天民，江苏靖江人，因出言不慎，告诉投奔他的乡亲说："台湾都快解放了，你们还来这里干什么？"经人检举，判刑15年。诺贝尔奖金得主李政道的母亲张明璋女士和儿子李崇道，在淡水家中留宿一位广西大学时候的同窗，被以"掩护匪谍"罪，琅珰入狱。1949年11月8日深夜，情治人员猛敲童轩苏住宅大门，闯进搜查，仅搜去一本翻译小说《汤姆历险记》作为罪证，便被押走。

　　陈诚的一位老部属冯世欣，曾撰文颂扬陈清除"匪谍"的决心与"功绩"。他在叙述陈诚镇压学生运动之后继续写道：

　　　　学生闹事从此消失了。但共谍还是到处渗入，影响治安。他毫不留情地把台糖公司总经理沈镇南枪毙（沈与投共之孙越崎时有联络）。又把台湾电力公司总经理刘晋钰枪毙（刘子系共党）。另一立法委员夏某也枪毙，前热河省主席刘多荃之子亦因共谍嫌疑被处决。最妙的是他的东南长官公署，一位高级将领钱卓伦之子钱克显是上海新闻报的记者，在京沪一带是一个活跃的人物，他夫妇来台后，经治安当局发现也有共谍的嫌疑，向陈诚报告后，他说："只要是间谍，任何人均不例外。"钱克显夫妇均遭枪决。[34]

　　从上述这段目的在于颂扬陈诚的文字中，除可见陈诚与"匪谍"势不两立，必欲尽除而后快的决心外，也足可看出，其牵连之广与定案之不确。刘多荃之子及钱克显夫妇遭处极刑，其"罪名"均只是"共谍嫌疑"；沈镇南被枪毙只因与前南京政府资源委员会主任孙越崎有联系；刘晋钰被处决，乃因其子为"共党"。陈诚宣称："吾人今后为维护本省同胞生命财产的安全，必须统一意志，集中力量，彻底铲除企图扰乱本省治安，危害本省同胞的赤色细菌，要知道纵容敌人，就是毁灭自己。"[35]

经过陈诚大刀阔斧的整顿和采用严厉的手段惩治，在强化社会治安方面，当然也收到了一定的"效果"。1949年底，陈诚不无自信地表示：

> 治安上值得我们安慰的是台湾的比较安全，而且所谓安全，不仅对国内大陆各省而言，即使与整个东南太平洋区各邻国相较，也是如此……在维持地方治安，力求社会安定上，严格限制入境和户口大检查的不断执行，确是助成的主要因素。
>
> ……此外，本省乞丐已经绝少见到了，因为乞丐的来源，不外残废与懒惰两种，而政府也已经以救济残废和安置工作的方法，解决了这一问题。[36]

在陈诚的苦心治理下，台湾作为国民党当局的最后一块立足之地，在海峡的彼岸，逐步趋于稳定。

四　出任东南军政长官

1949年春夏之交，中国人民解放军百万雄师，于南京政府拒绝在国内和平协定上签字之后，自4月21日起，兵分三路，横渡长江，并势如破竹，席卷江南。4月23日解放南京，存在了22年的南京政府，一朝倾覆；5月3日，攻占浙江省会杭州；27日，全国最大的金融中心和商业都市上海宣告解放；6月2日，随着崇明岛与青岛的解放，苏、鲁二省全境获得解放；7月上旬，浙江除舟山群岛外，全境解放。华中地区，解放大军于5月先后解放武汉、南昌，席卷鄂赣，挺进湖南。与此同时，华北地区，解放军于4月24日解放太原，全歼蒋、阎军8.4万人；至5月

1日，将山西全境解放。西北地区，5月20日解放西安，国民党军被歼27万人；至7月上、中旬，解放宝鸡、凤翔，歼灭胡宗南部4.3万人。

国民党军在南北两线的大规模溃败，迫使国民党政权加紧在台湾的军事部署和对台湾的控制。

6月21日，由蒋介石亲自决定，在台北召开东南区军事会议，藉以检讨前一段军事、政治、经济等方面失败的经验教训，策划下一步有效的攻守方略及充实军事力量。出席会议者包括了东南地区陆海空三军将领与各党政要员，以及总裁办公室的各高级成员。会议由陈诚任主席，林蔚为大会秘书长，联勤副总司令张秉钧为副秘书长。议程历时7天，共提出检讨军事失败与各种腐败现象之总因，今后对共军战术与战略以及防卫台湾之研究，政治经济工作与联勤制度之革新，国军编制装备、军费预算、军需生产之改进等10余类计55件提案。会议作出了成立非常委员会东南分会、改变财经政策、设立革命实践研究院、实施各兵种联合教育、成立东南区补给部、确立防卫台湾计划之原则、完成各项攻防准备，以及设立军队各级政治部门等多项重要决议，而在其诸项决议中，居于首要地位的决策，则为设立东南军政长官公署，以统一指挥辖区内之军事政治。

该设置东南军政长官公署案于7月18日，经由广州政府行政院政务会议通过，后又经非常委员会追认，任命陈诚为东南军政长官，长官公署设台北，辖苏、浙、闽、台四省。8月15日，陈诚正式就职东南军政长官，先后被任命为副长官者为林蔚、汤恩伯、郭寄峤、罗卓英、郭忏、孙立人6人。其中林蔚主管行政、人事，郭寄峤主管作战，罗卓英主管后勤，郭忏、孙立人、汤恩伯则分别主管舟山指挥部、台湾省防卫司令部及福州绥靖公署。张秉钧任参谋长；副参谋长陆军为杨业礼，海军为杨元忠，空军为赵国标。

东南军政长官公署下设政务委员会与陆海空军联席公议，分负政治与军事方面的决策与执行，同由陈诚分别兼任委员会主任与联席会议主席。政务委员会职责为：监督、指挥辖区内政治经济之措施，考核、奖惩辖区内之行政官吏，监督、指导"行政院"各部会驻辖区内之附属机关，筹划制订辖区内政治、经济、文化、土地之改革方案等。委员会下设政务、经济、文教、土地四处，分由徐鼐、尹仲容、刘业明、连震东任处长。陆海空军联席会议主要任务为：审议陆海空军之联合作战及其重要军事措施，任免陆海空军之重要人事，以及对三军共同有关的生产、补充、通信、补给、人事、经理、训练等项问题提出建议与进行检讨。联席会议每周三举行例会，另于每周三、六、日召开记者会，分析战局，解答询问。长官公署的直属机关有办公室，第一（人事）、二（情报）、三（作战）、四（后勤）、五（训练）处，军法处，总务处，预算财务处，陆海空军联合作战指挥办公室，政治部，情报通信指挥部，东南海航务委员会，敌后军政指导委员会，东南区点编委员会等。

东南军政长官公署名义辖苏、浙、闽、台4省，实际至当年10月厦门解放后，其所辖地域仅为台湾一省及苏、浙、闽、粤沿海部分岛屿。该公署下辖由汤恩伯任主任的厦门分署、由石觉为司令的舟山防守司令部，及各直属兵团。由陈诚直接指挥的部队，先后计有：

第22兵团李良荣部，下辖第5军、25军及独立第50师；

第8兵团刘汝明部，下辖第96军、68军、55军；

第12兵团胡琏部，下辖第18军、19军、13军；

舟山防守司令部石觉所部，下辖第87军、52军、暂编第1军，以及由金门调来之第19军。

这时，与东南军政长官公署同时存在的军政长官公署尚有：

西北军政长官公署，军政长官马步芳；

华中军政长官公署，军政长官白崇禧；

西南军政长官公署，军政长官张群；

华南军政长官公署，军政长官余汉谋（1949年8月31日始由广州

"绥靖"公署改建）。

与陈诚于8月15日就任东南军政长官的同时，由他兼任总司令的台湾警备总司令部宣告结束。台湾警备总司令部系于1月28日，由台湾警备司令部扩大改建，原警备司令彭孟缉任副总司令；台湾警备总司令部于2月1日正式成立，迄于8月15日，历时半年有余。陈诚在宣告结束省警备总司令部时，列举了半年来该部所做的主要工作。他说：

> 半年来之重要工作，如加强防卫设施，颁布戒严令，充实兵力，加强工事，关闭若干港口，以防敌偷袭。其与人民有关者，则尽量予以可能之便利，办理规定入境，以防止匪谍之潜入，与解除民食及房屋之纠纷，防谍肃奸，取缔散兵游勇，以确保社会安宁，整肃学风，使青年学生均安心向学，整饬军纪，促进军民情感。他如遣送日侨，收容失业官兵，以保社会之秩序；管制电台、无线电发射器材，以妨奸保密，考察民间疾苦，以沟通军民情感，亦均为半年来努力之项目。[37]

陈诚新任东南军政长官不久，即遇到中国人民政治协商会议在北平隆重召开及中华人民共和国成立这一划时代的历史事件。陈诚对于人民革命战争的胜利和新中国的成立，恼怒异常。他在9月3日，借庆祝抗战胜利4周年之机，指责共产党"不要国家民族"，"不要民主自由"，"不要人性伦理"；断言共产党"逆大势，背人心，决不能成功"。他叫嚷：

> ……为了拯救祖国，拯救同胞，本省人民要诉诸祖国与同胞的爱，拿出我们的力量，贡献于反共战争。我们必须明了，大陆上的反共战争有办法，本省的安全的保障更大，因为共匪那一把野火是要烧遍世界任何一个角落的。本省与

大陆，一体相连，唇齿相依，所以我们要提高警觉，一致奋
起，为反共救国战争而努力。[38]

10月1日，新中国的诞生，使蒋介石、陈诚激怒不已。蒋介石针对
苏联第一个宣布承认新中国之举，哀叹："俄帝之承认共党伪政权，实
乃既定之事，且为必有之事；而其所以如此急速，盖以我在联大控俄案
通过，彼乃不能不出此一着，以作报复之行动耳。今后俄帝必与共党订
立军事同盟，助共党建立空军与海军，则我为势更劣，处境更艰，此为
最大之顾虑。"陈诚则跟着指责中共"召开伪政协会议，变更国体，废
弃年号，伪造国旗"，叫嚷台湾人民和世界各"民主"国家，都应积极
参与反共战争。他说：

> ……今天的反共战争，乃是神圣的民族战争，在神圣的
> 民族战争之前，全国上下，都应该激发天良，表现精神团结
> 一致，勇猛向前，绝对不可负气自私，短视近利，更不可计
> 较个人的得失与派系的利害，应知覆巢之下，必无完卵，大
> 厦若倾，都难幸存……我们更要提高警觉，互信互助，共济
> 艰难，万不可离心离德，致为亲者所痛，仇者所快。今天的
> 事，如果我们内部能够团结一致，一切还有办法，所谓亡羊补
> 牢还来得及，胜败存亡之机就在我们一念之转。[39]

陈诚之就任东南军政长官，并不能阻止国民党军在大陆及大陆沿海
的溃败。在陈诚所管辖的苏、浙、闽、台四省中，江苏大陆部分，早已
于6月初全境解放，只剩下了时属江苏省南汇县的嵊泗列岛尚为国民党
军所控制。浙江省境，在解放大陆部分的基础上，解放军又于8、9、10
三月，连续解放大榭、梅山、六横、桃花等岛，至11月6日，已共占舟
山外围岛屿30多个。福建地区，福州于陈诚就任军政长官2天后即告解

放；接着，解放军又于八九月间，胜利解放了罗源、莆田、泉州等沿海城市，以及大、小练岛，平潭、南日、湄州等岛；至10月25日，漳州、厦门等重地及大、小嶝岛均告解放。至此，号称辖有四省地域的东南军政长官，实际上只控制着以台湾、舟山为中心的一些岛屿。

在东南军政长官公署运作期间，由于体制与国民党军队中派系等多方面原因，身为军政长官的陈诚，与陆军中如日中天的重要将领孙立人之间，产生了诸多的矛盾与冲突。东南军政长官公署当为包含台湾岛在内国民党军在东南沿海所控制地区的最高军事决策与指挥机关，而身为台湾省防卫司令的孙立人，肩负台省军事防卫之责，不能没有自己的主见与方策。在这两个同样以防卫台湾为目的的军事首脑机关之间，便免不了要发生意见的分歧与碰撞。陈诚每感孙在军中有独断之嫌，而孙则认为陈对自己不够尊重。早在孙始获台防司令任职之际，即于9月1日觐见陈诚，指出要巩固台湾防卫，必须事权集中，要求统一指挥台湾地区陆海空军及一切人力物力，并扬言："你要我做事，就要授权，不然有名无权，无济于事？"[40]孙甚至不愿就台防司令职。9月20日，他于台防司令就职典礼前夕，忽对副司令董嘉瑞说："明晨就职典礼决定不去参加，不就台防司令官职。"还是董向其申述两点理由，方将其勉强说服。董云："第一，蒋总裁现为失势在野之人，此时违抗不从，恐遭物议，负不忠无义之恶名。第二，中共扬言血洗台湾，不就防卫司令官职，国人必以为怕死图逃，扬不勇丑声。"说到这种程度，孙方表示"采纳建议，明日与礼就职"，但仍"面呈不悦之色，感苦恼之象"。[41]由此可见，孙立人与陈诚之间成见之深，孙之不满与不悦，溢于言表。1个多月后，在11月2日的陆海空军联席会议周三例会上，孙复直言长官公署不尊重台省防卫司令部，已将防卫部视为传达机关，声称似此防卫部已无存在之必要。孙立人在会上力争台省战斗序列部队的人事与补给权，并直接提出撤换陈系将领第6军军长戴朴。戴朴问题的出现，更于体制之争外，显现了派系之争的阴影。孙之吁求，部分得到与会者的支持，致陈诚颇感被动。由于陈孙二人所处位置的不同，对某些军事部署亦显有异见。孙立人从台湾本岛的防卫出发，深感整编后本岛兵力仍不敷应用，不愿将岛上兵力外调；而陈诚则从大台湾的防卫出发，不断调动台岛部队，增强舟山等外岛的兵力。可以说，在陈诚任职东南军政长官的半年多时间里，始终面临着这种人事方面的明争暗斗。

陈诚于1949年12月21日，将台省主席职，移交吴国桢接任。1950年3月，随着国民党残余政权的迁台，在陈诚出任"行政院长"后，便结束了东南军政长官公署的工作。刚刚"复职"的"总统"蒋介石，于3月15日，即陈诚接任"行政院长"的同一天下令：（一）东南军政长官公署着即撤销，其政务部门归行政院接管，军事部门归国防部接管。（二）该署军事人员，着编并于国防部，并限3月底以前编并完毕。（三）该署所辖军事机关、部队、学校，着按国防机构组织系统表分别改隶调整。至此，陈诚担任了7个月的东南军政长官一职，即告结束。

第三章　步登宦海巅峰

一　首任"阁揆"

1950年3月，陈诚随着蒋介石"复职总统"，而出任"行政院长"，步登宦海巅峰。

蒋介石之复出，乃发生于台湾复杂的军事、政治背景之下。1949年11月20日，"代总统"李宗仁于新生的中华人民共和国宣告成立后不久，因不堪蒋介石的独裁，并对国民党的残局失去信心，以"胃病复发，十二指肠有流血征象，精神至感疲惫"为由，离邕飞港；继于12月5日，携妻、子"赴美就医"。旋于部分在台"国大代表"、"立委"、"监委"，以及民社党、青年党成员中，开始出现拥蒋复出的舆论。1950年2月21日，非常委员会向李宗仁发出"最后通牒"，要求李必须于电到3日内返回台北，否则即以放弃"代总统"职守论，并要求蒋介石复任。非常委员会12名委员中的9名，在这项"最后通牒"上签了名，没有签名的3人是：蒋介石、李宗仁和孙科。接着，国民党中常会与"立法院"分别决议和致电，要求蒋介石"复行视事"。蒋介石面对即将复出的现实，在正式宣布复职前夕，对中央委员谈称：

> 我出来继续视事，究竟是救国还是误国，尚未可知。我这次重负国家政治的责任，是否能够救国，这个问题不是我个人所能解答的。倘若去年年初我不下野，无论如何想象不到大陆各省会在一年之内断送干净。我下野的后果，终竟如此，殊为痛心。现在国家情势危急非常，如果我再不负起政治、军事的责任，在三个月之内，台湾一定完结。我出来之后，台湾可望确保。[1]

经过一番密锣紧鼓的准备之后，蒋介石于3月1日正式"复行视事"，重新以"总统"的身份出现于政治舞台。他宣告视事后的4项方针"政策"为：第一，在军事上，先要巩固台湾基地，进图"光复"大陆；第二，在国际上，必须先要尽其在我，自力更生，一面要联合世界上民主国家，共同反共，一致奋斗；第三，在经济上，必须以劳动为第一要义，提倡节约，奖励生产；第四，在政治上，必须尊重民意，厉行"法治"。

在蒋介石"复行视事"的当天，阎锡山"内阁"即依循惯例，联名提出总辞职。阎等致蒋介石的辞呈称："兹者欣逢钧座继续视事，国政得所主持，锡山等奉职无状，惟有恳请辞去本兼各职，另选贤人接替，国家幸甚。"[2]

阎氏"内阁"，本为在蒋介石"引退"期间之过渡"内阁"。蒋介石一经复出，阎氏当只有急流勇退一途。由谁继组"新阁"？台湾当局的上层官员都十分清楚：只有蒋介石的嫡系将领、在蒋引退期间担任了近一年台湾省政府主席、现任东南军政长官要职的陈诚，最具"地利人和"的条件。

3月6日下午4时，蒋介石以国民党总裁的身份，于中山堂举行茶会，招待国民党籍的"立法委员"共260余人，并邀国民党中常委于右任、居正、吴忠信、吴铁城、张群、何应钦等参加。蒋介石在会上故作姿态，征询对于"行政院长"继任者人选的意见。与会者对于蒋氏的心理，当然清楚。于是，会上出现了提议由陈诚"组阁"的一边倒意见。"立法委员"白大成说："由于陈诚同志过去一年治台政绩所表现，陈氏出组新阁实为适当人选。""立法委员"黄健中列举了陈诚具有"行政院长"所必须具备的4项条件，即"有能、有为、有守、有容"。这次茶会的结果，令蒋介石非常高兴。同日，国民党中常会举行临时会议通过，准"行政院长"阎锡山辞职，并提名陈诚为"行政院长"。

　　蒋介石复于3月7日，以"总统"名义，将提名陈诚继任"行政院长"的咨文，送交"立法院"。咨文中对陈诚的能力和"政绩"，作了极高的评价。咨文为：

　　　　行政院院长阎锡山呈请辞职，情词恳挚，已予照准。兹拟以陈诚继任行政院院长。陈君籍隶浙江青田、毕业保定军官学校，忠贞干练，公正勤廉，历任师军长、总指挥、总司令、司令长官、政治部长、军政部长、参谋总长、行辕主任、省政府主席等职，部署周详，绩效彰著。去岁受任东南军政长官兼台湾省政府主席，对于整军御敌，政治经济诸项设施，尤多建树，深为台省人民爱戴。现值巩固台湾，策划反攻大陆之际，以陈君扬历中外，文武兼资，对于剿匪戡乱，凤具坚定信心，任为行政院长，必能胜任愉快。爰依宪法第五十五条第一项之规定，恳请贵院同意，以便任命。此咨

　　"立法院代院长"刘文岛在接到蒋介石咨文后，遂于3月8日下午在台北中山堂大礼堂主持"立法院"临时会议，行使对"行政院长"提名的同意权。临时会议行礼如仪。委员们与"总统"间，心有灵犀一点通。在国民党内深具资望的张道藩表示："如能对立法院确实负责，并公开以政策选用贤能，一洗过去作风，立院同仁，既无反对理由，当可同意。"委员武哲彭以陈诚的军事根基作为理由，称道说："在确保台湾准备反攻之今日，军事自属首要，是以总统提名陈诚先生为新任行政院院长，当为一极为贤明选择。"[3] 在委员们进行了一番例行公事的讨论之后，便进行了表决。经投票，在388票中有306票赞成陈诚出任"行政院院长"，获得通过。

　　陈诚在得悉"立法院"对其出任"任政院长"一案已予同意的消息后，对于蒋介石的信任和提拔深表感激，并决遵照蒋介石意旨，效忠蒋

氏。他在其官邸向记者发表谈话说：

　　诚此次蒙总统提名，立法院同意，受命出任行政院院
长，当此国家艰危之际，不胜临深履薄之惧。台湾为国家存亡
世界安危所系，其地位之重要，无待赘述。今后一切措施，当
恪遵国父遗教，以台湾为三民主义实验区。遵照总统训示，巩
固台湾及其他反共基地，以确保全体民众生命财产之安全，并
积极作反攻大陆之准备。同时，根据民众需要，贯彻"人民至
上，民生第一"之主张。[4]

　　陈诚在匆匆结束了向记者发表的讲话以后，于5时半，驱车赶赴蒋
介石官邸，向这位授予他"行政院长"大权的领导者致敬。

　　3月9日，蒋介石发布命令，批准阎锡山"内阁"集体辞职，并任命
陈诚为"行政院院长"。

　　经过5天的紧张筹划，陈诚"新阁"的班底，于3月12日得到蒋介石

1950年3月陈诚（中）就任"行政院长"与全体"阁员"合影

"总统"的批准。陈诚"内阁"的"阁员"如下：

"行政院副院长"　张厉生

"政务委员"　吴国桢、王师曾、杨毓滋、田炯锦、黄季陆、
　　　　　　董文琦

"内政部长"　余井塘

"外交部长"　叶公超

"国防部长"　俞大维

"财政部长"　严家淦

"教育部长"　程天放

"司法行政部长"　林彬

"经济部长"　郑道儒

"交通部长"　贺衷寒

"行政院秘书长"　黄少谷

陈诚组成的"内阁"，其成员年纪轻、学历高，平均年龄51岁，具有大学以上文化程度者占90%，是一个融合了不同党派、不同专长人物的强势"内阁"。这一"内阁"的组成和人员结构，保证了陈诚将比前几任"行政院长"有更大的作为。

蒋介石按照惯例，于14日晚，在草山官邸设宴招待即将卸任的"行政院长"阎锡山，以示安慰。出席宴会的还有"行政院副院长"朱家骅，"秘书长"贾景德，"副秘书长"倪炯声。

在蒋介石一手导演下，新旧"内阁"于15日交接。阎锡山双手将黄色锦缎包扎的"院篆"，亲交陈诚。阎氏表示："锡山出任行政院长，九月于兹，回忆在此期间未能扭转时局，惭愧实深！""相信新阁为极健全有力的内阁，不只是能益国，而且能补锡山任中不逮之过。"陈诚继之起立致词，称："本人此次奉命出掌行政院，幸赖总统指示及各方面之鼓励，乃决心担起这个任务。""阎院长九个月来所遭遇的艰苦，众所周知，其反共剿匪之决心，更足使吾人钦佩。本人学问能力，俱感

不足，尚望诸位多多指教和协助，并盼本院同仁一致努力。"[5]

从此，陈诚专心致力于"行政院长"之供职。他根据蒋介石所定"恢复中华民国，解救大陆同胞"的"复职使命"，循其精神，确定"政府"的施政总目标为："竭尽一切力量，确保以台湾为中心的基地，徐图反攻大陆。"其具体施政方针为：（1）在"外交"方面，一面努力自助，以争取国际之同情与合作，一面加强联系，以扩大国际"反侵略反极权"的力量。（2）在军事方面，决心厉行精兵政策，核实员额，简化机构，严格训练，加强政治教育，逐渐改善，整饬军纪，明辨功过，信赏必罚，以提高士气。（3）在政治方面，维护"宪法"尊严，实施"地方自治"，确立民主政治的基础；提高司法效率，保障人民的权利与自由。（4）在财政经济方面，财政上必须厉行开源节流，以收支平衡为目标；经济上，应侧重军用与民生日用品的生产与流通，本"民生第一"之原则，增加生产，节约消费，贯彻减租政策，渐求达到"耕者有其田"的目标。[6]

陈诚"内阁"，以忠诚和顺从于蒋介石而闻名。他曾大力吹捧蒋介石的地位和作用，强调竭诚服从蒋介石的领导，决不动摇。他说：

> 必须认识总统是国家的中心，是时代的指南针，是革命的领导者，有了总统的领导，我们必可克服任何困难，渡过任何危机，得到最后胜利。因此，当前我们奋斗努力的唯一途径，就是竭诚服从总统的革命领导，在任何情况之下，绝对不动摇，不疑惑。大家要知道信仰就是力量，所以我们对于总统的信仰越坚定，国家便越有办法，胜利便越有把握。[7]

陈诚此次出任"行政院长"，历时4年，至1954年3月当选"副总统"后，辞去"行政院长"职，交俞鸿钧接任。他在任期内，推行了"三七五减租"和土地改革；出台了新台币，实行了币制改革；制订了进行经济建设的四年计划；以及在稳定物价、平衡财政收支方面采取了有力的措施。

财政问题，历来是国民党最感头痛的问题，尤其是在政治、经济、军事全面崩溃的时期。国民党政权1949年财政差额平均每月达85%以上，而弥补的办法，唯靠动用库存黄金。陈诚执政后认为："库存黄金为数有限，以有限的库存黄金弥补无限的财政差额，其崩溃的时间是可以计算得到的。面对这一财政危机，我们不能坐吃山空，等待毁灭；唯有探行一切必要的步骤与一切可能的方法，努力克服这一危机。"[8]于是，陈诚一面厉行节约，裁并多余机构，停办一切不急需的事业，停付一切不急要的开支；一面努力开源，整顿税收，加强稽征，严缉走私，整顿公营事业，清查物资外汇。因此，1950年中，财政赤字逐月递减，黄金支付由每月16万两递减到1.5万两；从1951年开始，财政已经渐趋平衡。陈诚在1952年10月向国民党七全大会作报告时指出，近两三年来，财政方面取得的进步计有：（1）"政府"的收支预算，1952年已达到平衡；（2）确立了"政府"的预决算制度；（3）应付逐年增长的庞大支出，没有依赖通货膨胀，而是靠了开源节流；（4）财政尽力支持生产建设的需要；（5）提高县市乡政的财政预算，健全其财政基础；（6）确立以直接税为中心的租税制度，使人民负担渐趋公平。

为了争取财政状况的根本好转，陈诚特别强调要量入为出，充分发挥每一分钱的作用。他说：

> 当前台湾情形不比当年大陆，大陆好比一个大家庭虽然家道中落，但因基础深厚，毕竟较易张罗；台湾好比一个小家庭，家当有限，计算紧凑，挹注困难。因此，我们在台湾，一切必须量入为出，决不能放松一步，否则，年来我们从辛勤中得来的成果以及由此成果所产生的信心与希望，均将全部摧毁无疑。

……今后我们要以现有的财力完成更多的工作和更大的任务，必须实践总裁的动员号召，将每一个人的能力，每一件物的效用，每一文钱的价值都发挥至最大最高的程度。[9]

为了提高行政机构的办事效率，紧缩行政开支，陈诚主持了"行政院"各院、会机构的调整工作。调整原则为：（1）不切需要、徒资糜费的机构，予以裁撤；（2）骈枝重复牵制机构，予以裁撤归并；（3）业务性质相同、缺乏监督联系的机构，予以改隶；（4）各机关员额以工作上必要的人员为限，超过必要的人员予以裁撤。陈诚在"组阁"后的6个月内，共裁撤了"行政院"直属及各部、会所属机构84个，共裁撤员额4940名；"行政院"各部、会工作人员核减为874人，仅及原有"组织法"规定人数的1/9。经此调整，"行政院"机构基本上适应了仅施政于台湾一省的状况。

陈诚为国民党当局撤台后处于风雨飘摇之中的"外交"活动，也可谓费尽心机。陈诚宣称，在主持"行政院"期间，奉行三要"外交原则"：一是"坚决实行反共外交"；二是"加强自由世界的团结"；三是"维护国际间的正义与公道"。[10]陈诚津津乐道，在其"行政院长"任期内，改善了与美国的关系，并得以继续以"中国"的名义，留在联合国内。他形容说："中美两国间的合作，曾随大陆沦陷而一度几濒于中断。"后来，随着朝鲜战争的爆发，美国重新认识到台湾所具有的特殊战略地位，遂改变了对台湾国民党当局的态度。陈诚于1954年回顾说，1950年以来，台美合作"又随着我们自身的努力和美方朝野对我反共政策认识之增进，而恢复加强。最近4年来，美方对于我方的军经援助，对于安定我们的财政经济和充实我们的军事力量，都有很大的裨助"。陈诚还声称，台湾当局为继续以"中国"的名义留在联合国内，进行了"非常剧烈而艰苦的"斗争，截止1954年3月作报告时止，共发生185次驱逐台湾当局代表出联合国及其他国际机构中的动议。[11]只是由于美国的操纵和庇护，才暂时保住了台湾当局非法窃取的联合国席位。

二 就任"副总统"

1954年早春，57岁的陈诚，于任职4年"行政院长"之后，在他的政治生涯中，又跨入了一段新的历程。

这年1月9日，蒋介石根据已为中国人民唾弃的"法统"、颁布"总统令"："兹依据中华民国宪法第二九条之规定，国民大会定中华民国四十三年二月十九日集会。"此次"国民大会"的主要任务，乃为选举"总统"、"副总统"。6年前，蒋介石亲自主持制定的《中华民国宪法》规定，"总统、副总统之任期为六年"。现既年已届满，当须履行"合法"手续，使蒋得以连任，并产生一名理想的副手。在过去的一届"总统"任期内，蒋介石吃够了与"副总统"不合拍的苦头。当年，"副总统"李宗仁一上台，便以咄咄逼人的气势，迫使蒋介石在内外交困的情况下只当了3年半"总统"，便不得不宣布"引退"。之后，"代总统"李宗仁又擅去美国，"违法失职"，而遭"监察院"弹劾，并由此引发了一场互相指责的越洋电报大战。

在即将进行的"总统"、"副总统"选举中，由于台湾当局正面临复杂的政治、经济与军事局势，这样的局面非蒋无人能够收拾，因而由蒋介石连任"总统"，当无疑问；至于"副总统"，蒋介石则属意于自己的嫡系将领陈诚。作家江南在《蒋经国传》中写道：

> 副总统一职，当然，非陈诚莫属，昔年，孙（科）李（宗仁）逐鹿的往事，自不许重演。但蒋先生难免要先谦虚一番，"问何应钦愿否竞选副总统"？这位西安事变期间，拟取蒋自代的四星将军，早看透蒋的心思，连忙婉谢，蒋乃顺理成章地向中央委员会推荐陈诚为副总统候选人。[12]

2月15日至16日，台湾国民党第七届中央委员会举行临时全体会议，推选国民党"总统"、"副总统"候选人。

在讨论"总统"候选人时，蒋介石故作姿态提议：如提名党内同志为"总统"候选人，则以于右任为适宜；如提名党外人士，则以胡适为适宜。国民党元老于右任当即表示："在今天这个局面之下，除了总裁，没有第二人可以担负起领导全国的重任。""推选蒋总裁为第二届总统本党候选人，这不是为了总裁个人，也不只是为了本党，而是为了中华民国。"[13]后经投票表决，蒋介石以32票全票被推荐为国民党提名的"总统"候选人。

16日，蒋介石以国民党"总统"候选人的名义，提名陈诚为国民党"副总统"候选人。他说：

1954年陈诚被蒋介石提名为"副总统"候选人后举行记者招待会

副总统候选人的标准应有三个条件：第一要忠党爱国，第二要负责尽职，第三要任劳任怨。根据此项标准，我认为副总统候选人人选，以陈诚同志为最相宜。[14]

在接下来投票时，陈初"坚辞不肯投票"，经劝请，后方领了一张印有自己姓名的选票，但"未经圈选"，即投入票箱。事实上，他还是放弃了对自己进行表决的权利。计票结果，在32张选票中，陈诚得了30票，被正式推举为国民党"副总统"候选人。陈诚当即致词表白自己对"党国"和总裁的忠心。他说："这次承蒙总裁提名为副总统本党候选人，又承蒙各位圈选，衷心非常感谢，惟责任重大，不胜惶恐。本人身为党员，以身许党，以身许国，自当服从党和总裁的决定。将来如能在国民大会竞选成功，定当追随总统，善尽职守。"[15]

2月19日，第一届"国民大会"第二次会议在台北中山堂举行。按照台湾当局所奉行之"法统"，"国民大会"与"总统"任期届满时，首先要改选"国大代表"。但此时国民党当局已退居台岛一隅，如何在全国进行"国大代表"的重新选举？若只在台岛进行选举，则与台湾省"国大代表"又有何异？蒋介石遂行使《动员戡乱时期临时条款》中关于"总统"在"戡乱时期"可紧急处分的特权，批准第一届"国大代表"继续行使职权。"国大代表"事实上成了"万年国代"。第一届"国大代表"总数法定3045名，由于共产党及其他民主党派的抵制，在1948年3月举行"行宪国大"时，就只有1679名代表出席，只略超过代表总额的半数。如今，原曾出席"行宪国大"的代表，又有一部分没有迁台。"内政部"遂下令递补部分"国大代表"，直至稍过半数。

蒋介石出席了开幕式，并作报告。他的报告共分10个问题，分别讲述了"六年国家前后局势的比较"、"大陆同胞痛苦牺牲的代价"以及关于内政、外交的情况。蒋氏在报告中哀叹："六年之前的今日，我们是一个完整的国家。六年之后的今日，我们自由区的土地只有台湾一省，与几百个沿海岛屿而已。"但是，他又强调："反共抗俄前途险恶中已有转机"，"愿奋勉完成宪法上所赋予使命"。[16]

3月3日，陈诚以"行政院长"身份，向会议作"施政报告"。陈诚的报告共分军事、"外交"与侨务、"内政"、财经等4个方面，发出了与蒋介石相同的哀叹。他说：

> 行宪迄今已有六年了，在这六年之中，国家遭遇历史空前未有的大难；中华民族曾从胜利的高峰跌下去，现在又从失败的深渊中爬上来……
>
> 大陆失败痛切证明了一个最简易的真理，此即国家如果失败了，任何人都不会成功；不但个人的历史名誉与地位完全要被否定，即天下虽大，亦无我们立足之地，甚至连苟全性命也无可能。回忆大陆失败前夕，一部分自私自利者那种唯恐政府不垮和垮之不速的行为，以及后来那种卑怯苟免和仓惶逃遁的情形，至今仍使人动魄惊心！
>
> ……
>
> 我们的成功不是没有条件的，而这个条件就是我们自身的团结和努力以及由此产生的力量及其对世界的贡献。我们不能等待，我们决不幻想，他日的收获将决于此日的耕耘。总统昭示我们，中兴比创兴更难，故今后应如何发愤自强，团结自救，实仍有待于国人的共同努力。[17]

接着，会议便进入选举"总统"、"副总统"这一实质性阶段。为了标榜选举中的"民主"与"竞争"，在"国民大会"召开期间，台湾当局先后宣布由民社党代理主席徐傅霖、民社党代表石志泉分别参加"总统"与"副总统"的竞选。3月22日，在"总统"选举中，蒋介石经两轮投票，以绝对多数票当选。

"副总统"的选举，也经过两轮投票。第一次竞选在3月23日进行，陈诚得1276票，石志泉得231票。陈诚得票虽高达出席代表总数的83.8%，但因未超过"法定"代表3045名的半数，仍须进行第二轮投票。按照"宪法"规定，此次表决中，得票较多者即可当选。后在24日进行的第二轮投票中，陈诚得1417票，而石志泉仅得109票。陈诚遂顺利地当上"副总统"。他深感责任重大，在赞颂蒋介石的同时，再次表明了善尽职守的决心。陈诚在当天发表的广播谈话中说：

> 我深深感到，今后六年将是决定国家兴亡与历史绝续的重要关键，其遭际的困难与工作之艰苦，都不是现在所能想象的。在这个重要的关头，国民大会选举蒋总统为中华民国第二任总统，不仅充分表现了国民的公意与明智的抉择，同时也给予复国建国以最大的保证。
>
> 这次国民大会选举本人为副总统，实使本人对于国民大会诸位代表先生非常感激，同时本人想到今后任务的艰巨，而感到惶恐。今后仍当一本素志，服从总统，善尽职守，将我的一切奉献于国家，奉献于人民。尤望全国同胞一心一德，自立自助，遵照总统指示：在反共抗俄的国策中求出路，

1954年5月20日陈诚就任"副总统"时与"总统"蒋介石合影

从摧毁铁幕的行动上争自由。[18]

陈诚还在自己官邸接受各报记者采访。他表示："希望国人团结一致，在总统领导下，共同努力，完成反攻大陆复国建国的使命。"陈诚在答复另一位记者询问时说："天下兴亡，匹夫有责，连匹夫都有责任，我个人最低限度可以帮助总统做一个传达的任务。"[19]

5月20日上午，蒋介石、陈诚宣誓就职。宣誓就职仪式在台北中山堂中正厅举行。"总统"蒋介石与"副总统"陈诚均着蓝袍黑马褂大礼服，缀青天白日勋章，所稍有不同者，蒋佩大红绶带，陈佩紫红绶带。首由蒋介石进行"总统"宣誓，"司法院长"王宠惠监誓。蒋面对孙中山遗像和"国旗"，举起右手，朗读"宪法"规定的誓词：

> 余谨以至诚，向全国人民宣誓。余必遵守宪法，尽忠职务，增进人民福利，保卫国家，无负国民付托。如违誓言，愿受国家严厉之制裁。谨誓。宣誓人蒋中正。中华民国四十三年五月二十日。[20]

接着，陈诚进行"副总统"宣誓，"总统"蒋介石与"司法院长"王宠惠分立陈之左、右前方。仪式如蒋一般，誓词为：

> 余谨以至诚，向全国人民宣誓。余必遵守宪法，效忠国家，如违誓言，愿受国家严厉之制裁。谨誓。宣誓人陈诚。中华民国四十三年五月二十日。[21]

宣誓仪式结束后，由"外交部礼宾司司长"厉昭唱名介绍，蒋、陈接见参加仪式的各国驻台"使节"。被接见的有美国"大使"蓝钦、日本"大使"芳泽谦吉、韩国"大使"金弘一等。

1954年陈诚（右一）当选"副总统"后发表谈话

　　这一天，陈诚的信义路官邸，大门整日开着，接受各界人士前来道贺。著名新闻记者于衡请他题字。陈诚信手写下"辅佐总统完成反共大业"10个字。几分钟后，他突然想起，"辅佐"二字用得不当，应当更谦虚些，便重题"追随总统完成反共大业"10字，派人送交于衡，并向他索回了原题字。

　　同一天，蒋介石批准了陈诚辞去"行政院长"的辞呈；并以"总统"身份，致"立法院"咨文，提名时任台湾省"政府主席"的俞鸿钧继任"行政院长"。

　　陈诚早在3月24日当选"副总统"后，便已下定辞去"行政院长"的决心。他在答复记者询问时曾表示："在原则上是一人一事，国家需要我做什么，我一定为国家为人民服务。"其将辞去"行政院长"的意向，已经昭示。5月13日，陈诚于主持"行政院"第342次院会时，临时提出"内阁"总辞职案。他表示："本届行政院到今天已经四年两月零三天，大家努力为国，渡过难关，于公于私，非常感谢。"18日，陈诚将"行政院"全体"政务委员"总辞呈递交蒋介石。他在19日主持"行政院"第343次院会讨论结束后，宣告了本届"行政院"工作的结束。陈诚起立致词曰："今天是本届行政院最后一次院会。四年两个月来，幸无多大过失。本席愧无贡献，最可告慰者是本院各部会同仁的亲爱精诚。谢谢各位的合作。"[22]"行政院"新旧任"院长"的交接典礼，于6月1日举行。陈诚在致词时，对新任"院长"俞鸿钧备加推崇，并希望"行政院"同仁发挥以往努力工作的精神，协助俞鸿钧"院长"搞好工作。俞"内阁"成员与陈"内阁"相比，变化较大，只保留"外交部长"叶公超、"国防部长"俞大维未动，其余自"副院长"起，至"内政"、"财政"、"经济"、"司法"、"交通"、"教育"各"部"及"秘书长"人选，全部更新。

三　一人之下，万人之上

陈诚在就任"副总统"3年后，即1957年，被推上了台湾政坛和自己宦海生涯的巅峰。这一年，他经蒋介石提名，被推选为国民党副总裁，从而成为台湾身兼"副总统"和"副总裁"两要职，位居蒋介石一人之下、千万人之上的"二号人物"。

1957年10月10日，国民党第八次代表大会在台北市郊开幕。出席此次大会的有大会代表、第七届中央委员、候补中央委员以及列席的中央评议委员和"中央"党、政、军主管500余人。陈诚以第七届中央委员和中央常务委员的身份出席大会。蒋介石在开幕式上作了题为《革命形势和大会使命》的报告。他称此次大会为"国民革命力量更进一步的集中，和反共抗俄更加接近成功的枢机"。蒋介石认为，自国民党撤退台湾起，曾经历了"党的改造时期"和"党的中兴时期"，从此次大会起，将进入"反攻复国时期"。鉴于大会"要以决定反攻复国的总方略为其中心任务"，因而要做好三个方面的工作：一是"集思广益，策进反攻复国的计划"；二是"培植人才，担当复国建国使命"；三是"修改党章，适合反共革命需要"。同一天，陈诚接照蒋介石定下的主调，向大会作了政治报告。《报告》通篇围绕"反共复国"这一主题，把"反攻复国"的基本条件，归结为3个方面，即："确实加强反攻准备"、"全力策进大陆革命运动"和"更进一步团结一切反共革命和爱国民主力量"。陈诚强调：为保卫建设台湾，要厉行"法治"，自主自存，求富、求强、求平，"培养国民革命精神"；经济上不能搞饥饿建设，不能以牺牲民众生活来扩大建设规模；要进一步改善投资环境，吸引岛外资金。

蒋介石为八全大会和国民党党章注进了一个前所未有的新的内容，即增设副总裁一人。他在18日的会议上提出一件议案，内容为：

八全大会以后，反共救国事业又进入新阶段，一面继续维护宪法，为民主法治而努力，一面策进大陆革命，以达成反攻复国之任务，党的工作倍形艰辛，而责任亦益加重大。中正提议本党应设副总裁一人，并在党章第五章中增设条文如下：

本党设副总裁一人，辅助总裁，处理党务，其人选由总裁提名经全国代表大会通过之。

接着，蒋介石就此作了说明。他指出："这次全国代表大会最重要的任务，就是要发扬党的革命精神，巩固党的基础，集中党的人才和力量，扩展党新的生命，完成反共抗俄复国建国的使命……我之所以提出此项交议案，是因鉴于过去的历史教训，和当前的革命环境，以及将来党的生命，而主张修改党章，希望大家特别注意，并予通过。"[23]蒋的用意，显而易见，系为在党的最高层中增强自己的力量。这一提议，在与会者中引起了不同的看法，并进行了争论。当然，在蒋的操纵下，这一提议最终还是得到了通过。据台湾《中央日报》报道称：

> 八全大会出席及列席人员，于听取总裁训示后，对总裁
> 的交议案曾提出反对与赞成的意见。中央评议委员戴愧生、李
> 石曾，中央委员蒋经国、张其昀，相继发言，表示赞成。大会
> 于慎重讨论后，即将此案举行起立方式表决，以大多数之赞成
> 通过。[24]

在20日的大会上，由大会主席陈诚代表主席团提议，仍由蒋介石担任党的总裁。全体代表即以"起立表决"方式，"一致起立热烈鼓掌通过"。

23日，蒋介石亲自出席主持了大会最后一天的全体会议。会议选出陈诚、蒋经国等50人为中央委员。蒋介石复提名由陈诚任国民党副总裁，于右任、钮永建等76人为中央评议委员，亦"经全体代表起立鼓掌通过"。至此，蒋介石完成了关于国民党领导结构上的一项重大变革，将陈诚在党内"第二把手"的地位加以固定。

蒋介石于同一天，在大会闭幕式上作了题为《复兴本党与完成革命的中心方向问题》的长篇讲话，对本次大会的"成果"加以肯定，并训示国民党今后的工作与任务。蒋介石在讲话中，针对本次大会上党的领导结构的变化，特别强调要造就党内的"人才"，并把自己在这方面的意见归纳为两句话，即："人才归于全党，干部决定一切！"

国民党八全大会的举行，把陈诚推向了他一生中政治权力的最高阶段；但同时，陈诚与地位节节上升的蒋经国之间的关系，也更为复杂微妙。陈诚与蒋经国都说过不少颂扬对方和证明彼此间没有分歧的话。陈诚曾慷慨激昂地表白：

> 从经国个人的才具与努力来说，这十几年，他的辛勤建

树，值得夸耀，无论军中政治工作，无论退除役官兵辅导工作，无论青年运动，他都做得有声有色，清清楚楚摆在大家眼前，我只有尽量帮助他，使他有更多的机会，也是使他负更重的责任，让他发挥更大的才能，俾国家得到最高最大的利益。我和他还有什么可争可夺的。[25]

对此江南在《蒋经国传》中写道："政治家的否认与承认，往往认真不得的，我们只能妄听之。"[26]不过，陈诚担任副总裁和"副总统"两要职，直至逝世，这都是客观存在的事实。不管这种职务的安排同实际权力之间，是一致还是不一致，不能否认，这种安排的本身，也是实力的一种反映。

四 梅开二度

陈诚在1957年10月出任国民党副总裁之后，不到一年，适逢"行政院长"俞鸿钧发生"内阁"危机，致使其重掌"行政院"，出现了一身而兼"副总裁"、"副总统"、"行政院长"三要职的罕见局面。

曾于1954年从陈诚手中接过"行政院长"一职的俞鸿钧，早年毕业于上海圣约翰大学文学院，当过新闻记者，历任上海市长、财政部长、中央银行总裁；1949年因将中央银行库存黄金秘密运台而大受蒋介石赏识，复出任台湾"财政部长"、"中央银行总裁"，1953年任台省主席。俞氏乃一书生型政治人物，且有蒋介石撑腰，故在政界不愿轻易屈从于人。

1956年底，"监察院"中开始有人建议"行政院"采取纠正措施，调整公教人员待遇，其中并特别点出"行政院长"俞鸿钧在"行政院"与"中央银行"领取双份薪金。这一建议与对俞鸿钧"兼职领薪"问题的列举，于1957年3月在"监察院"获得通过，26日寄往"行政院"。

"行政院"隔4月方作函复，且对于要纠正的问题无明确态度，引起"监察院"不满。"监察院"遂于9月至12月间，连续4次邀请俞到院备询。但"行政院政务委员会"经讨论，决定拒绝"监察院"的邀请；国民党中央委员会也通过决议，明确支持俞氏不去"监察院"备询。"两院"之争，延续数月，引起社会广泛的关注。12月10日，"监察院"第508次院会决议成立"行政院长俞鸿钧违法失职事件处理小组"，萧一山为召集人，计有11名小组成员。

为处理这一日益僵持的危机，陈诚奉蒋之命，出面劝说"监察院"让步，但未获结果。蒋复命以国民党中央名义举行两次宴会，以协调"两院"关系，冀在"和睦的气氛中达成妥协"，后因多数"监委"拒绝出席，希望落空。

12月23日，"监察院"以俞鸿钧"违法失职"和"兼职领薪有违节约"，正式通过对其弹劾案，并公诸报端。俞鸿钧不甘示弱，于1958年1月15日提出万言申辩书。16日，蒋介石亲自出马，召集国民党内的高层领导和"监委"中的国民党员开会，在认为"行政院"不应逾期答复和俞氏应到"监察院"备询的同时，严厉告诫"监委"不应将行政首长视同罪犯，要慎用自己的权利。可是，事情并未到此结束。"监委"中有人当场起立，顶回蒋介石的批评；事后"监察院"又发表长文，批驳俞鸿钧的申辩书。1月31日，"司法院公务员惩戒委员会"宣布，愈鸿钧"违法失职"一说难以成立，但"兼职领薪有违节约"，应予"申诫"处分。蒋介石于2月14日鉴署"总统令"公布对俞的"申诫"处置，但同时又表示，个人对此弹劾案"感到遗憾"。俞鸿钧于"申诫令"发表后三次请辞本兼各职，蒋介石均予"慰留"。

但事已至此，一名受到"申诫"的"行政院长"已无法开展正常的工作。蒋介石只好将4年前辞去"行政院长"职务的陈诚，再次请出，复任"阁揆"。6月30日，蒋介石向"立法院"发出"（四七）台统（一）仁字第一二三号"咨文，内称："行政院长俞鸿钧呈请辞职，已予照准，兹拟以陈诚继任行政院长，爰依宪法第五十五条第一项规定，提请同意，以便任命。"[27]7月1日，蒋介石以国民党总裁名义，举行茶会，招待国民党籍"立法委员"，希望支持陈诚继掌"行政院"。4日，"立法院"举行本会期的第35次院会，就是否同意陈诚出任"行政院长"事举行投票。投票结果，在460名委员中，有364人投了同意票，而不同意票仅79票。"立法院"遂以第1452号咨文，答复蒋介石，表示同意其对陈诚的提名。蒋介石于当天明令发表，任陈诚为"行政院长"。

经过几天紧张的"组阁"，俞"内阁"成员多有变动，除保留"内政"、"国防"、"司法"、"交通"4个"部长"外，其余均有改变。其中尤以"教育部长"颇多周折，蒋介石原属意让张其昀继任，并亲带张去见陈诚，但陈仍不答应，坚持动员不愿做官的老清华大学校长梅贻琦出任"教育部长"，后终以梅在教育界的声望，获得同意。7月14日，"内阁"名单经中常会通过，明令公布：

"副院长"　王云五

"政务委员"　王世杰、薛岳、余井塘、蔡培火、蒋经国

"内政部长"　田炯锦

"外交部长"　黄少谷

"国防部长"　俞大维

"财政部长"　严家淦

"教育部长"　梅贻琦

"司法行政部长"　谷凤翔

"经济部长"　杨继曾

"交通部长"　袁守谦

"蒙藏委员会委员长"　李永新

"侨务委员会委员长"　陈清文

"秘书长"　陈雪屏

"主计长"　陈庆瑜

15日，陈诚正式接管"行政院"。卸职之俞鸿钧称颂说："在目前这个时候这个环境，由陈副总统出长行政院，是最适当最理想的人选。"陈诚则表示：自己心情沉重，对俞前"院长"许多过奖的话感到惶恐；而俞前"院长"过去4年多的成就，已为未来工作奠定基础。他表示，今后当努力奉行反共抗俄的既定"国策"，本"宪法"所赋予的职权与使命，求其所当为，尽其所能为，并希望"行政院"同仁发扬亲爱精诚的精神，为"反共复国"的共同目标与整个"国家"人民的利益而努力。[28]

7月15日上午11时，陈诚举行重掌"行政院"后的首次记者招待会，发表书面谈话，对因患感冒未能及早与大家见面表示抱歉，并略述今后的施政方针。他说：

> 各位记者先生：从总统提名本人为行政院院长到今天，已有半个月的时间，因为本席偶患感冒，以及安排人事，所以迟到今天才能与各位见面。在此一段时间之内，大家对政府和对本人的关切，使我非常感激，同时大家冒了炎暑采访有关行政院改组的新闻，颇为辛劳，而个人因病也未能及早与各位见面，觉得很抱歉。关于行政院今后的施政，仍当以反共抗俄之国策与国家人民之利益为目标去努力，至于具体的做法，当随时研议实施。我深深感到，为政不能凭着自己的主观去做，一定要依据大家的需要去做。今天与各位见面，主要的是想听听大家对于施政的意见。[29]

接着，陈诚便回答记者的询问。美联社记者慕沙，首先就昨天刚刚发生的伊拉克军事政变，请陈诚说说看法。陈诚没有立即回答这一问题，表示希望待各报提出问题后，由他作综合答复。后经整理，各报记者先后共提出10个问题。陈诚首先就中东问题作答。他表示：到14日较晚的时候，才获悉中东"不幸局势"的变化，当晚曾与驻美"大使"叶公超通电话。陈诚说："除非中东的祸源埃及纳塞（即纳塞尔）的政权被推倒，中东不会出现安全的局势。"他对其余9个问题的综合答复是：今后"政府"的政策不变，既定的"国策"是反共抗俄，建设台湾，"复国建国"，今后的一切措施，可能因时因地的不同而改进。

陈诚在回答了记者们提出的10个问题之后，出乎大家的意料，重新起立主动发言，表示：以后有机会将随时与新闻界会面，或许有问题请教，不过今天还有一个大家没有想起的问题，倒愿意自动提出，即今天到院正式就职后的第一件事，便是将辞去"光复大陆设计研究委员会主任委员"、阳明山"革命实践研究院主任"和石门水库建设委员会主任委员三职。他说：

> 光复大陆设计研究委员会的工作是否能辞准，权在总统，要待总统的批准。阳明山革命实践研究院的职务，也要中央批准才能辞脱。不过，石门水库的情形便不同了，是向行政院请辞的，一定可辞去，我自己一定会批准。兼事太多，不大好，我要在行政院多做点事。[30]

此次记者招待会历时45分钟，于11时45分结束。陈诚在会上宣布将辞去的3个职务，其"革命实践研究院主任"与石门水库建设委员会主任委员二职果于8月即获准辞去，分别由张其昀与蒋梦麟接替；但"光复大陆设计研究委员会主任委员"一职，却至死未能卸去。

17日晚，陈诚复在中山堂举行茶会，招待全体"立法委员"，征求"立委"对今后施政的意见，他自己也作了20分钟的讲话，对当前国际局势略作分析，并说明"行政院"的施政计划。陈诚告诉大家：蒋介石于上午刚刚召见"行政院"官员，就中东局势进行了研讨；"国防部"

也于中午命令陆海空三军作积极的准备。他强调：此次再次出掌"行政院"对于"反共复国"的基本政策决不变更，即一方面是准备"反攻大陆"，一方面是建设台湾。"我们不会因有任何事变而有所气馁，只有大家更努力去做。"陈诚在7位"立委"发言，对"行政院"的工作提出希望和建议后，说：

> 我知道各方面对我期望的殷切，但是希望大家不能希望太急切……如果我过去曾有一点成绩，这不是个人的成绩，一方面是总统的领导，另一方面是大家的合作和督促。在国家多难之秋，希望大家多用点功夫。

陈诚在发言结束时，以加强自身修养的四句话与"立委"们共勉：

> 苦莫苦于多愿；
> 孤莫孤于自足；
> 危莫危于任疑；
> 败莫败于自私。[31]

为了表示对台湾工商业的关注，陈诚于就任"行政院长"后，即指派"经济部长"杨继曾拟订方案，解救目前工厂营运周转资金的困难。19日，"行政院"颁布了《工厂营运资金临时贷款办法》；同时决定设立由"经济部长"为召集人的"工厂营运资金临时贷款指导小组"，专负审核各工厂审请临时贷款之责。21日，"行政院"为挽救工商业倒风，防止倒风蔓延，解除工商危机，特先后约集有关单位，共同商讨对策。陈诚在会上表示：目前发生的工商业倒闭现象，无论是恶性倒闭还是非恶性倒闭，"政府"都应负责迅谋补救办法，而不能听任其继续扩大，致影响"国计民生"。他对于日前工商业者针对倒风提出的一些看法，深表赞同。如有一次工商团体座谈会的结论之一为"希望各业厂号经营业务，必须循正当途径努力不懈，切不可发生所谓恶性或有计划之倒闭现象"。有的工商业者要求"政府""应追究严惩那些恶性倒闭厂商"。有束云章氏，更向陈诚提出两条处理的原则，即"根本亏空的，可不予置理，任其淘汰；但如果是资产多于负债，发生周转不灵的工厂，政府应迅速贷款援助"。陈诚认为，上述这些意见，正与"政府"现在所采取的办法不谋而合；这次"行政院"所颁订的办法，尚不过是一种临时措施而已。"对于恶性倒闭，一定要依法查究，而对于正当的工商业，必将有计划的予以辅导支持。"[32]

陈诚再度接任"行政院长"于内外交困之中，力图通过各项施政措施，摆脱这种艰难的困境。1959年4月，他抛出了接任后的第一个年度施政计划。政治方面：他认为主要应抓好台湾建设、团结海内外反共人士和加强"外交"三项工作。军事方面：他认为当前的军事工作，主要是实行精兵政策、健全三军、充实战力、加强现代化、造成局部的军事优势，"以确保台海安全，并进而有效的策应大陆革命，达成反攻复国的神圣使命"。军工教人员生活方面：他承认，"在目前财政情况下，全面调整待遇，事实上很困难"；因此，只能在老兵加给、伤亡抚恤费、高空津贴、海上作业津贴等方面略作增加。财政方面：他证实，经过半年来的彻底检查，财政困难是事实；他认为要解决财政困难，"唯有从开源节流两方面同时努力"，"就开源而论，最确实的办法是从增产建设、改革和整理赋税着眼"；"就节流而论，主要的就是严格控制预算，除军事紧急支出及不可预测的天灾所必需的费用外，在原则上希望做到不办理追加"，"对于可以缓办的业务缓办，可以不办的业务绝对不办"。[33]

陈诚第二次主持"行政院"时，正面临着一系列军事、政治、经济危机的困扰。他的任职，帮助台湾当局渡过了一段艰难的时期。

五 连任闹剧

陈诚在以"副总统"、"副总裁"的身份,再次出组"新阁"之后,这三个高级职务便长期一直伴随着他。一般说来,能连选连任此等要职,当属为蒋介石看中,寄予厚望之举。但是政界与学术界亦有持相反看法者。

蒋介石与陈诚的"总统"、"副总统"职,系就任于1954年5月,按台湾"宪法","总统、副总统之任期为六年,连选连任一次"的规定,他们的任期将于1960年5月20日结束,并且蒋因已"连选连任"过一次,将不能谋求第三任。黄嘉树先生在《国民党在台湾》一书中写道:

> 如果蒋介石遵照"宪法"规定到任下台,则按照当时
> 国民党内的排名,第三届"总统"候选人非陈诚莫属。官邸

1958年陈诚(右一)与胡适(右二)闲话家常

派、蒋经国派和CC派都不愿看到这种局面出现，故联合发动了要求修改"宪法"的运动，主要是解除"宪法"第四十七条对于"总统"连任的限制，从而使蒋介石可以"合法地"连任第三届"总统"。

以《自由中国》为代表的反对派，宁肯在蒋、陈二人之间选择陈诚，并寄希望于推出胡适竞选第三任"总统"，因此他们坚决反对修改"宪法"。[34]

按照此种观点，则自然的逻辑，本可以出任"总统"的陈诚，若连选连任"副总统"，并非幸事，而是蒙受抑贬之举。这种观点，作为广视野、多角度观察政治现象的一个代表，亦颇发人深思。

在"修宪"派与"护宪"派经过一番激烈争吵之后，蒋介石于1959年5月18日在国民党八届二中全会的总理纪念周上发表讲话，为这场争论的归宿定下了基调。他说：

我一向不为自己的出处考虑，但目前应顾虑的有三点，即：（一）不要使敌人感到称心，（二）不要使大陆亿万同胞感到失望，（三）不要使海内外军民感到惶恐。[35]

很显然，蒋介石的这三个"不要"，都是针对"护宪"派的。为做到此三个"不要"，当然只能由他再次"俯顺民情，勉担大任"。

1960年2月17日，国民党中常会通过《修正动员戡乱时期临时条款，以巩固国家领导中心》案，作为国民党向即将召开的第一届"国民大会"第三次会议提出的提案。

2月20日，第一届"国民大会"第三次会议在台北召开。蒋介石致词声称：真理不变，公理在人；反共决心不变，国人应当自救自助；台湾卧薪尝胆10年之久，已具备"反攻大陆"的基础；三民主义是"复国"之根本，必须发扬光大。会议期间，蒋介石采用了不"修宪"而修订《动员戡乱时期临时条款》的办法，既维护了"法统"，又顺利地解决了"总统"连选连任、不受届次约束的问题。28日，蒋介石在主持国民党中央纪念周时，重申不同意修改"宪法"，要求国民党籍"国大代表"遵守国民党中央的规定。3月10日，由莫德惠等966名"国

陈诚（前排中）与"总统府秘书长"王世杰（前排右一）、胡适博士（前排右三）等人合影

大代表"联名提出修改"临时条款"的提案，建议在《动员戡乱时期临时条款》中增加一条内容，即："动员戡乱时期，总统副总统得连选连任，不受宪法第四十七条连任一次之限制。"此项提案经表决，获得通过；而胡适、雷震则退席抗议，王世杰投反对票。11日，蒋介石颁布修订后的"临时条款"。

国民党第八届中央委员会于3月12日召集临时全体会议暨中央评议委员会第四次会议，蒋介石、陈诚均以50票全票分别被推选为国民党"总统"、"副总统"候选人。陈诚在会上表示：

今后只有在中央决策与总裁领导下，加倍努力，与全党

同志及国人，共同为反共复国而努力，以完成反攻大陆，拯救
同胞的使命。[36]

3月14日，陈诚向"国民大会"作施政报告，他指出：国民党在大
陆是被中共的"统战"打垮的，中共在国民党内部"制造分裂"，"扩
大矛盾"，"瓦解"了国民党；成功与失败靠自己，自己有办法，人助
才可能成功，否则只有失败。

在接着进行的选举中，民社党、青年党不愿再推本党候选人，非党
人士也不愿作候选人，参加"总统"、"副总统"的竞选，使蒋介石、
陈诚在没有竞选对手的情况下，顺利连选连任"总统"、"副总统"。
蒋介石在1509票中得1481票；陈诚在1505票中得1381票。陈诚于当选
后，发表谈话说：

> 这次国民大会选举本人为中华民国第三任副总统，本人
> 对于国大代表诸先生与全国国民的爱护，非常感谢。今后当继
> 续在总统领导之下，只要对国家对人民有利的事，必当勉力以
> 赴，劳怨在所弗辞。
>
> 我们知道，蒋总统是全国民心所归向，国运所寄托的
> 领导中心，而数年来的革命经验，更证明了国家的环境愈困
> 难，蒋总统的领导愈重要，所以这次国民大会选举蒋总统为
> 中华民国第三任总统，是符合全民愿望与国家需要的明智措
> 施，对于完成复国大业以及维护远东与整个世界的安全，都有
> 决定性的作用。[37]

5月20日，蒋介石与陈诚分别宣誓就任第三届"总统"、"副总统"。
陈诚于就任第三届"副总统"的当天，按照惯例，送上"行政院
长"的辞呈。当时，蒋介石要挽留陈诚继续担任"行政院长"，这已

是公开的秘密。但是，"立法委员"们特别关心，陈诚继续担任"阁揆"，要不要重新咨请"立法院"行使同意权。道理很简单，因为"宪法"第55条规定："行政院长由总统提名，经立法院同意任命之。"对照这一条文，对于陈诚继续出任"行政院长"一事，人们有两种截然不同的理解：一是认为，既然"总统"并未易人，他过去对"行政院长"的提名就继续有效，不需再咨请"立法院"行使同意权；二是认为，"宪法"该条的精神，实为"行政院长"的任期随"总统"的任期届满而届满，不管由谁出任"行政院长"，均需由"总统"重新咨请"立法院"同意。尽管如此，这一有争议的问题，在很大程度上取决于"总统"蒋介石对陈诚辞呈的批示：若批"准予辞职"，然后重新提名陈诚"组阁"，无疑当重新咨请"立法院"同意；若批"慰留"，则不需"立法院"再次行使同意权。

5月20日下午，蒋介石在"行政院长"陈诚的辞呈上批示"着毋庸议"。这就明显不过地免除了再行咨请"立法院"同意的繁琐手续。于是，陈诚"内阁"在形式上跨越了两届"总统"的任期，从而也开创了"内阁"任期不受"总统"任期影响的先例。

陈诚用8天的时间，调整他的"内阁"班子。于衡先生在《陈辞修重组新内阁》一文中披露：

> 据陈揆告诉一位当时往访的侨领说：他在改组政院之初，所遭遇的第一个困难是：他想罗致入阁的人，都对作官不感兴趣；相反的，也有人非常想进行政院，但又不是他所愿意邀的人物。因此在人选上他的确是费过相当的思索，但是最后，他仍然依据政策决定人事的原则，组成了新的内阁。[38]

陈诚对于"新阁"的组成，采取了一些不同以往的新举措。关于"内政部长"，考虑到台湾当局仅以台湾一省割据的实际状况，拟用本省人士担任，而"省议长"黄朝琴与著名实业界人士林柏寿均无意"入阁"，最后便选定了连震东。关于"教育部长"，原任梅贻琦辞意甚坚，经陈诚再三说服，并答应为他物色一位好的政务次长，辅佐其完成行政事条，方使梅同意留任。关于"交通部长"，陈诚决心物色一名交通专家担任，便发电报给在曼谷任"联合国防洪局局长"的沈怡，请他担任，沈竟出人意料地愿放弃联合国的"高薪"与"高级职务"，回台就任。关于"蒙藏委员会委员长"，为避免边疆人士自身间常有的不同意见和是非，决定委员长一职不由蒙、藏人担任，遂决由田炯锦出任。关于"侨务委员会委员长"，陈诚感到过去由粤、闽籍人担任，常有地域观念，遂决定由该两省以外的人士担任，则属意于周书楷。调整后的"阁员"，除陈诚本人外，计18名，有12名连任，6名新任。其阵容为：

"副院长"　王云五

"政务委员"　王世杰、薛岳、余井塘、蔡培火、蒋经国

"内政部长"　连震东

"外交部长"　沈昌焕

"国防部长"　俞大维

"财政部长"　严家淦

"教育部长"　梅贻琦

"司法行政部长"　郑彦棻

"经济部长"　杨继曾

"交通部长"　沈怡

"蒙藏委员会委员长"　田炯锦

"侨务委员会委员长"　周书楷

"秘书长"　陈雪屏

"主计长"　陈庆瑜

陈诚此次主持"行政院"，历时3年多，至1963年12月，因健康状况欠佳，身体日渐衰弱，奉准辞去"行政院长"职，由严家淦接任。

在陈诚辞去"行政院长"职务前一个月，他在国民党内副总裁的地位，又一次得到确认。

1963年11月12日，国民党召开第九次代表大会。陈诚在会上作了政治报告，报告分为：（1）"中共的崩溃危机与大陆的革命形势"；（2）"台海炮战与革命形势的发展"；（3）"当前国际局势与我们应有的认识"；（4）"现阶段革命方略与中心任务"；（5）"培养民族自信心与革命忍耐力"。他在报告中，竭力夸大大陆社会主义革命和建设的失误。陈诚吹嘘国际形势已经发生了有利于台湾当局"反共斗争"的变化，呼吁西方国家强化"集体安全"制度和"对共产集团的禁运"政策，"使共产集团与共产国家崩溃瓦解"。他根据对形势完全错误的估计，提出了国民党"现阶段革命方略与中心任务"。陈诚认为："反共斗争是一种长期的总体战，包括政治、经济与文化、社会各方面，以及过去现在与将来的作战"；要有近程、中程等各种不同的计划；战场分为大陆的"主战场"与台湾的"支战场"；战略原则"应以政治为前锋，军事为后卫，使大陆革命与台海战争相结合"。当前党的任务，就是要在大陆和海内外"展开对敌人的政治作战，尤其要深入敌后"，这种"从大陆来瓦解敌人，乃是现阶段最实际也是最艰苦的复国道路"。[39]根据陈诚的报告，九全大会通过了《关于对敌斗争与大陆革命工作之决议案》、《中国国民党现阶段工作纲领案》等文件。

11月22日，陈诚继蒋介石连任总裁之后，经蒋介石提名，再次被推选为副总裁，这"副总裁"与"副总统"的桂冠，一直戴到了陈诚辞世。不过，随着政治格局的变化和陈诚自己身体的日渐衰弱，他在台湾政坛的实际地位和影响也随之逐渐跌落。

第四章　经营台岛

一　治理贪污

陈诚在国民党政坛中，向以"廉洁"而闻名。自他主政台岛后，首先面临的局面，即是社会的混乱，官场的腐败，致使民怨沸腾；若不采取有力措施，加以纠正，国民党在台湾将难以立足。

陈诚早年治军，即有"经济公开"之举策，以其"账目清楚"而略胜其他高级军官一筹。抗战期间，他曾长期担任湖北省主席，坐镇鄂西恩施。当时凡贪污者，碰上陈诚的刀口，多无活命。陈诚把贪官污吏同土豪劣绅联系起来加以考察。他说："土豪劣绅地痞流氓与贪官污吏是相依为命相辅相成的。惟其政府中有贪官污吏，所以社会上才有土豪劣绅地痞流氓，亦惟其社会上有土豪劣绅地痞流氓，所以政府才能发生贪官污吏。""今天我们要打倒土豪劣绅地痞流氓，就须先行肃清贪官污吏。"[1]

陈诚于1949年初就任台湾"省主席"后，一本昔日在鄂严厉打击贪污腐败行为的严峻作风，对在官场中泛滥的贪污现象，进行了深入的思考。他认为，政府职员的工薪收入过低，与贪污现象盛行有一定的关系。陈诚说：

> 所谓"无官不贪，无吏不污"，不免言过其实。但待遇菲薄，靠薪俸不能维持必需的生活，则为事实，譬如本省最低级职员，月入仅十余万元，最高级的亦不过三十多万元，物价如此之高，待遇如此之薄，试问将如何生活，如何不叫人家怀疑？[2]

怎样才能消除贪污的现象，陈诚将其概括为不会、不敢、不能和不必贪污四种情况，经逐一分析后，认为还是实行"民生主义"，使之不必贪污，为"唯一有效地方法"。他在就任台湾"省主席"不久，即发表了一篇题为《根绝贪污提高效率》的讲话。他说：

> ……消灭贪污的方法，不外使人不会贪污、不敢贪污、不能贪污与不必贪污四种。不会贪污，唯圣贤能之，而人人不可能为圣贤；不敢贪污，必须用严刑峻法，而法律有时穷尽；不能贪污，则需设各种制度，亦是防不胜防，故唯有使大家不必贪污一法，始为有效，其办法即为实行孙中山先生的民生主义，使"壮有所用，幼有所长，老有所终"，以达到"道不拾遗，夜不闭户"的目的。现在英国工党政府所推行的不流血社会主义政策，使人人均能维持其最低限度的合理生活，实可资我们的参考。[3]

于是，陈诚在主政台湾期间，始终重视提高公教人员的待遇问题。他上任不久，即在"省府"例会上决定了解决公教人员待遇问题的6项原则，即：（1）同地同酬，划一中央机关与地方机关待遇；（2）文武一致；（3）差额接近，高级少加，低级多加；（4）奖励专门技术人才；（5）年资加俸；（6）计口配给实物，所配给之实物将扣回其薪俸的70%。

1950年7月，在陈诚担任"行政院长"4个月后，他根据上述原则，公布了公教人员待遇的调整办法，其要点为：计口配给实物，以维持公教人员最低生活水准；文武待遇，逐渐做到一致；为奖励生产，促进建设，决定提高技术人员及老师的待遇；增进公教人员福利，对公教人员的婚丧、医药、生育、灾害及子女教育等项实行补助。上述办法于8月起实行。陈诚不主张简单地给公教人员加薪。他说，对于改善公教人员生活一端，"加薪之办法，憬于过去大陆之惨痛经验，实不敢'再试'"。今后可考虑的办法有二：一为加强实物配给制度，设法增加实物配给的种类与数量；二为各机关自行创办生产事业，拿生产所得的收益，补贴工作人员的生活。关于在公务员中实行日用必需品配给的问题，陈诚在1949年2月举行的"省府"扩大月会上算了一笔细账，他说，本省布匹产量虽不敷使用，但中央信托局输入的布匹足可供本省2年之用，由商人输入者可供3年之用，至于米、盐、糖、炭之类，除本省消费外，尚可大量输出。因此，只要在技术上施行得当，不但公务员日用品的配给可以做到，而且还可以促使市场物价保持稳定。他认为，"公务员生活如果稳定了，其工作的兴趣自然可以提高，贪污的诱惑力亦必可以扫除。"[4]台湾当局在陈诚的主持下，尽管不断调整和提高公教人员的生活待遇，可是，由于物价的不断上涨，终使公教人员的实际生活水平复趋下降。陈诚在1951年6月4日的联合纪念周报告中指出：在过去的10个月中，台湾物价指数上涨了64%，而公务人员的生活费指数只上涨了22%；本来最好的办法是按照物价指数增加的比例来增发薪金，但这样做增加支出太多，财政负担不了。于是，从5月份起，给公教眷属发给补助费。陈诚宣布："每一眷属发给补助费二十元，职员以五口为限，技营工友以一口为限，中央及地方一律。"1952年9月，再次给士兵及乡镇工作人员调整待遇。鉴于台湾当局不可能给所有公教人员提高待遇，旋由陈诚宣示给军公教人员调整待遇的三项原则，即：

> 一要保持财政收支平衡；二要不增加通货发行；三要能够确实减轻军公教人员生活上的困难。[5]

陈诚把努力解决好公教人员的待遇问题，同治理贪污紧紧地联系起来，不无道理。他通过采取一系列措施，稳定了广大公教人员的生活和情绪，有助于贪污之风的整治。但陈诚认为，"人民生活得到解决，自可不必贪污，贪污自不期绝而自绝"，这只能是一种良好的愿望。

陈诚在治理贪污方面的另一个重要观点是"俭可以养廉"，"浪费必贪污"，"浪费等于贪污"。陈诚自己解释"浪费等于贪污"说："如果穷奢极侈，物力益形艰难，势必增加大多数人生活上的苦痛"，因此希望大家以"浪费等于贪污"互相畅勉。他并号召各级官员"力崇俭约，祛除宴会送礼等陋习"。[6]

陈诚对贪污的治理，不满足于惩办一两个贪污分子，而是从发生贪污的社会、经济根源上去认识和祛除，从宏观上去加以治理。

二　养鸡取卵

陈诚既先后担任台省"主席"与"行政院长"，对于台湾社会经济秩序的整顿恢复，当负有不可推卸的责任。说起整顿社会经济，不外两个方面的内容：一是恢复和增加生产；二是改善人民生活。

台湾在陈诚执政以后，工农业生产得到了明显的恢复和发展。陈诚对于工农业生产之间的关系，有其自己的见解。他认为，它们之间是一种相依相成、不可分割的关系，无需斤斤争辩孰重孰轻。他说：

> 农业与工业实属相依相成，不可分割，故孰重孰轻，实无庸在理论上斤斤争辩。如说农业为工业的基础，但从另一角度而言，工业亦为农业的基础。因为农业生产的增加，势必有赖水利的发展与肥料的充分供应，而此两者又属于工业的范畴。因此我们研究此类问题时，必须就整个国家社会的需要着眼，无论农业与工业，政治与经济，都应获得高度的配合，这样才能收到更大的效果，促进社会的繁荣和进步。[7]

在农业生产中，陈诚以抓粮食生产为中心。在他的主持下，1949年和1950年连续两年都以增产粮食为增加生产的中心，而且增产的目标为年增长20%。为了实现粮食增产的目的，陈诚不惜以巨额投资，动员各方配合。1949年3月，他在本年度行政会议上提出，应先集中力量，充实肥料厂设备，并以本省出口物资所售外汇，优先解决此项资金。他要求各方"互相合作，克服困难"，"在纵的方面，自中央以至县市，在横的方面，如经济、财政、金融，均能密切配合，恰到好处，则不独可以减少浪费，且亦可收事半功倍之效"。陈诚在1949年12月召开的台湾省1950年度行政会议上强调指出：

> 今天，我要提请大家注意的，是如何努力增产，而且增产时，作为增产重心的粮食增产固然最关重要，但因粮食增产而连带引起的其他肥料、水利、水电等问题，也非常重要。肥料与粮食增产关系太大，现在一方面固然需要购买，一方面也得自己生产，而且必须大量投资，以后才能自给自足。其他如水利及一切动力源泉的水电，都直接间接与粮食增产有关，也需要大量投资，以求改进。许多人以为在财政困难的今天，应该少投资生产，多做旁的事情，这种见解非常不恰当。
>
> ……
>
> 要增产粮食，一切行政便不能不密切配合，如肥料、水利、种籽、垦荒、耕具各种问题，都需要一切配合解决。今年三月行政会议中，我们决定要增产粮食廿万吨，不惜以三倍半于当时发行额的一万亿旧币投资，结果增产粮食价值高至五万亿，效果非常良好。明年度增产计划，我们仍将不顾一切，动员所有人力、物力、财力，并配合有关工业建设，以求实现。[8]

陈诚在1952年10月的国民党七全大会作"政府"施政报告时，再次强调："本自给自足的原则，我们最先就要充裕粮食供应，解决吃饭问题。"他指出：台湾粮食产量1948年为100万吨，1949年增至120万吨，1950年达140万吨，1951年达到148万吨，以至不仅可以自给，且有余粮输出。与粮食产量有直接关系的化肥产量，1948年为3.8万吨，到1951年已达11万余公吨，增长了1.9倍；自1945年光复接收至1951年，共新筑、修复及抢修堤防护岸工程11.2万米，修建农田水利工程大型315处，小型1262处，山地41处，增加与改善灌溉面积6.35万公顷；电力建设，1945年为3.57亿度，1951年已增至12.85亿度，增长2.6倍。此外，畜产、渔产也有较大增长。猪产量，日据时代最高记录为187万头，1945年减至57万头，1951年增至226万头，超过日据时代最高记录，增长了20.8%；渔产品1945年为5万吨，1950年增至8万吨，1951年复增为10.4万吨，比光复接收时增长了1倍多。

为了抓好公私企业的生产，于1949年7月成立了以陈诚为主任委员的"台湾区生产事业管理委员会"，简称"生管会"。就其工作范围来说，除管理公私企业生产而外，还管理物资分配、资金调度、对外贸易、日本赔偿物资处理、技术合作及工程调配等项工作。陈诚任用尹仲容负责主持"生管会"的全面工作。"生管会"着眼于恢复和发展生产，其工作原则为："凡能生产国防及民生必需品、外销品、代用品的生产事业，无分公民营，一律在供给原料、器材、资金等方面提供便利，使其能够恢复或扩大生产。"在当时的经济形势下，"生管会"的一切经济措施，咸"以稳定经济、阻止通货膨胀为前提，主要着眼点是在迅速增加生产"。"生管会"还先后成立30多个小组，包括电力、机械、粮食、糖业、棉纱、肥料、纸业等。各小组分别邀请本行业的专家和企业家共同讨论、决策。

陈诚以"生管会"主任委员的资格，向"议会"作报告时指出：

　　台湾区的生产事业，不以赚钱为目的，需要继续投资，希望在三年以内，能够恢复日治时代的生产纪录，有些事业且必须超过日人的纪录。这是确定的政策，相信是没有错误的。[9]

他认为"生管会"确定的这一政策，是"养鸡取卵"的政策；"如果台湾的生产事业目的能赚点钱，固然也好，但从政策的观点说，赚钱并不是目的"。陈诚主张："凡是国内有需要或国际有市场的产品，一定要维持并增加产量；反之，凡是国内无需要，国际又无市场的产品，便要减缩生产。"他提倡各企业间密切配合。他很赞赏在"生管会"的指导下，台糖公司将甘蔗渣交由台纸公司造纸，台纺公司将所制麻袋交由粮食局使用等做法。

在陈诚主政期间，台湾工业生产不断增长。除上述已列举的与农业有直接关系的化肥、电力而外，纺织工业发展迅速，如以1948年棉纱、棉布生产指数为100，则1949年分别达247与233，1950年为427与319，1951年为978与454，1952年为1859与686，1953年更达2681与1046；5年中，分别增长了26倍和10倍。

整个工矿业生产的指标也明显增长，如以1948年工矿业生产总指数为100，则1949年为157.3，1950年为174.6，1951年为184.1，1952年为237.6，到1953年更达323.6，5年中增长了3倍多。

在台湾工农业生产大幅度增长的同时，对外贸易额与外汇结存额也看好。其贸易地区由最初的香港、日本二地，扩展至南北美、西欧、中东、非洲和大洋洲；输出品以农产品和农产加工品为主，并有水泥、五金、纸与纸浆等工业品出口。如以1949年进出口贸易额指数为100，则1950年达308.52，1951年稍减为296.41，1952年复升为392.14，1953年保持了与上年大致相同的水平为384.81。为了多争取外汇留存，充实外贸基金，外贸中历年均有出超，其中1949年为23.45%，1950年为1.56%，1951年为9.47%，1952年为3.6%，1953年达22.52%。

在陈诚整顿台湾社会经济的总计划中，"改善人民生活"占有重要地位。陈诚积多年主政的经验，深知人民生活的安定与改善，是社会安定与统治巩固的基础；而人民生活的改善，首先依赖于生产的增长和经济的发展。他说：

> 增加生产，努力建设……是改善工人生活的基本条件。因为努力增加生产，才能使社会财富与国民所得增加，而社会财富与国民所得有了增多，工人生活才能得到真正的改善。假如产业落后，生产萎缩，物资贫乏，那么，即使分配很平均，实际上工人生活也很难得到改善。最近两年，本省农民生活所以得到很大改善，一方面固然由于"三七五减租"的实行，另一方面也由于粮食产量不断大量增加。[10]

陈诚主政台湾不久，即采取了一系列措施，解决城乡人民的生活问题。这些措施包括：

廉价供应粮食。为10余万公教人员配售食米，每人每月50台斤，自1949年7月起，改为免费配给；为46万贫民平粜食米，每人每周2台斤；为3.5万缺粮地区矿工配售食米，每人每月30台斤；为平抑粮食，实行经常性的粮食抛售。配售米价仅及市价的3%，而抛售米价亦仅及市价之1/10。

廉价配售食盐。陈诚于1949年初，特别呈准南京政府减轻台湾盐税。他将全省一年需要的食盐6万公担一次购足，实行减价供应。以台北市为例，当年5至7月份每公斤盐仅合旧台币651元，仅及战前日据时期盐价及减价前盐价的24%左右。

廉价配给布匹。陈诚于上任之初，即拨出大量资金，交由田粮局购入原白布10万匹，在分配1949年度第二期稻作肥料时，廉价配售给以谷物换领肥料的农民；农民每换领硫酸氨肥料100公斤，随同配售原白布10码（每码合0.914米），每码配售价格旧台币8000元，比市价便宜43000元，仅及16%。

廉价供应化肥。陈诚让农民以稻谷交换廉价化肥。1949年度中，台湾省政府共拨出合3000余亿元旧台币的款项，用以补贴购买5.8吨硫酸氨肥料，廉价配售给农民。当时硫酸氨成本每公斤25336元，而农民只以20000元稻谷交换，每公斤需补贴5336元。

陈诚认为，生活的改善，必须与生产力发展的水平相适应，不应超过社会的生产能力去追求享受。他在1952年10月向国民党七全大会作报告时指出：

> 改善人民生活，必须于生产建设中求之，盖因国民工资所得及其生活水准，实决于整个社会的生产力。尤其重要的，就是一个国家的国民生活享受必须与其整个社会的生产力相适应，如果少数人的生活享受超过了整个社会的生产能力，那是不合理的。今天正是我们卧薪尝胆生聚教训的时候，所以每一国民皆应克勤克俭，精勤工作，绝对不可幻想不劳而获或贪图过分的享受。[11]

陈诚对台湾社会经济的整顿，抓住了增加生产与改善生活这两个环节，做出了一定的成绩。处于风雨飘摇之中的台湾社会经济，因之而渐趋稳定。

三 "三七五减租"

陈诚经营台岛之初，最为紧要者，乃为对农业之整顿。要整顿农业，必自土地制度的改革始；而陈诚主持的台湾土改，其第一步便是实行"三七五减租"。

"三七五减租"，或称"二五减租"，这一做法在国民政府的历史上，早已有之。早在1927年5月，广东政府在《佃农保护法》中就曾提出过"二五减租"的办法；浙江省于1928年曾推行"二五减租"，且取得一定成效；1930年6月南京国民政府正式公布《土地法》，将"二五减租"的提法，改称为"三七五减租"，即"地租不得超过正产物收获总额千分之三百七十五，约定地租超过千分之三百七十五者，应减为千分之三百七十五，不及千分之三百七十五者，依其约定"。

陈诚在抗战中主政湖北期间，于1941年4月颁布了《湖北省减租实施办法》，决定分区实行"二五减租"。其具体办法是：在租种土地的农民的总收获量中，先是二成五归自己所有，其余的七成五再与地主对分，即将正产物总收获量的375‰用来交租；凡原定佃租超过375‰者，应减为375‰；原定佃租不及375‰者，仍照其原约所定。这种"二五减租"的办法，曾在鄂西未沦陷地区实行了一段时间。陈诚实行的"二五减租"，与中共领导的抗日民主根据地的"二五减租"名称相同，计算方法稍有不同。中共的做法是，减去农民原租额的25%。其实，国共两党在农村中实行的"二五减租"，有许多相同或相似之处。其目的，均为既减轻农民的负担，又注意团结地主，以利抗日；甚至，在原租额占总收获量50%的情况下，两种计算方法所得农民应交租额竟亦相同。当然，国共两党土地政策的宗旨与出发点并不相同。陈诚十分强调，自己与中共所推行的"二五减租"没有什么相同之处。他说："有些人以为本省实行减租，是共产党的办法，这不仅是绝大的错误，而且可以说根本不明了本党的主义。"他认为自己推行的"二五减租"办法，是"平均地权的第一步"，是"民生主义实现的第一步"。陈诚在湖北农村推行的"二五减租"，虽使农民的负担有所减轻；但是在实行过程中，却弊端丛生。有的地主不论年成丰歉，均迫令佃户缴足法定租额；有的佃户慑于地主的淫威，在夜里偷偷给地主送去少缴的租谷。后来，随着陈诚调离湖北省，这里的"二五减租"便也名存实亡。

　　国民党败退台湾的前夕，台湾农村的社会矛盾十分尖锐，地租剥削十分沉重。当时，在台湾740万总人口中，农业人口为380余万；农民中佃农占有75%，约280万人，超过总人口的1/3。地主不劳而获，佃农劳而少获。台湾地租一般高达总收获量的50%，业主与佃户按"五五对分制"或"业六佃四分制"、"业七佃三分制"。陈诚在台北养病期间得悉，新竹一带佃租竟高达70%，台北、台中、台南等7个县市佃租平均达到56.8%。

　　陈诚主持台湾省政之后，为了提高农民的生产积极性，恢复和发展农业生产，安定社会经济秩序，决定台湾自1949年起，实行抗战期间他曾经领导施行过的"二五减租"，不过名称改用了国民政府《土地法》中的"三七五减租"。1949年3月1日，陈诚在台湾省行政会议上发表讲话，宣布要推行"三七五减租"，警告大地主不能仅顾及本身利益而去剥削农民，并把对"三七五减租"的态度，作为检测"民意"机关是否代表民意、县市长是否"革命"标准。4月14日，《台湾省私有耕地租用办法》经省府会议通过，正式公布施行。此后，在执行中，又先后颁布了《台湾省私有耕地租用办法施行细则》、《台湾省办理私有耕地租约登记注意事项》、《台湾省推行三七五减租督导委员会组织规程》及《台湾省各县市推行三七五减租委员会组织规程》等一系列"政策"、"法令"。

　　根据陈诚所著《台湾土地改革纪要》一书论述，台湾"三七五减租"的主要内容为：

　　　　（一）减轻租额负担。佃农对地主缴纳地租，一律不超过主要作物正产品全年收获总量千分之三百七十五为准。原约地租超过千分之三百七十五者，减为千分之三百七十五，不及千分之三百七十五者，不得增加。

　　　　（二）保障佃农权利。耕地租约一律以书面规定之，租

佃期不得少于六年，在其租约存续中，非因法定事故地主不得
将租约中止，同时土地所有权转让后，其契约仍然有效。

（三）兼顾地主利益。依照租约，佃农应按期缴纳地
租。其积欠地租达两年之总额时，地主可为租约之终止。地主
代表可参加为调解、调处业佃间纠纷之各级租佃委员会。[12]

为什么要推行"三七五减租"这一政策？陈诚指出，这是为了安定
社会、改善民主、增产粮食、发展经济；同时，他还将此与巩固台湾当
局的统治，"树立政府信誉，加强政治的向心力"联系起来，总的目的
乃"要使台湾成为民族复兴基地"。他说：

> 台湾社会经济情形，仍以农业为主；农业人口占人口总
> 额的大多数，而佃农又占有农业人口的大多数。此占人口多数
> 的佃农，困于高额地租，乐岁终身苦，凶年不免于死亡。因
> 此，政府要安定社会，必须使他们在生活中获得希望；要改善
> 民生，必须减轻他们的负担；要增加粮食生产，必须提高他们
> 的生产兴趣与生产能力；要发展国民经济，必须提高他们的收
> 益与购买力；要提高政府的信誉，加强政治的向心力，必须注
> 重增进他们的利益。根据这些考虑和认识，所以政府决定实行
> 三七五减租。[13]

可是，要实行"三七五减租"，毕竟要触犯地主的利益，因而它
的决策与推行，亦并非一帆风顺。由于《台湾省私有耕地租用办法》是
仅在台湾一省施行的"单行法"，因而按规定需经省"议会"通过才能
施行。省"参议员"中，三分之二以上是地主，他们当然不会自觉自愿
地少收地租，也不愿意投票通过一项不利于自己的"法案"。但地主们
迫于陈诚的威望，又不敢正面反对，大多数地主的发言，都没有明确表

示支持，而是婉转地希望"慎重考虑"。这些意见，实质上属于反对意见。陈诚深知地主们的这种复杂而微妙的心理状态，但他认为，从"党国"、"大局"的利益出发，这项"法案"非强行通过不可。于是，讨论尚未结束，他便回首向着"议长"黄朝琴说："就这样通过好了。"这项《办法》便在一片沉默中被宣布通过。陈诚的果断做法，被传为台湾"三七五减租"史上的一段趣话。

为了消除地主们的疑虑与反感，陈诚每周邀请9位省"参议会"的驻会委员聚餐一次，在用餐前后，同他们交流思想，宣传实行"三七五减租"的好处。用这种方法，抵消了一部分来自反对方面的压力。后来，这竟沿袭成为一种省"主席"与省"议员"的每周会餐制度。

还有些专家、学者也写信给陈诚，反对实行"三七五减租"。一位早年由北大毕业的东北人黄君，在信中慷慨激昂地写道：

> 王安石的变法失败，形成民怨沸腾，随后徽钦二帝被金人所虏，以至北宋沦亡，这皆是王安石变法的结果。现在我们只剩下了台湾一个省，你如一意孤行，将成千古罪人。[14]

陈诚接到这类来信后，不为所动。他认为黄君等人的意见，都是"书生之见"；王安石是政治理论家，不是政治实行家，他变法的失败，主要是用人不当，用了"无耻小人"。

为了保证"三七五减租"的顺利推行，陈诚动员了"政府"各部门的力量，使得上上下下都支持这项工作。冯世欣先生在《我所知道的三七五减租》一文中，介绍了一个故事，说明县长、警察局长、法院院长等人都把"三七五减租"当作一件不可违抗的任务来抓。文章写道：

> 譬如台中县就有一位地主，私与佃农签约，隐瞒事实，这是违反减租法令的，经发现后，由县长于国桢下令警察

局，将这位地主扣押。这些地主也不是土包子，也懂得法律，就向台中地方法院申请，以"提审法"令警察局将人释放，警察局长何颢向于县长报告后，于国桢说："不要理他，一切由我负责。"第二天于国桢就到台中地方法院，把首席检察官大骂一顿说："你敢违抗三七五减租？"这位余首席，在大陆上也做过地方法院院长。那时司法行政部，曾通令全省各级法院要配合三七五减租，不得违误。经院长池彪好说、好讲，余首席也承认一时疏忽，这场小风波也就结束了，以后不久，余首席即调职，由名法官焦沛树继任。[15]

后来，池彪院长戏称这件事为"于国桢大闹法院"。

陈诚在全面推开"三七五减租"之前，先用了20多天的时间，召集各县市地政、民班科股长、区长、自治指导员等，举办"讲习会"，讲解有关"法令"，研究各项实际问题及解决的办法；各县市政府、各区署，又次第召集区、乡镇干部，举办"讲习所"。总计，台省各级上下共有4000余人接受这项培训。

在有了充足的干部之后，陈诚又着手建立了各级推行"三七五减租"的工作机构。其省级，由"地方公正人士、人民团体及民意机关代表暨与减租有直接利害关系之地主、佃农等代表"，联合组成机构；各县市，由县市地政、民政、警察、社会、农村等单位主管，地方法院、议会、农会代表各1人，中等学校校长3至5人，地方"公正人士"3人，地主、佃农代表各2人，共21人至23人组成；各区、乡镇，由区、乡镇长、国民学校校长，教师3至5人，警察派出所主管、地方"公正人士"、农会代表、地主、佃农、自耕农等代表，组成"减租分会"，协助办理减租订约工作，调解业主与佃户之间的纠纷。

在台省财政十分困难的情况下，陈诚拨出大量经费，以使"三七五减租"的培训、组织与签约等项工作，得以顺利开展。

陈诚在各种不同场合，反复强调，此次推行的"三七五减租"，既为解除农民的痛苦，又实为保护地主；其所奉行的路线，既不同于资本主义的自由竞争，又不同于共产主义的阶级斗争。他说：

1949年4月陈诚巡视三七五减租成绩展览会

　　三七五减租，一方面固然为自耕农解除痛苦，减轻负担，实际上实为保护地主，帮助地主。今日世界各国，在经济方面所走的路线，一是资本主义的自由竞争，另一是共产主义的阶级斗争。阶级斗争的最大错误，即是制造残酷的屠杀；而自由竞争的结果，亦足造成社会的矛盾，给予阶级斗争以有利的环境与机会，我们决不可再蹈这个覆辙。应该及时努力，参照美国前总统罗斯福所推行的新政，和英国工党内阁的政策，事先加以防范。三七五减租的实行，便可避免共产主义的残酷斗争，而自能调和地主与农民间的关系，逐渐达到民主主义的目的。至于所谓有助于地主者，因农民为自求收获增加，必能尽力耕作，地主收益不但不会减少，反而更可增多。现在农民终岁辛劳，不得温饱，自然不会努力生产。[16]

　　陈诚称实行"三七五减租"，实为解决民生问题最重要的方法。因此，他把这项工作定为"本年度第一个考绩课题"。正因为他实行的是业佃双方兼顾的政策，因而他接受了一部分人士的吁请：顾及地主的利益，由地主负担的田赋征实和余粮收购，都应照减租的比例减少。

"三七五减租"，经过4、5、6三个月的紧张工作，于6月底基本完成。全省依照规定，业佃之间签订新约时，已达32.2万余户、39.3万余件，新订租约84.1万笔，耕地面积共25.6万多甲（每甲合14.54876市亩），约占当时耕地总面积的30%。地租率发生了明显的变化，减租前水田的平均租率为48.63%，减租后减少了11.13%。每一公顷的水田，一年两熟可收获稻谷约6000公斤，减租前应缴2917.8公斤，减租后仅交2250公斤，而且今后增产部分，全归佃农所得。由于农民生产积极性有了提高，耕地面积也有所增加，日据时代耕地面积为68万甲，至1950年底，已增加到77万甲。陈诚在1954年3月向"国民大会"所作的施政报告中，总结了"三七五减租"在5个方面取得的成绩：

1.粮食生产显著增加——实行三七五减租以后，农民由于佃权获得保障，地租负担减轻，生产兴趣与生产能力提高，所以单位面积生产量，均有显著增加。据三十八年（1949年）调查，减租后较之减租前，各县市稻作单位面积生产量，平均约增加百分之三十以上。

2.佃农生活获得改善——由于租额减低与粮食增产，佃农收益普遍增加。据三十八年调查，减租后较之减租前，佃农收益平均增加百分之四十五左右。佃农之增加收益，用以改善生活费用者包括食、衣、住、行、乐、痛、卫生各项，占收益总额百分之二十二，用于增加生产费用者，占收益总额百分之七十八。

3.地价跌落，佃农购买耕地增多——实行三七五减租后，地价普遍跌落，若以三十七年（1948年）地价为基数，则三十八年地价增均跌落百分之四十二点三，最近几年地价跌落更多。由于地价跌落，故佃农购买耕地者增多。自三十八年至四十二年（1953年），佃农购买耕地之总户数占佃农总户数百分之二十六，佃农购买耕地之总面积占佃农耕地总面积百分之十三。

4.农村教育卫生之改善——据三十九年（1950年）调查，实行三七五减租后，农民由于收益增多，生活改善，农村儿童就学比例平均约增加百分之三十以上，农村人口死亡率平均约降低千分之五左右。

5.佃农政治意识与社会地位提高——经济生活对于政治意识与社会地位，均有密切影响……有些地区已有佃农当选乡镇长者，在各级租佃委员会中，政府并规定佃农代表名额，以保障他们的合法权益与社会地位。[17]

"三七五减租"虽在很短的时间内，即收到显著成效，但由于它是陈诚以一省之长的名义发布的行政命令，与台湾当局的有关"法令"仍有所抵触，当地主强迫撤佃时，司法机关往往在现行的法律中很难找到保护佃农的依据。于是1950年底，台湾农村曾出现一股"退佃风"，仅台南一地就发生2000余件撤佃案件，全岛各地共达5000余件。为了使"三七五减租"在"法律"上有保障，1951年5月，陈诚将《耕地三七五减租条例》提交"立法院"讨论通过。该"法案"规定：将租地押金制与预收地租制废除；必须书面签订租约，租期不得短于6年；地主不能任意撤佃，如要撤租，须符合若干特定的条件。"立法院"有几位委员提出，《土地法》是"母法"，《耕地三七五减租条例》是"子法"，必须先修改《土地法》，才能通过这个条例。陈诚的答复，深刻而巧妙，他比喻说："假如母亲在过去缠了足，她的女儿现在是不是也要一样缠足呢？她的女儿是不是一定要等母亲放了足，然后才能放足呢？《土地法》好比缠足的母亲，《耕地三七五减租条例》则如天足的女儿，假如因为母亲缠足，就不许女儿天足，是否完全合理呢？"[18]在陈诚作了这一番解释之后，该条例便在"立法院"得以顺利通过。

"三七五减租"的实行，使陈诚的土地改革方案在台湾岛上施行奠定了基础。

四　"耕者有其田"

按照陈诚与台湾当局的设计，台湾的"土地改革"共分三个阶段，即"三七五减租"、"公地放领"与"耕者有其田"。在1949年间初步完成的"三七五减租"，只是调整了租佃关系，尚未触及土地所有权的改变。

1951年1月31日，蒋介石下达给陈诚一个手令，肯定了前一阶段实施"三七五减租"的成绩，同时督促陈诚抓紧推进"土地改革"。手令全文是：

> 陈院长：台湾农村土地已实施三七五减租，甚见成效。本年应筹备都市土地改革，速照总理平均地权原则，可酌当地实际情形，拟定具体办法，多限于本年下半年度筹备完成，一面宣传晓谕，一面实施为要。何如？中正。[19]

一周后，蒋介石又于2月8日再致手令于陈诚，对前阶段和下一步的"土地改革"作出指示，云："二年来台省实施三七五减租，成绩以及其中缺点均应切实研究检讨与充实改正，今年应以改革土地税、依照平均地权之原则，参考本地实际情形拟订法规，限期实施，并以此为省政中心工作之一。"[20]

陈诚于9天中，接连蒋介石两道亲笔手令，指示推进"土地改革"

1953年1月陈诚（中）在台湾省耕者有其田工作检讨会上致词

工作，不敢怠慢，遂一面筹划在城市中开征空地税、土地增值税及办理房屋租赁登记等项事宜，一面于春夏间，拟订、颁布了《台湾省开垦荒地放领公地扶植自耕农实施方案》、《台湾省放领公地扶植自耕农实施办法》和《台湾省各县查定放领公有土地注意事项》等项"法令"；在各县组建了扶植自耕农促进委员会，以协助"省政府"民政厅地政局和各县市政府开展放领公地的工作。

台湾的公有耕地，系接管日据时期各级政府公有及日人私有之耕地而来。据地政局1952年6月统计，此项公地计有181490甲，约占当时耕地总面积的21%强。

放领公地的主要政策依据是《台湾省放领公有耕地扶植自耕农实施办法》，该办法于1950年由台湾"省政府"似订草案，经"省参议会"第十次大会通过，台湾当局核定后于1951年6月公布实施。其主要内容为：

（一）放领范围：原则以耕地为限，包括大部分水田、畑地及少数鱼池、牧地、农舍基地及所配属之水池、水道。在全省出租的106959甲公有耕地中，除有关水土保持和公营事业机关生产上必须保留者外，均列入放领范围。

（二）放领对象：以原承租公地之现耕农为主要对象。如该现耕农户籍规定不合或不愿承领时，则另行审择放领，其顺序规定为：1.承租公地之现耕农；2.雇农；3.耕地不足之佃农；4.耕地不足之半自耕农；5.无土地耕作之原土地关系人，需要土地耕作者；6.转业为农者。

（三）放领面积：以耕地种类的原则、等级的高低，农户耕作能力的大小，以及维持一家6口生活需要等条件，为审定放领之依据。一般规定放领面积为：田，上等5分，中等1甲，下等2甲；畑，上等1甲，中等2甲，下等4甲。

（四）放领地价：原则不超过市价。采取分年付款办法。1.地价数额为放领土地全年正产物收获总量的2.5倍；2.全部地价分10年平均摊还，不付利息；3.每年于收获季节，分两次缴付摊还之地价；4.若地目变更，应即照变更地目改正地价；5.缴付地价，按稻谷实物计算。

（五）保障与限制：由主管生产机关举办各种生产贷款，在经济上予以扶助；严格限制放领耕地之转移及不自任耕作。[21]

陈诚在《台湾土地改革纪要》一书中写道，放领公有耕地的目的有三：一是扶植自耕农，承领公有耕地之农民，终止与"政府"之租佃关系，取得耕地所有权，成为自耕农；二是改革土地制度，此为征收私有耕地之先导，发挥示范作用；三是促进土地利用，激发农民经营土地之高度热情，使单位面积产量增加。

经1951年与1952年连续两年的工作，共放领公地175913笔、47239甲（合45818公顷），有92596户农户承领，计付地价稻谷174978吨、甘薯687135吨。至此，公地放领阶段取得了显著成效，并开始进入"耕者有其田"阶段。不过1953年以后，公地放领的工作仍在不断进行。据统计，至1958年止，又继续放领公地3期，共88057笔，21044甲（合20411

公顷），有40520户农户承领，计付地价稻谷72976吨，甘薯205007吨。

为顺利将地主多余的私有耕地放领给农民，实现耕者有其田，就必须首先查清台湾全岛土地的占有和耕种状况，这是进入"土地改革"第三阶段的必备条件。陈诚以"行政院长"的身份，主持了"地籍总归户"的工作。此项工作，与公地放领同步进行，于1951年1月开始，至1952年4月完成。由台湾省地政局与"农村复兴委员会"合办，共动员2800人，用了50余万个工作日，耗费400余万元，将全岛土地种类、土权分配状况、耕地使用情形，以及地主与耕地在乡与不在乡之关系，进行了详细调查与分析；将同一所有权的土地归入一户之下，而不论其是否散及全省各地，从而消灭了漏报及隐瞒土地的情况。调查中，共完成全省地籍图5.7万幅。"地籍总归户"，实际是对全省土地的总清查。

"地籍总归户"工作的基本完成，使"耕者有其田"阶段的工作，正式提到了台湾当局议事日程上来。蒋介石在1952年5月接受美国《纽约时报》记者采访时，对即将推展的"耕者有其田"阶段，阐明了台湾当局的基本做法。他指出：

> 国民党激烈反对采取共产党在大陆上毫无补偿，没收人民土地的办法，而实行合理的土地改革计划。政府以适当的价格补偿收购的土地，其地价规定为等于土地每年收获之两倍半，对小地主付现金，对大地主则以公营事业股份及实物价付之土地债券支付，而故意不付现金，以避免通货膨胀，正如日本所采取的土地改革政策——造成地主重大的损失。依照土地的种类以两种实物，稻米及甜薯代付百分之七十的地价，其余百分之三十，则以当时四种大型公营事业股份股券代付，如水泥、纸业及矿业等，使经过土改后的地主能同时参与国家的工业建设。[22]

蒋介石的讲话，成了"行政院长"陈诚主持制定有关"耕者有其田"政策、"法令"的依据。1952年底，陈诚主持制定了《实施耕者有其田条例草案》，决定征收地主土地，交给农民承领。陈诚在谈到农民承领土地的负担时，强调必须坚持三项原则：一是"政府"不能负担太重；二是地主不能损失太大；三是不能养成国民不劳而获与不费而获的心理。[23]陈诚"内阁"的"内政部长"黄季陆称：这一条件的基本精神是"一个原则，两个办法"。所谓"一个原则"，即"彻底消灭租佃制度达到全面的土地改革"；所谓"两个办法"，即"地主三甲以上的土地，强行依法征收。地主三甲以下的土地，由政府贷款佃农鼓励其自由购买"。"一方面用直接的方法实施耕者有其田，一方面用间接的方法达到耕者有其田。"[24]

对于实行"耕者有其田"后，地主是否要保留一定数量土地的问题，曾使陈诚十分为难。因为按多数专家的意见，应将地主出租的土地全部收购，转售给农民；但地主又是靠收租过活的，他们竭力反对政府将全部出租土地加以收购。经约集部分地主商讨，陈诚决定，为顾及到地主的生活，地主可保留中等水田3公顷或旱地6公顷；为尊重人们祭祀祖先及宗教信仰的习惯，祭产和寺产可加倍保留，即可保留水田6公顷，旱地12公顷。

在陈诚的设计中，"耕者有其田"的实施，不仅旨在给予农民以土地，而且要在农村中消灭千百年存在的租佃制度，以及进而改变整个社会的经济结构。他明确宣示："此一政策之目标，在彻底消除佃租制度，并由此解决土地资金桎梏，以促进工商业之发展，改变整个社会之经济结构。"陈诚强调，为达成此一目标，必须采用和平渐进与兼顾各方面的方法，并在与各方充分商讨后，决定了推行"耕者有其田"政策的五项原则：

（一）采用和平与渐进的方法，合理规定地主对其出租耕地之保留额，并合理规定地价，先征收地主保留额以外之耕地，然后由政府贷款于农民，以协议方式，购买地主之保留地，以求全面实行耕者有其田之理想。（二）土地之征收与放领，由政府居间办理，以免地主与佃农直接交涉，发生流弊与纷扰。（三）规定此一政策之实施，应就原耕作人、原耕作地及原有经营方式下进行，俾可在安定中求改革。（四）兼顾其他事业之发展。如教育事业、社会经济事业与工商企业所有之耕地，规定免征范围。（五）保护自耕农，防止耕地中途转移出租，设置生产贷款，奖助承领人以合作方式为现代化之经营。

1953年，是陈诚担任"行政院长"的第4个年头。元旦刚过，他便于1月2日，准备向"立法院"提交"耕者有其田法"的讲话提纲。他信手在"行政院"便笺上记下了自己考虑的意见：

耕者有其田案

一、名称，如有更妥当名称，本院不坚持，但须顾及事实与政治关系。

二、不分在乡与不在乡之原则，希不变更，以免执行时之种种困难。

三、保留三甲，完全为小地主之生活及社会之安定，希不变更。

四、两倍半之补偿比较合理，此种规定是根据政府公地放领之补偿规定，希不变更。

五、土地债券与公营事业股票能不变更为妥，如要变更，但股票不能高于50%、低于30%。

六、自耕农负担问题，希望不比原负担加重，事实上如将契税改为十年分缴，以及增产所得，绝对不会比原负担加重，且在十年之后，而自耕农之所获与原有所获（增幅）非常之大。

七、公有土地希望照规定办，不然，自耕农所得土地太少，且此项土地实无保留之必要。

八、其他事项，本院均不坚持，但此案势在必须，任何阻碍与困难，均在所不计。[25]

陈诚的这些意见，使《实施耕者有其田条例》在"立法院"的辩论中，顺利得到通过。1月20日，台湾"立法院"通过《实施耕者有其田条例》；同时通过与之相关联的《公营事业转移民营条例》和《土地债券发行条例》。1月26日，蒋介石下令颁布《实施耕者有其田条例》和《公营事业转移民营条例》。3月6日，台湾当局复公布《耕者有其田实施细则》。实施"耕者有其田"的主要办法为：（1）地主可以保留私有出租耕地中等水田3甲或旱田6甲，超过限额的土地一律由"政府"征收放领给现耕农民；（2）"政府"补偿地主被征收土地之地价，为被征收土地主要产物全年收获量的2.5倍，其中7成付给实物土地债券，3成付给公营事业股票；（3）实物土地债券中，水田为稻谷，旱田为甘薯，分10年20期兑付本息，公营事业股票由"政府"以原属公营的台湾水泥公司、纸浆和造纸公司、工矿公司、农林发展公司的股票充之；（4）放领地价与征收地价相同，加算年息4%，由承领农民在10年内分20期偿付。

陈诚曾经说明制定《实施耕者有其田条例》的几个出发点，即：第一，这项工作的推行，要加强农村社会的安定和农村经济的繁荣；第二，业主、佃农双方利益都要顾到，要使农民得到利益，地主亦不吃亏；第三，办法要和平渐进，周密完善，非但要在本省推行顺利，并且将来要为亚洲土地改革作倡导。陈诚在这一条例正式颁布后，针对农民、地主和"政府"三个方面的问题，分别作了说明。他指出：

就农民方面来说：1.承领农户就是原来承租的农户，人的方面，没有变动。2.原来承租的土地由农民承领，在地的方面，也没有变动。3.农民承领的负担，不超过承租期间的负担，使他们的生活费用和生产费用不受任何影响，并且土地为他们所有之后，可以提高他们对土地的爱护，努力增加生产。我相信明年的粮食生产量会增加到一百八十万吨，十年期满缴清了地价以后，他们的负担，更可以减低到生产量的百分之十以内。4.承领农户的经营面积不受影响，因为承领到的土地就是他们原来承耕的土地，没有承领到的土地，减租条例规定还继续承租，因为他们的经营方式，也不会变动。

本条例规定地主可以保留水田三甲或者旱田六甲，这些土地的收益，相当于荐任一级公务员的收入。假使他有其他财产或其他收入，那末生活更不成问题。再说征收的地价规定是正产物收获量的两倍半，并且有四厘的利息，这样他每年的纯收益超过他三七五减租所得的收益，在十年以内，可从容转业，并且可以把一部分移转到工商业，发展本省的实业。

本条例内规定已经承领的农户，政府要贷款扶植他们稳固自耕的基础；没有承领的农户，政府也要用贷款的办法，帮助他们购买土地，成为自耕农，同时规定承领农户遇到灾欠，可以缓缴地价；遇到不可抗的事故，可以免缴地价。假使他们不能耕作的时候，政府还要照价买回来。[26]

陈诚宣称："实行'耕者有其田'政策的真正意义，不仅在改善农民生活，增进农业生产，尤在建立一种合乎正义公道的土地制度。"他进而鼓吹，由于"耕者有其田"政策的实施，显示了台湾当局是"代表全民利益"的，"具有远大而丰富的理想，和不断追求进步的决心"。

陈诚在对"国民大会"作施政报告时指出："我们的耕者有其田政策，并不否定土地私有制度，恰相反，乃在建立一种合乎正义公道的土地为耕者所有的制度。这种土地为耕者所有的制度，不仅可以调和大多人的经济利益，造成社会的安定与和谐，更可提高人的尊严与人的价值，培养自由民主的精神，发挥人的创造力与成就事业的志愿。"

在《实施耕者有其田条例》正式颁布之后，陈诚又主持对一年前的"地籍总归户"进行校正、复查。吴相湘在《陈辞修先生生平大事纪要》中写道：

> 民国四十二年（1953年）三月十六日开始，台湾全省进行实地复查，以校正地籍总归户之资料中之异动事项。这是实施耕者有其田进程中最为繁巨的一项工作，全省动员并训练干部二千二百卅四人，乡、镇、区、村各级辅助人员三万零三百六十九人，在按图索地、就地问人方式下，逐笔挨户调查。全省私有耕地二百一十万笔，佃农、雇农、自耕农、地主达八十万户，于一个月全部复查完毕。

1953年5月1日，开始办理耕地的征收与放领，至12月顺利完成。计全省征收放领耕地143568甲（合139250公顷），占出租耕地的56%；承领农户194823户，占佃农总户数的80%。此外，佃农还直接向地主购买耕地14045甲（合13622公顷）。第一、第二两期征收到的地价达应征收的98%以上。总计，经公地放领和征收地主耕地放领，在全台私有出租耕地360736甲中，已有256616甲，占其总数的71%转移归佃农所有。

据陈诚自己分析，他认为"耕者有其田"政策之所以能顺利推行，有赖"三七五减租"与公地放领两阶段打下的基础，以及"政府"政策的正确。他说："一因'三七五减租'政策已为实施耕者有其田政策，确立良好基础。二因办理地籍总归户，对于土地种类，地权分配，耕地使用情形以及地主与耕地在乡与不在乡等等，均有明确调查。三因地价补偿，公平合理，且发行土地实物债券与公营企业股票，使地主不虞通货贬值。四因政府全力谋救经济发展，引导地主从事工商企业，并辅导中小地主转业。"

由陈诚一手导演的台湾"土地改革"，经过"三七五减租"、"公地放领"与"耕者有其田"三个阶段，在50年代中取得较为显著的成果。土地改革使大量无地农民成为自己拥有耕种土地的自耕农。1949年时，台湾农村中只有36%的自耕农和25%的半自耕农，佃农的比例则为39%，到1960年，自耕农与半自耕农已分别占到64%和21%，而佃农的比例则下降到15%。大量新自耕农的出现，使农村中传统的政治结构也发生了变化。原来乡村政权的领导职务均由地主把持的局面，发生了根本的变化，到50年代后期，乡镇代表中只有23%是地主，而69%都是自耕农，其中新的自耕农占40%；另有7%为工商业者。已经获得了土地的农民，生产积极性得到提高。据对1250户前佃户进行的抽样调查，他们中有80%表示土改后对改进农作物的意愿有所加强。如在土改后的10年中，每公顷稻米的化肥投入量较土改前提高了43.1%，甘薯64.02%，甘蔗为21.25%，蔬菜为23.47%；每公顷稻米用在农药上的成本提高了85.5%，甘薯为220.7%，甘蔗为24.7%，蔬菜为223.5%。1952年，台湾农业已恢复到历史上最高年产量1939年的水平，1962年稻米产量比1949年增加了16%。土地改革还促使地主将一部分地价款投向工商业，加速了工商业的发展，调查表明，地主总共获得了合新台币6.5亿元面值的企业股票，其中有42%被用来投资工商业。陈诚认为，在台湾实施了"土地改革"之后，产生了四项最显著的成果：

> 一为社会由动乱趋于安定，尤以农村之秩序为佳，盖因占有人口大多数之农民获得耕地后，由恒产而生恒心。二为农民获得耕地后，生产兴趣与生产能力提高，农业及副业生

产，均大量增加，促进经济发展。三为农民所得增加，生活改善，购买力随之提高，刺激工商业发展与社会经济之繁荣。四为土地改革后，冻结于土地上之资金，逐渐转移于工商业，使工商经济获得突飞猛进之发展，改变社会之经济结构，大步进入工业化之领域。

陈诚认为，在中国历史上之所以长期不能妥善地解决好土地问题，主要是土地政策不能使社会生产力适应人口增长的需要。这从一个方面道出了问题的症结。因此，他提出，今后还要不断巩固和扩大耕者有其田的成果。他在1954年2月9日向"立法院"所作的施政报告中说："在我国历史上，几乎每一个朝代都有一套解决土地问题的办法，但很少获得成功的，即使有时能建立一种比较合理的土地制度，也很难维持长久，其根本原因，即由于社会生产力不能适应人口增加的需要。因此，我们要确保并扩大耕者有其田政策的成果，必须努力工业建设，改进农业生产的方法，提高社会生产力，吸收农村中的剩余劳力，达成以农业培植工业，以工业发展农业的目标。惟有循此途径前进，始能结束封建时代，促进国家现代化。"他还借用希腊神话中带翼狮身女怪斯芬克司让路人猜谜的故事，比喻土地问题的重要，凡不能很好解答这个问题的，就不免要灭亡。他在1953年2月4日农民节的广播演说中说：

> 古代希腊神话中有一个关于恶魔的故事，这个恶魔每天蹲在大路旁边，凡是从此经过的人，便要丧失性命。世界上每一个国家和每一个时代的问题，恰似神话中那个蹲在路旁的恶魔，凡不能解答其问题者，便不免于灭亡。在农业国家中，最重要的和最根本的就是土地问题，所以凡不能解答这一个问题的国家和朝代，便不免于灭亡。今天仍有很多国家被这个问题所困扰，不知如何解答。所以我们实行耕者有其田政策，不仅

解决了我们自身的问题，同时也为世界各国，尤其是农业国家，对于解决这一问题，提供了一个正确的途径与良好的先例。[27]

后来，有一位美国政界要人问陈诚："台湾的土地改革是否使人人都高兴？"陈诚诙谐地说："高空月圆，光照大地。人人高兴，但小偷却不高兴。"他的答复，使客人捧腹大笑。不过，就中也巧妙地勾划了台湾土地改革的复杂性，以及不同意见的存在。

陈诚主持的台湾"土地改革"，基本上是以有利于农民的方式解决了台湾农村的土地问题，封建主义势力基本上被消灭，大量佃农转为自耕农，农民的生产积极性有所提高；同时，地主手中获得的大量地价资金，转投工商业，对台湾工商业的发展和整个国民经济的发展，都起了某种推动作用。这一改革基本上是成功的，陈诚并因此在国际上，尤其是在东南亚国家中，享有盛名。但是，台湾"土地改革"对封建主义势力的打击又是十分温和的，它在很大程度上，保护了地主，尤其是大地主的利益。它是在不触动土地私有制，承认和保护地主剥削所得的基础上实施的，因此，必然存在着一定的局限性。

五　币制改革

1949年初陈诚接任台省主席时，面临着严重的财政经济危机。台湾虽因天堑与大陆相隔，但与大陆国统区有着共同的政治经济命运。大陆日益恶化的经济、金融形势，也波及到了一海之隔的台湾岛。

1948年8月19日，蒋介石为挽救濒于崩溃的财政经济，行使《动员戡乱时期临时条款》中关于总统在"戡乱时期"可"紧急处分"的特权，发布《财政经济紧急处分令》，决定发行新币金圆券，以20亿元为限；禁止黄金、白银流通；各地物价一律冻结于8月19日之水准。但是，上述各项决定，并未能顺利得到贯彻，很快便宣告了此次币制改革的失败。金圆券发行不到3个月，其发行额就超过了20亿元的限额，12月13日达47.4亿元，12月31日猛升至82亿元；1949年4月20日已高达1.1万亿元，并又一次申请增发8万亿元；6月，再增至130万亿元的天文数字。与此同时，禁止金银流通的规定，早已成一纸废纸，1949年11月13日即明令准许人民持有黄金、白银及外币券，将其与金圆券的兑换率提高5倍，并准许以金圆券兑取黄金、银币。后因人们挤兑黄金、白银，无法招架，只得停办，金圆券的币值也因此一落千丈。政府用高压手段实行的限价，也只是维持了短期物价"平稳"的假象，实际上，黑市猖獗，物少价昂。行政院被迫宣布于11月1日起取消"限价"，自此，物价更如洪水决堤，腾飞猛涨。上海的基要商品趸售物价11日底即比8月19日上涨了25倍，12月为35倍，到1949年4月已达20.9万倍，同通货膨胀的情况一样，都成了天文数字。

战后台湾的金融形势十分严峻。为了遏制通货膨胀，台湾省行政长官公署于1946年5月20日授权改组后的台湾银行发行新币，即后来人们所称的"旧台币"。旧台币原定发行30亿元，到正式发行时又增至60亿元；1947年初增发60亿元，6月再增发60亿元；1948年底，已增至1420亿元；1949年6月，更高达5270多亿元，比1946年发行之初膨胀了87.8倍。旧台币的膨胀，除了受到大陆金圆券贬值和物价猛涨的冲击外，还受到来自多方面的干扰和影响。同时，由于通货膨胀的影响，台湾物价不断大幅度上涨，1948年12月下旬，物价指数已为战前的11倍；到1949年6月中旬时，指数已升至战前的131倍。陈诚在向台湾省参议会第七次大会所作的施政报告中，避开比较敏感的金圆券问题，摆出了造成台省币值下跌、物价上涨的三条原因，即：第一，由于战时破坏，生产迄未恢复；第二，台省重要生产事业，向由中央管理，致一切进出口贸易收支未平衡；第三，台省对中央军公费垫款过多，使财政金融均受严重影响。随着大批大陆人员的迁台，使台湾游资激增，地下钱庄十分活跃，金融投机猖獗。由于为中央垫付大笔开支，台省每月财政赤字达85%。

为了稳定台湾的金融，陈诚认为必须改革币制。他于1949年1月、3月先后两次去大陆见蒋介石、李宗仁，都作了这方面的努力。5月，再赴广州，方获蒋介石应允，准将中央银行存台的80万两黄金作为币制改革的基金，美钞1000万元作为台省对外贸易的基金。

说到陈诚赖以进行币制改革的80万黄金，以往论著中多有不确之叙述，徒使陈诚的币制改革蒙上了一层神秘的色彩。如台湾《陈诚评传》一书中称：

> ……中央银行总裁俞鸿钧由上海空运八十万两黄金于五月廿五日（指1949年）抵达台北，适时纾解财务的困难。这批黄金早在三十八年三月，陈诚即向中央申请，但此为国库仅有，中央各项开支已捉襟见肘，是故申请未准，迫大陆局势恶化，蒋总裁已决定退守台湾，乃批准将黄金运台。此一决定，中央委员多数人反对，蒋总裁乃令中央银行总裁俞鸿钧秘密进行。四月廿三日中共军队渡江，占领南京，国府迁至广州，共军并准备围攻上海，俞鸿钧将黄金由上海中央银行国库中取出，交机于五月廿五日上海沦陷前，有惊无险地运抵台湾。[28]

当时任台湾省参议会议长的黄朝琴先生也说：陈诚在币制改革前曾召集台湾省参议会正副议长及金融界人士商量，"经过这一席谈话，陈辞公知道，真正导致台币贬值的，并不是受到大陆通货膨胀的影响，而是因为台湾光复那时候，日本人把台湾银行所存的黄金预备金，全部偷偷地运回日本了，他即刻打了电报给当时的中央银行总裁俞鸿钧，要他设法从上海运来八十万两黄金，做为发行新台币的准备金。这八十万两黄金，在上海陷匪前几小时，专机运到台湾来，使新台币发行以后，币值得以稳定下来"。

　　喧闹一时的黄金运台案，经台海两岸金融界、学术界人士的共同努力，现已基本澄清了事实真相：由上海运台的黄金，不是80万两，而是277.4万两；上海解放前夕抢运去台的黄金，只是其中的一小部分，为19.8万两。《人民日报》曾发表一篇带有综合性、终结性的文章《蒋介石集团从上海劫走了多少黄金去台湾》，内称：

　　　　据原中央银行档案记载：1948年12月31日，中央银行总裁俞鸿钧向蒋介石报告："已妥运台北黄金2004459市两；又运出黄金151箱，合纯金572899市两，银币1000箱，合400万元，借用海关巡舰'海星号'装运，前往厦门。"

　　　　据原中央银行档案记载：1949年5月15日，国民党军京沪杭警备司令汤恩伯亲笔写信给中央银行，称："为适应军事，贵行现有黄金、银元，除暂留黄金5000两、银元30万元外，其余即移存于本部指定之安全地点，需要时陆续提用。"1949年5月18日中央银行复电汤恩伯，称除按汤的规定数量留下的黄金、银元外，其余黄金198000余两、银元120万元，即刻移送安全地点。

　　　　据原中央银行稽核处处长李立侠的回忆："……劫运黄金，前后分了三批，第一批，也是主要的一批，系（1948）12月1日午夜由上海装运，当时外滩整个戒严……这批总数为2004000余两，由海关缉私舰'海星号'装载，并由海军总部派'美盛号'护送，运至基隆登陆。第二批运走572000余两，仍由'海星号'装载，'美明号'护送，在厦门登陆。第三批系俞鸿钧辞职后，刘政芸继任总裁，由汤恩伯直接亲令派人来银行抢走。运时离上海解放已不到十天了。共抢走黄金19.8万两。前后三批，总共运走黄金2774000余两。[29]

由此可见，陈诚请准用来作为台湾币制改革基金的黄金80万两，仅是国民党当局存台黄金的一部分，亦非全部，亦非全系币制改革前夕甫由上海运来。

关于促使陈诚下决心、实行币制改革的原因，陈诚自己曾作如下的解释："当时台湾的情形，系因旧台币与金圆券发生联系，故金圆券发生动摇以后，台湾金融、物价亦受严重影响。卅八年（1949年）本人担任台省主席之初，每日均需研议调整旧台币与金圆券之比率，而金融物价遂因此动荡不安，投机囤积与金钞黑市买卖因此渐趋猖獗。我们深感，欲稳定金融货币，必须实行币制改革，割断金圆券与台币之联系。"[30]

在台岛金融危机渐趋严重的情况下，陈诚决定标本兼治：一方面封闭了兴风作浪的地下钱庄四五百家，严厉禁绝金融投机买卖，使金融风潮得以平息；一方面从根本上治理货币流通制度，断然实行改革，发行新台币，并以无限制的黄金储兑政策维持币信。1949年6月15日台湾省政府正式颁布了《台湾省币制改革方案》、《新台币发行办法》及《新台币发行准备监理委员会组织规程》，新台币开始出台。陈诚在当天向省参议会第一届第七次大会作施政报告时说：

今天有一件事要特别提出来向各位报告的，即是改革币制问题，这个问题是近数月来全省同胞最关切的一件，亦即是省府同仁近数月来所努力求实现的一件事。现在可以告慰全省同胞与参议员诸先生的，是这项问题业已获得解决，今天已在报纸公布了，诸位先生想均已看到。[31]

发行新台币的具体办法为：（1）指定由台湾银行发行；（2）发行总额以2亿元为限；（3）单位为元，面额分1元、5元、10元、100元4

种；（4）辅币分角、分，10分为1角，10角为1元，面额分1分、5分、1角、5角4种；（5）以美金为计算单位，与美元的汇率为5∶1；（6）与旧台币的兑换率为1∶4万，并限于12月31日前兑换；（7）流通范围以台湾省区为限；（8）以黄金、白银、外汇及可以换取外汇的物资作准备金，十足准备发行，可以无限制储兑黄金。

陈诚曾表示，要想币制改革成功，必须做到以下5点：（1）财政收支平衡；（2）物资供需平衡；（3）贸易收支平衡；（4）充足的货币准备；（5）其他有关政策与币制改革相配合。新台币发行后，陈诚即果断地采取了几项有力措施，来保持新台币币值的稳定：一是割断新台币与大陆上已经奄奄一息的金圆券以及相继发行的银圆券的一切联系；二是鼓励物资大量打入国际市场，以争取外汇；三是宣布自7月份起，除经中央指定者外，中央在台机关所需公款，台省一概不予垫付。陈诚曾分析了新台币币值可"绝对稳定"的3个因素：

第一，准备基金异常充足，约合全部发行总额的百分之一百，而且都是黄金。第二，本省既已决定对于具有国际市场的物资尽量生产，则今后本省物资除自需者均可源源出口，争取外汇，因此将来国际贸易必为出超，进出口贸易可以平衡。第三，对于财政收支，除绝对做到本省各级政府财政收支平衡以外，中央军公垫款亦有妥善的解决办法，同时自七月份起，中央在台机关所需公款除经中央指定者外，一概不予垫付，这可说是平衡收支稳定币值的最大保障。[32]

新台币出台以后，最大的问题，是要保证物价的稳定。各类物价中，首当其冲者为粮价。为保证粮价平衡，陈诚除要求本岛粮食应达到额定的增产指标外，又将前从上海调运来台的粮食8700吨予以启用，并以台省财力，再向外国购买粮食1万吨。他认为："过去粮价波动，多半是心理作用，以为来台军队甚多，存粮不够分配，故大家争相购买。其实来台部队最近并未取给本省存粮。"陈诚对于稳定台省物价，提出了三点意见：第一，全省物价以战前为标准，照新币比值调整，如不够成本，可予补贴；第二，提倡学生与公务人员利用空地种植蔬菜，以增加副食品的生产；第三，减少浪费，厉行节约。[33] 他对于物价与币制改革的关系，有自己独特的见解。陈诚在7月5日的一次报告中说：

> 关于物价问题，外间误解颇多，有认为物价的调整，应在币制改革以前。殊不知，在币值没有稳定之时，调整物价根本就是一句空话。[34]

他分析，目前台湾的物价指数应为战前的10万至15万倍方为合理，但现在有些物价高出36万倍，最低的则只有1.6万倍。陈诚解决这一矛盾的办法是：物价太低的，酌量提高，以维持一般生产事业的繁荣；对于价格最高的蔬菜（含肉类）、药品、布匹三种货物，则号召大家多种蔬菜，药品照成本配售，布匹逐步实行配售。

新台币出台后，物价基本平稳，但到12月出现了一些波动。这时陈诚已辞去台省主席职，专任东南军政长官。他认为，这次的物价波动，是由心理上的失常和人为的操纵、投机所引起的，并将物价波动的罪责推到共产党的身上，且十分武断地断言，造谣和操纵物价的人，一定是共产分子。他污蔑说：

> 我在今年一月继任主席时，台省黄金只有三万余两，现在则逾一万两，一月所存物资不值新台币一千万元，现在则逾十倍以上。就是本省明年收支也已得到平衡，贸易会有出超，尤其明年所需的军公人员来粮卅万吨，已经筹妥，绝无问题。在此情况下，物价实在不该有波动的现象。我希望工商人

士要识大体，顾大局，不要操纵投机。如果有造谣和操纵物价
的人，那一定是共匪分子，是人民的公敌。我虽辞去省主席职
务，仍可以运用东南军政长官的职权，一定协助省政府处办这
类有意破坏经济的坏人。[35]

　　1950年3月，陈诚出任"行政院长"，但仍十分重视财政金融的稳
定。这一时期，他采取的主要措施有三：一为控制通货发行。原定2亿
元发行限额，后虽被突破，但陈诚执行的货币政策是，一方面"适当的
控制发行数量，防止通货膨胀，不使因为通货膨胀而危害工商业的正常
活动"；另一方面"机动管理通货的流通，使货币信用能够适应工商业
的需要，不致因通货紧缩而阻碍工商业的正常发展"。二为合理管理外
汇。陈诚主持"行政院"，于1951年4月9日颁行经济金融紧急措施，禁
止金钞买卖，改订外汇管理办法，实行复式汇率，建立外汇审核制度。
同年7月21日，"行政院"复重申前令，加紧控制外汇收支，减少不必
要的外汇支出，维持必需品的进口。三为稳定物价。陈诚提出，"要稳
定物价一方面必须努力增加生产，充裕物资供应；另一方面又必须斟酌
实际需要，加强物资调节，控制物品货价，取缔过分利润"。

　　新台币的发行额，始终被控制在一定的限度以内。1949年刚出台
时，共发行56455000元；至年底发行额达197628000元，亦尚在2亿元的
规定限额以内。1950年7月，台湾当局公布《台湾省政府辅助生产限外
临时发行新币办法》，授权台湾银行视生产资金季节性需要，临时发行
5000万元以内的"限外新台币"。1951年2月，又因电力建设需要，将
发行限额再提高9500万元。此外，又在金门、马祖等地区，增发了部分
"省外发行"的新台币；根据《新台币辅币发行办法》，发行了部分新
台币辅币。至1951年12月底，新台币的限内发行、限外发行、省外发行
及辅币四部分，共发行594548000元。这与旧台币发行额超出限额近百
倍、大陆金圆券发行额成天文倍数增长，均有较大的不同。

新台币发行的成功，还表现于台湾城乡民众的储蓄额，在利率不断降低的情况下，仍有较大幅度的增长。台湾当局为引导游资投向生产事业，历年不断降低银行储蓄利率。以1949年6月实行币制改革时，银行的储蓄利率指数为100，则一年后降为49.74，至1953年6月已降为15.85。与此同时，民众除向工商业投资外，仍将大量资金存入银行。以1949年6月台湾公私银行的民众储蓄存款额为100，则1950年底为768，1951年底为1497，1952年底为2448，至1953年11月，已增至3216，相当于币制改革之初的32倍之多。

新台币由于有从大陆发行金圆券时搜刮到的黄金、外钞作后盾，准备金十分充裕。可以说陈诚发行的新台币，仍从金圆券的尸体上获得了新的生命。若无从大陆运去的大批黄金、外钞，新台币也不可能站稳脚根。陈诚主持进行的币制改革，稳定了台湾的经济和社会生活，为国民党偏安台岛，创造了重要条件。币制改革的成功，也为台岛的进一步开发和日后经济的发展，奠定了良好的基础。

六 发展教育

陈诚并不是一名教育家，但在他担任台省主席与台湾"行政院长"后，由于处于全国领导的地位，对于教育工作也投入了相当大的精力。不仅如此，在教育思想、教育理论和教育政策方面，还有一些自己的见解与办法。

陈诚对教育工作的了解和熟悉，最早可上溯到青少年时代就读于丽水浙江省立第十一师范学校那段经历。4年的初师学习，使他初步接触到了有关教育学的知识。后来，在抗战的烽火中，陈诚于1938年以第9战区司令长官身份兼任湖北省政府主席，果断地处理了中学迁校的问题，他还亲自兼任省立联合中学的校长。9月，武汉战事已十分紧迫，疏散人口的工作刻不容缓。陈诚决定将鄂东、鄂南及武汉地区的中学，分别迁到鄂北、鄂西等地，继续上课；全省所有中学，合并为一所省立联合中学。陈诚在这个月的下旬，公开发表了《敬告本省中等学校学生家长书》，说明了举办省联中的目的和措施，并劝导各学生家长放心地把子女送到战时学校来，继续他们的学业。他说：

> 我们唯一的目的，就是要竭力维持战时教育，使我们的子女在安全环境中继续求学，不致流离失所，荒废学业，同时积极的施以抗战建国的教育与训练……诚深深地感到，诸位的子女即是我的子女，我对青年的关切，正如你们对自己的儿女一样。为着他们青年的幸福，与我们国家未来建国的基础，我们必须把学校变为家庭，学校的学生犹如家庭的子女，学校的教师犹如家庭的父兄，所以，诸位可以绝对的放心，把你们的子女赶快送到学校里来，政府一定完全负责，给予他们免费教育——免除所有的学费、膳费、宿费及制服费，并施以严格的管教，使真正造成为国家的人才。[36]

在陈诚的决策下，湖北省政府在汉口、襄阳、宜昌三地分设中学生登记处，以便全省1万多名中学生有秩序地迁移并编排到鄂西北的几十所省联中分校去。在当时的战争环境下，学生的生活费用，如不由政府供给，学生本身是无法解决的。但是，全部由政府包下来，也引起了社会上部分人的担心和疑虑。陈诚指出："这一万多青年真正是我们湖北的精华，最重要的资产。我们一定要把他们视为自己的子女，负责抢救出来，好好教育他们。"他还表示，如果经费发生困难，宁可把本省的保安团队裁撤一两团。陈诚此举，对于提高鄂西北落后地区的文化水平，保存湖北省文化知识界的后备力量，起了一定的作用。当湖北省政府迁往恩施以后，身为第6战区司令长官与远征军司令长官的陈诚，在繁忙的军务与战争中，仍对湖北省的文化教育事业十分关注。他聘请了许多有名望的教育家和有建树的专家来鄂主持教育工作。如选任留美的教育学博士张伯瑾、陈友松分任教育厅长和省立师范学院院长，农学博士管泽良为省立农学院院长。在德国享有盛誉的医学博士、外科专家朱裕璧为省立医学院院长。

陈诚的丰富阅历，使他在再次主持省政时，对于教育工作驾轻就熟。他在就任台湾省主席之初，便宣示了自己的教育政策及其指导思想。他说："三民主义既为中国最必需，那么我们今后对于教育政策的拟订，当然也要根据三民主义。"陈诚认为，台湾过去推行的教育政策，不少因袭了日治时代殖民教育的遗风，有时还掺杂着内地带来的"资本主义教育的意识"，今后必须确定三民主义的教育政策，即由政府统筹计划的计划教育政策。陈诚指出，这种计划教育政策，在实施时有三个要点：

> （一）每个国民不分贫富愚智，都有受基本教育的机会。目前本省系以小学教育为基本教育，但我们并不以此为满足，希望将来，基本教育的标准能提高至初中阶段。（二）优秀青年皆有升学机会。政府因财力有限，欲辅助人人升学，势不可能，惟过去升学机会皆为有钱人子女包办，殊不合理，因此对于优秀贫寒青年，应由政府辅导开学，并藉此培养建国干部。（三）受过相当教育的青年，由政府统筹计划，给予就业机会，消除"毕业即失业"的现象。[37]

何为"计划教育"？陈诚认为：所谓计划教育，就是由政府统筹教育经费，并按照青年的智能与兴趣，分别指导他们升学或就业的教育制度。为使每个青年不分贫富，充分发展自己的智能，必须求得教育机会的平等，"要达到这个目的，青年的全部求学费用必须由政府负责供给，那是最明白的道理"。如何统筹教育经费？陈诚也有具体的考虑，即：小学经费由乡镇统筹，高初中由县市统筹，师范与专科学校则由省负担；如果各级经费不足，乡镇可由县市补助，县市则由省补助。

对于发生在1949年春的台湾学生运动，陈诚认为，由于教育经费的缺乏，学生对学习条件不满可以理解；同时，他又声称自己是"革命的"，即使有"职业学生"鼓动起学生运动，也不会是反对他的。他说："有人说有少数职业学生想鼓动学生运动，出来反对政府，那我并不怕。我主持的政府如果是革命的，学生虽被鼓动，也不会出来反对我；如果是不革命的，我就应当被反对。至于我们主持的省政府，是不是革命的，自然有事实表现。"[38]

6月30日，省立台湾师范学院举行专修科第一届学生毕业典礼，陈诚以台省主席的身份，亲临主持，并致训词。鉴于这些毕业生即将走上讲坛，为人师表，陈诚围绕"尊师重道"发表了自己的见解，并向毕业生提出要求。他借用古人"师严而后道尊"的名言，要求教师管人要严，律己尤其要严。陈诚批评日下有些教师，对学生管理松懈，教学敷衍塞责，以致学风败坏，贻误青年。他说：

> "严格"与"刻薄"是完全不同的。"严格"的动机发乎"爱"，"刻薄"的动机出于"恨"。无论老师对学生，长官对部属，管理尽管异常严格，但他们仍应如同父母对于子女一样，这其间只有爱护，没有怨恨。[39]

陈诚认为：教师如果自己生活随便，遇事敷衍，不能以身作则，不仅不足以为人师表，且必然遭受学生的轻蔑。这是很值得一般教师深深警惕的。

在陈诚的主持下，台湾的教育事业在1949年中，取得了初步的成绩。按照"宪法"的规定，省教育预算应占有总预算的25%，而县教育经费应为县预算的35%；1949年台湾省教育经费已超出总预算的31%，县教育预算已超过39%；如加上未列入预算的地方教育补助费，则省、县平均更已超过了全部预算的40%。这一年，学龄儿童的入学率达到80%以上，各校增加了1000多个班，学生人数增加了10余万人。到1952年时，学龄儿童的入学率又增加到82%。

陈诚没有忘记，把抓教育和"反攻复国"的方针联系起来。他公然申明："我们教育的目的，在为后一代着想，教育后一代青年，并培养各级干部，以准备将来收复失地时接收之用。所以政府对于教育特别重视，不惜以庞大预算，用之于教育。"

台湾省政府在陈诚的主持和倡导下，从1949年起，开始解决职业学校、师范学校及中等以上学校毕业生的就业。在1949年至1952年间，共有2万名上述各类学校的毕业生被安排就业。陈诚在解释安排中等学校毕业生就业这件事的理由时说：

> 一在减少"毕业即失业"的现象，使青年能够用其所学；二在促进人事的新陈代谢，使社会政治各方面不断渗入新血液，并进而建立健全的人事制度；三在消灭社会政治上钻营奔竞之风，使青年在校能够安心读书，出校不致感到学无所用。[40]

1952年10月，陈诚向国民党七全大会所作的施政报告中，详细分析了台湾职业教育、师范教育和高等教育的现状。关于职业教育：现在台湾职业教育有了较大的发展，平均不到两所中学就有一所职业中学，平均不到两个中学生就有一个职业学校学生。而过去在大陆时，据1946年学年度统计，平均每6所中学才有1所职业学校，平均每11个中学生才有1个职业学校学生。台湾1951年学年度，职业学校的经费几乎与普通中学相等。因此，每一名普通中学学生摊得教育经费552元，而每一名职业学校学生却摊得1109元。陈诚说："惟衡诸当前及未来的实际需要，职业教育尚须续求扩充发展。"关于师范教育：台湾在光复以后，中小学师资大部分都是代用教员，经过几年的努力，师资缺乏的状况虽有好转，但仍不足以适应当前及未来的需要。当前在国民学校中，平均50多个学生才能摊得1个教师。陈诚狂妄地宣称，"反攻大陆以后，我们所需要的教师更多，所以师范教育仍须力求发展。"关于高等教育：过去在大陆统治时，专门人才就非常缺乏，而且由于粗制滥造的结果，一般的水准不够高，现在台湾的高等教育，在量的方面虽有发展，但质的提高注意不够。陈诚强调："今后我们必须遵照总裁的指示，提高学术水准，厉行竞争淘汰，始不致再蹈大陆上粗制滥造的覆辙，亦始能造就有用的优秀专门人才。"陈诚在向七全大会的报告中指出，教育问题，一方面与社会经济的发展程度有关，另一方面又与社会的观念习俗有关。教育问题的解决，除了教育本身应该确定正确的政策与整个的计划以外，同时更应发展社会经济，改变社会观念，从多方面来努力。为此，他特地在报告中，将国民党三全大会《政治报告决议案》中对于过去教育之弊端的分析，重新抄录报告，以引起与会者的重视。该段分析的原文为：

　　吾人推究今日教育受病之源，以为实由于最近半世纪以来中国文化旧基础即于崩溃，而新基础尚未确立所致。在此青黄不接之中，教育制度乃陷于事实上流于放任之境。由于放任，遂生六滥：一、学校滥；二、办学之人滥；三、师资滥；四、教材滥；五、招生滥；六、升学滥。由此六滥，更生四恶：学校往往成为个人制造势利之工具，一恶也；教员与学生虽有天才，亦遭其戕贼，二恶也；不能养成一般青年之学问品格与技能，只是增高青年放浪之精神与物质之欲望，三恶也；为社会增加分利失业之选，为国家所丧民族托命之根，四恶也。虽此四恶，即成三害：一曰害个人，二曰害社会，三曰

害国家。举此三害，即知教育上所种之恶因，乃直接予中国以
民族危亡之恶果。[41]

　　陈诚照录23年前三全大会决议案中的有关段落，当然是针对台湾教育现状，呼吁时人引以为鉴。由此亦可看出陈诚在教育方针、政策上重视质量的思想。

　　陈诚对于不同层次的学校，在发展方向上有着不同的要求。相比之下，对于中小学一类打基础、面广量大的学校，较为注重量的发展；而对于高等学校，则更注重质的提高。长期在陈诚"内阁"中担任"政务委员"的王世杰说："陈先生在他主持省政府和行政院期间，这几十年来，以坚强的信念，认为中小学校应求量的发展，高等教育则注重质的提高。他不愿草草创办大专学校，对公立学校如此，对私立学校也如此。他不愿制造'游民'，徒然增加社会和政府的负担。"有鉴于此，陈诚特别重视发挥大学校长的作用，授于他们用人的实权。他说："聘请教授是学校的行政权，任何人不能任意干涉。我们知道，职权与责任是对等的，政府既课校长以责任，即应尊重其职权。校长依其职责，以人格与学问足为师表者，作聘请教授之标准，自然是万分正确的。"有一年，旅美学者郑通和返台，嘉新水泥公司愿意出钱，创办一所私立大学。郑往谒陈诚，说明打算。陈诚当即劝郑，改办一所化工研究所，而不必办大学，因为大学是"选择教育"，不是"推广教育"，大学应该重质而不重量。陈诚并告诉郑通和，他自己不是一个做学问的人，但他的长处，是能接受有学问人的意见，同时能够执行那些意见。

　　陈诚十分看重大学的招生与分配，用以保证社会的新陈代谢。他强调升学应以成绩为准，优秀的学生要给以升学的机会；大学毕业应一律充分就业，用新陈代谢作用，淘汰现有老弱。陈诚说："如此社会才能求致进步，我认为如要国家进步，一定要看中青年，使青年能有机会发展，这点是我们政府应有的主张。"在陈诚担任台省主席与"行政院

长"期间，作为他主政的一个方面，教育事业得到了较大的发展，教育经费遂年增长。1950年为1.56亿元新台币；至1958年他再度出任"行政院长"时，教育经费为9.72亿元，比1953年又将近翻了2番；1963年12月，陈诚辞去"行政院长"，这一年教育经费的投入高达25.5亿元，比1950年时增长了15.3倍。台湾当局对教育经费的巨额投入，从一个侧面反映了他们对教育的重视。尽管陈诚对教育重视的目的和他的政治立场是不可分的，但在客观上为台湾大、中、小学教育的发展奠定了良好的基础。

七　推展"四年计划"

1953年是中国农历的蛇年。从这一年起，台湾当局由"行政院长"陈诚主持，开始执行"第一期四年经济建设计划"。

早在1952年，台湾省政府在吴国桢的主持下，即制定出《台湾经济四年自给自足方案》，目标是在方案完成后，使1957年台湾的经济达到自给自足的地步。但是该方案的各项主要生产指标都偏高，难于实现。1953年7月，在陈诚的主持下，台湾"行政院"决定成立"行政院经济安全委员会"（简称"经安会"），负责经济计划的设计、审议与实施。初由台省主席兼任"经安会"主任委员，旋即改由"行政院长"兼任，并设副主任委员1人，委员11至15人，"行政院""财政"、"经济"、"交通"、"国防"等"部长"，参谋总长，省财政厅长等均为委员人选。"经安会"内分4个组与工业委员会。工业委员会负责制订第一期四年计划中工交部门的计划；第4组则负责设计制订农业部门的计划。

陈诚决心采用"养鸡生蛋"的办法发展经济。他形象地比喻说：

如果只注意财政而不在经济方面去求发展，以培养财源，那就是"杀鸡取卵"。

......

我们一定要"养鸡取卵"，才能使经济发达，人民生活改善，财政收支平衡。[42]

第一期四年计划的主要任务为："以最有效迅速的途径，从事经济建设，提高农工生产能力，充裕物资供应，满足国内市场需要及增加出口以求对内经济的稳定，对外改善国际收支。"在此总目标下，"经安会"的工业委员会与第4组于8月同时开始了分别制订工农业发展四年计划的工作。

工业委员会认为，工业的发展不宜面面俱到、全面铺开，应遵循4条原则，即：第一，在平衡中择重点发展；第二，增产指标以岛内外市场为基准；第三，充分利用现有设备和自产原料，节省外汇；第四，扩充生产与改进生产并重。工业部门计划分为矿业、制造业、电业、交通运输业四个方面。矿业以发展煤矿为主，重点发展储量大、产量多、设备好的煤矿；制造业的发展应注重生产原料与农副产品的利用，着重发展投资少、见效快、产品适销的轻工业；电业着重于水力资源的利用，并在南部增加火力发电能力；交通运输业着重于水陆运输设备的增添，立足于不断增加新线，但要适当开辟新港。工业投资45.18亿元，计划工业生产平均年增11.1%；交通运输投资9.23亿元，计划年平均增长7.2%。

负责制订农业部门计划的"经安会"第4组，曾邀请各有关农业机构的主管人员、有关公营企业代表、专家、教授等60余人，组成粮食作物、特种作物、林业、渔业、畜牧、水利等6个审议小组，逐年设计各项农业指标。该计划包含农作物、林产、水产、畜产及水利5个分计划。农作物计划要求着眼于供给岛内需要和增加外汇收入，具体有4项重点增产者：一为对于供给岛内需要及外销均有重要性者，如米；二为对外销具有重要性者，如甘蔗、青果、茶；三为对减少进口具有重要性者，如黄麻、花生、黄豆、小麦；四为对供应国内需要具有重要性者，如甘薯、烟叶。林产计划要求在不滥伐的原则下，增产木材，稳定木材价格。水产计划旨在发展远洋及近海渔业。畜产计划要求推广优良种畜，提高畜产量。水利计划为加强排灌工程建设，筹备大规模水利工程的兴建。农业投资共23.58亿元，农业生产计划指标平均每年增长4.8%。

陈诚把第一期四年经济建设计划的主要内容概括为"一个目标，四项原则"。他说：

> 一个目标是什么？就是力求提高自给自足的程度，使主要的必须物资能够自给，使国际收支可以平衡。四项原则是什么？一是整个性。经济是一个整体，各项生产建设必须相互配合，均衡发展，根据此一原则，所以本计划注重"以农业培植工业，以工业发展农业"的原则。二是重要性。经济的范围很广，我们应做的事也很多，但在有限的财力、人力、物力条件下，我们必须把握重点，择其具有重要性的事来做。因此，本计划的农业部门则以增加米谷生产为主，工业部门则以肥料与电力为主。三是经济价值。我们不仅要注重整个性和重要性的原则，更要注意经济价值的原则，这也就是说，要能以较少的投资，获得较大的成果。同时，要在短期内有产生经济价值的可能。四是保守的估计。本计划对于增产的数量，建设的进度以及节省或增加外汇数额的估计，均采取保守的态度，力求低估，不敢高估。因为成果超过我们的估计，那是很好的；假如成果不能达到我们的估计，反要增加很多困难。[43]

陈诚还在一次向国民党中央委员和中央工作人员讲话时，要求大家在贯彻执行第一期四年经济建设计划时，要提倡勤俭和实践。他形象地比喻说："当前我们的处境，一如农人春耕时期，必须紧缩裤带，辛勤耕耘，然后才有秋收冬藏，所以全国上下必须厉行节约，实践克难，做到人人以奢侈为可耻，以浪费为罪恶……我们要重实践，尚力行，对于应该做与可能做的事，必须迅速确实地去做，不可空谈理论，浪费时间。"

当陈诚主持制定和实施的第一期四年经济建设计划进行到第二年时，他因为当选为"副总统"而辞去"行政院长"职务。这期四年计划实施的大部分时间，便由他的继任俞鸿钧负责主持。虽然如此，陈诚作为蒋介石的副手，对于关系台湾命运的四年计划之执行，仍然具有巨大的影响。

到1956年，第一期四年计划的各项指标，基本实现或接近完成，工农业生产都有了大幅增长。

工交方面：工业的实际投资额为33.2亿元，只占计划额的73.5%；但工业平均年增长率达11.7%，超过了11.1%的原定指标。在25个项目中，有9项超额完成了指标，16项未完成计划指标。有些项目，虽未完成指标，但甚为接近，如发电量完成75.8亿度，占原计划的96.7%；煤完成939.9万吨，占92.2%；毛纱完成63.17亿磅，占96.9%。也有些项目完成较差，如硫化铁生产109500吨，只占计划数的75.6%；人造纤维、塑胶和汽车轮胎的增产计划，则未能投产。交通运输的实际投资额为9.77亿元，为计划额的105.9%。铁路客货运、公路客运，都完成了计划指标，仅水运货物的装卸量未能完成。

农业方面：4年中实际投资22.9亿元，为计划额的97.2%；年均增长达6.2%，比原计划年均增产4.8%的指标，几乎提高了30%。在21个农业项目中，有15个项目达到或超过了计划相当规模；没有达到计划指标的6个项目，其完成数额基本也在90%以上。

到1958年7月陈诚再度出任"行政院长"时，台湾的第二期四年经济建设计划已经实施到第二个年头。

第二期四年计划的主要任务是："继续开发资源，增加农业生产，加速发展工矿业，扩展出口贸易，以提高国民所得，增加人民就业，平衡国际收支，从而加强经济作战能力。"本期计划为第一期计划的继续和扩大，属同一目的的更高阶段。4年中计划总投资180亿元新台币，其中含工业99.2亿元，交通运输24.7亿元，农业56.3亿元；计划工业年均增长率12.2%，农业4.5%，减少国际收支逆差5900万美元。

陈诚接手主持第二期四年经济建设计划后，遭遇到1959年8月台湾中南部水灾的打击。

1959年8月的特大水灾刚刚过去4个月，道路、桥梁、农舍都还在修复之中。尽管如此，陈诚在这年年底，制定了雄心勃勃的计划，决心成倍地增加投资，加快经济建设的速度。陈诚决定，在"行政院美援运用委员会"中，设立"工业发展投资研究小组"，负责联系和协调各机关促进投资的工作，并对工业环境的改善和一般投资事项，作政策上的研究和建议。他开始把主要注意力移向工业。他规定，"工业发展投资研究小组"的任务是：作为与投资有关的各级"政府"机构的联络中心，汇集并调和各方意见；作为沟通投资人、民间生产事业与有关"政府"机构间的机构，研究与投资有关的各种因素，经常注意实际发展，并向"政府"和投资人双方供给情报，提供建议；从事对投资人服务，协助投资人进行投资活动。陈诚提出，当前要改善投资环境，需要三个方面协调配合、共同努力。他说：

    一是政府方面。要节省开支，集中力量于建设事业；简化行政手续，便利私人投资；调整赋税，鼓励储蓄和投资；将部分公营事业适当转变为民营事业；修改有关经济法令、规章制度。

    二是政府和民间两方面。要共同努力开拓国外市场，在国际间建立商业信用；吸收最新技术与管理知识，培植技术、管理、推销人才；争取国外资金与技术合作，加强对投资人的服务及供给必须的资料。

三是民间方面。要恢复固有的刻苦、节俭习惯，增加储蓄，减少消费；振奋企业精神，创办新的事业；遵守商业道德，从事公平竞争；健全本身事业，改进品质，减低成本；健全同业组织，互相合作；遵守政府法令，与政府相配合。[44]

1960年3月，陈诚正式推出他主持拟定的《加速经济发展19项措施》。他不再安于每4年一期的经济建设计划，而要在此基础上，再赋予经济发展以一个新的加速度。"19项措施"中包括了预算、金融、外汇与贸易等各方面大胆的改革措施。该措施主要内容为：

（1）鼓励储蓄，节约消费；

（2）建立资本市场；

（3）改善民间投资环境；

（4）扶助民营企业；

（5）在外汇、税收、贷款、资金等方面为民营企业提供优惠；

（6）修订投资设厂用地、出入境手续及企业经营有关"法令"，废除旧有阻碍经济发展条文；

（7）充分利用公营事业及军事生产单位现有设备；

（8）对公用事业费谋求合理标准；

（9）执行精兵政策，推行军官退役制度，"国防"费用维持目前水平；

（10）改善税制与税务行政，建立以直接税为主的税制，公平负担；

（11）改进预算，推行绩效考核制度；

（12）军政事业取消一切变相津贴；

（13）调整公务人员薪金，取消一切暗补，采行单一薪金制，实行退休制度；

（14）加强军费支出稽核；

（15）建立"中央银行"制度，将目前台银代理的"中央银行"业务与普通银行业务严格区分；

（16）所有办理存入款的机构，一律纳入银行系统，受代理"中行"的台银控制；

（17）严格划分银行业务，接受"财政部"监督，避免将短期资金留作长期之用；

（18）建立单一汇率制度，放宽贸易管制；

（19）扩大出口，简化手续，加强对外业务接触。[45]

陈诚宣称：实行经济改革计划的首要措施，是"改善投资环境，积累建设资金"；而上述19点措施，正是围绕解决建设资金问题，实行的大胆革新。他还主张，发展工业，必须抓好粮食、电力与外汇这三个环节，要"配合粮食生产计划，扩建肥料工业与水利建设；扩充电力建设，以发展工业之基础；增加外销产品的生产，以争取外汇；增加省内必需品生产，以节省外汇"。

第二期四年经济建设计划，在陈诚及其前任"行政院长"俞鸿钧的共同努力下，基本上取得了成功。4年中，各业总投资为190.2亿元，其中工业为102.7亿元，交通运输37.7亿元，农业为49.8亿元。除农业外，各种实际投资均超过了计划的规定。工业年均增长率为12%，基本实现了计划的规定；农业年均增长5.3%，超过了4.5%的指标；"国民生产"毛额年均增长7.5%，与计划指标持平。总的说来，农业生产计划完成得比工业好，小麦产量达16.5万吨，超过计划指标49.8%；大豆产量为17.2万吨，超额19.3%；重点产品稻米也达750.1万吨，实现了计划指标的95%。

继1960年完成第二期四年计划之后，陈诚又主持制订了1961年至

1964年的第三期四年经济建设计划。由于原来具体研制四年计划的"经安会"于1958年8月撤销，故第三期计划即由"行政院"、"经济部"与"交通部"分别承担，最终由"经济部"汇总。1958年11月，"经济部"专门设立了"农业及工矿计划联系组"，吸收原"经安会"第4组和工业委员会的部分工作人员，继续进行农业部门与工业部门计划的制订工作。"交通部"也于1960年9月专门设立了"运输计划联系组"，负责交通部门计划的制订工作。

第三期四年计划的目标，在于改善环境，提高生产能力，增强产品的国际竞争能力，扩展对外贸易，减少对美援的依赖程度，逐步建立新的社会经济结构。整个计划共包括农业、工业、交通运输、社会建设、石门水库建设、国际贸易与国际收支6个部门。计划经济年均增长率为8%，农业年均增长5.4%，工业为12.1%；"国民生产"毛额与"国民收入"均增长36%，按复利计算，年均增长为8%。计划4年总投资500亿元，其中农业83亿元，占全部投资额的16.6%；工业229亿元，占45.8%；交通运输66亿元，占13.1%；社会建设25亿元，占5.1%；石门水库18亿元，占3.7%；其他79亿元，占15.7%。

陈诚由于健康的原因，没有能把第三期四年计划执行完成，于1963年12月辞"行政院长"职；执行经济建设计划的重任，亦同时交给了他的继任严家淦。

第三期四年计划，在陈诚与严家淦两任"行政院长"的主持下，其执行情况，大大好于前两期，各项关键性的指标均已达到，不少指标远远超出。4年中，实际总投资595.7亿元，超过计划指标的19.1%；"国民生产"毛额增长了44%，平均每年增长9.5%；均超过了计划指标。农业方面，年均增长率为6.3%，超过计划指标20%；稻米产量达848.5万吨，为计划指标的98.8%；香蕉达66.5万吨，超过计划指标33.1%；渔产量达136.7万吨，为计划指标的116.3%。但也有些农产品产量较低，如小麦只完成12.5万吨，仅为计划指标的38.8%，比第二期四年计划的实际产量还降低了24%。工业方面，年均增长率为14.9%，超过计划指标23%；煤产量达1871.3万吨，为计划指标的105.1%；硫化铁产量18.7万吨，完成95.6%；水泥产量798.1万吨，完成107.1%；发电量为197万度，完成94.3%。到1963年，工业净产额在工农业总额中，第一次超过农业，达到51.29%。4年中进出口贸易发展迅速，大大超过了原订的计划指标。出口值为12.73亿美元，达计划指标的138.4%；进口值为13.99亿美元，为计划指标的111.2%。

1964年10月，陈诚以带疾之躯，出席台湾1964年经济建设成果展览会的开幕典礼，发表了他一生中最后一次的公开演讲。陈诚讲了4点简明扼要的意见，他说：

> 一、勿以当前经济进步而自满；二、检讨我们自己的经济，方能立于不败之地；三、今后经济作战应多了解国际环境；四、今天经济发展过程中有一很大缺点，即少数工商界不求进步。

陈诚在他的晚年，为台湾的经济发展倾注了大量的心血。在长达12年的三期四年经济建设计划实施过程中，他亲自主持制定了两期四年计划和一项临时性的"19项措施"，程度不等地主持了各期四年计划的实施。

无可讳言，陈诚致力发展的台湾经济，属资本主义类型，它无法摆脱资本主义经济本身所固有一切矛盾和弊病；其目的，则是为了巩固台湾当局的统治，"反攻复国"。但是，对台湾岛的经济开发，属于中华民族全民族的共同事业，这一经济基础，在实现祖国统一前后，都可直接、间接地为祖国的繁荣、富强服务。同时，陈诚关于重视资金积累、重视技术、讲求效率和速度等经济建设思想，也有可资借鉴和可取之处。

八　建设石门水库

在陈诚经营台岛的庞大计划中，有一项令人瞩目的重要工程，即兴建石门水库。

石门峡谷位于台北市南约50公里处，属桃源县境，大汉溪由此出山流入平原，两岸峡谷岩壁耸立，水流湍急。日本统治时期，即准备在这里兴建水坝，以便利灌溉。复因工程浩大，未能着手进行。1948年秋，陈诚由大陆至台北养病，曾至石门游览，听到介绍说，这里是灌溉、发电、供水等多目标水库工程的优良选址，遂对此留下深刻印象。他在1949年担任台省主席后，不断接到民间关于要求修建石门水库的呈文；1950年出任"行政院长"后，更不时前往观察、筹划。

1954年，陈诚决定由"经济部"、台湾省建设厅、水利局及电力公司派员，并邀请"中国农村复兴联合委员会"派出代表，共同组成石门水库设计委员会，从事地质、水文、农业经济等方面的综合调查，以及工程费用的估算。

9月7日，已经出任"副总统"的陈诚，约同台湾省主席严家淦、"立法部长"张道藩、"经济部长"尹仲容、"外交部长"叶公超、"交通部长"袁守谦及美国专家戴维斯、卜竺德等人，前往石门地区考察，并听取了石门水库设计委员会总工程师徐世大的报告。

大坝的兴建，是未来石门水库工程中的关键项目。为此，陈诚广泛听取了台岛内外水利专家的意见。1955年1月，还特地请来世界高坝权威萨凡奇博士和美国垦务局高坝组组长哈蒙德，进一步征询他们关于选址建坝的看法。1月28日晚，陈诚在寓所设便餐招待萨凡奇、哈蒙德两位专家，并由"中国农村复兴联合委员会主任委员"蒋梦麟、"经济部长"尹仲容等作陪。

经过大约1年的工作，在陈诚的热兴参与下，终于在1955年上半年，由石门水库设计委员会提出了水库工程的定案计划报告，经陈诚亲署，很快便得到了蒋介石的批准。这个综合性的工程包括：

（1）混凝土拱坝一座。坝顶高出基础125米，体积84万立方米。坝址上游形成的水库水面约为9平方公里，蓄水容积3.16亿立方米；水库运用调节水位部分的高度在195米至245米之间，其可调容积为2.5亿立方米。

（2）溢道一条。长120米，设于右岸较低山脊的地方，建成后，最大可将每秒1.1万立方米的洪水宣泄到水库以外。溢道顶部有弧形闸门10座，可于低水时期用于调节供水。

（3）发电站一座。设发电机3组，每组容量4万千瓦，每年可供电力2.2亿度。

（4）大圳一条。干渠长34公里，支渠长150余公里，供由大坝左岸引水，灌溉桃园台地。干渠建筑物包括隧道、桥梁、渡槽、分水门等共341座。

据估算，该项工程的直接工费为4.78亿元新台币，间接工费为2.22亿元，施工期内利息支付1.02亿元，后期安装成本7000万元；扣除施工设备残值，总投资计达8.54亿元。

石门水库建成后，将带来四个方面的经济价值：

（1）防洪。每年6月初至9月底防洪季节，经水库拦蓄后，使洪水流量减低，不致危害农田。估计每年减低洪灾损失约769万元。

（2）供水。第一期自来水工程完工后，可供区内34万居民饮水，每年可节省825万元。

（3）灌溉。可灌溉农田54540公顷，年可增产稻米6.9万吨；除去农作物及连带成本，平均年可获益6316万元。

（4）发电。以替代火力发电成本计算，每年可节省5161万元。

1955年7月1日，石门水库建设筹备委员会在台北凉州街集会，正式宣告成立。陈诚以"副总统"身份兼任主任委员，并亲自主持了成立大会。筹委会委员有张厉生、沈怡、黄少谷、严家淦、黄国书、蒋梦麟、谷正纲、黄朝琴、蔡培火、徐柏园、邹清元、吴鸿森、凌鸿勋、董文琦、尹仲容、王德溥、丘念台等。筹委会下设秘书、财务、工程、土地四处，秘书处长邵逸周，财务处长蔡同玙，工程处长章锡绶，土地处长沈时可。陈诚在简要说明筹划经过后说："政府在财政困难时期，决心兴建工程浩大的水库，足以证明政府无时无刻不在为人民的永久利益而作长远的打算。"接着，他解释了自己为何要以"副总统"身份来兼任主委。他说："一则表示政府极端重视此项建设事业，二则副总统任期尚有五年，不至因人事的变动而影响此巨大工程的进行。"他表示，"个人对于职任并不计较，只要有利于国家和人民"，"不怕多负责任"。[46]陈诚在会上，还宣传了水库建成后的巨大利益，以及建设工程的艰巨性。他说：

> 石门水库建设工程，看起来似乎很简单，但实际上非常复杂。除工程技术及经费暂撇开不谈而外，与该水库有关的地区包括桃园、新竹、台北三县及台北市。该水库完成以后，不仅可以灌溉农田五万四千余公顷及发电十余万千瓦，而且台北县若干地区及台北市可以不再遭受水灾。如此巨大之工程，故须集合中央、地方及各方面的力量，始能完成任务。[47]

7月7日，举行了石门水库建设工程开工典礼。有三处辅助性的工程，要在这一天开工：一是全长5.4公里的运输公路线；二是另一条4.4公里长的辅助公路线；三是330米长的桃园大圳引水隧道。这三项辅助工程，均在陈诚主持简短仪式后，正式破土动工。其中尤为壮观者，为桃园大圳新进水口引水隧道工程的开工。陈诚一扭电制开关，30秒钟内，在引水隧道路线上，连续响起了7响爆炸声。随着这7声巨响，工地上腾起一片烟雾，尘土飞扬。引水隧道工程从此开工。据报纸报道，那7响爆炸声，寓意纪念"七七"抗战。因为18年前的这一天，中国人民开始了全面抗战。

在开工典礼上，陈诚不无激动地说：

> 石门水库现在已经开工了，过去的重重困难，总算都被我们克服了，但今后我们所可能遭遇的困难，较之过去恐只有过之而无不及。我希望我们大家都能把一时的热心，变为永恒的毅力，牺牲个人的小利，完成全体的大利。将来这一工程完成之后固然可以使许多荒地变为良田，但在施工期间，因为工程上的要求，也许难免要使少数良田变为荒地。[48]

陈诚有感于许多农民，为了支持工程的建设，宁愿把自己家里的祖坟让出来。他在开工典礼上，用这样的事例来激励大家通力合作，保证水库工程的顺利进行。他说：

> 这里，有一件非常值得钦佩，并与石门水库成功密切有关的事，特别提出来说一说。我们中国人，对自己祖先坟墓，向巫尊重。过去政府举办建设工程，常因拆迁坟墓而遭遇许多麻烦。可是石门水库坝址附近的民众，都自动表示愿意迁移祖坟，多么令人钦佩。孟子说："天时不如地利，地利不如人和"。这是论载名言。本省水利建设，情况亦复如是。雨量不均，台洪暴烈，"天时"的不利如此，岭峻地松，源短流急，"地利"的不利又如彼。而历年来水利事业，得有长足进展，所恃者，惟上下一心、通力合作的"人和"而已！前面所说的民众自动愿意迁移祖坟，是牺牲小我，成全大我，最高度合作精神的具体表现。因此，益增强了我们对石门水库必能顺利完成的信心。[49]

1964年6月14日陈诚在石门水库竣工典礼上致词

在石门水库建设筹备委员会成立1年之后，于1956年7月石门水库建设委员会正式成立，仍由陈诚兼主任委员。

自水库工程动工以来，进展基本顺利；但是，由于资金和技术等方面的原因，某些工程项目的动工时间不得不后移。其中，主坝的开工时间，即由1957年移至1958年8月。

1958年8月5日，桃园大圳新进水口隧道与石门大桥工程同时竣工；全岛瞩目的石门大坝开基典礼也选择在这一天进行。

此时的海峡两岸，正处于猛烈炮战的前夜，局势紧张到极点。但在水库工地上，却是另一番情景。

1个月前刚刚再次兼任"行政院长"的陈诚，以"副总统"、"行政院长"和石门水库建设委员会主任委员多种身份，亲临现场，分别主持了竣工、开工典礼。已是花甲之年的陈诚，于上午10时零5分，来到桃园大圳新进水口，主持开闸仪式。他揿动电钮，闸门徐徐开启，河水从新修的隧道中奔腾而下，流向长长的沟渠和万顷良田。农民们亲眼见到古老的大汉溪，终于按照人们的意志，驯服地穿过山崖，流向自己耕种的土地，个个激动不已。

10时25分，陈诚来到新建成的石门大桥西边桥头，为这座刚刚落成的大桥剪彩。他第一个步上大桥，走完92.4米长的大桥。

10时30分，陈诚在石门大桥的东端，主持了石门大坝的开基仪式。他面对石门峡谷，按动电钮，只听得远处预定筑坝的地点轰然一声巨响，顿时土石纷飞，烟雾弥漫。具有历史意义的石门水库主体工程从此开工。陈诚在大坝开基典礼的讲话中宣布，美国开发贷款基金会已同意贷款2150万美元，作为石门水库的建设基金。该项贷款年息3.5厘，分35年偿还。他说："由于此项贷款的获得，将使石门水库的建设工程，可以按照预定计划进行与完成。"当天下午，陈诚将石门水库建设委员会主任委员这一兼职，移交给美国哥伦比亚大学研究院哲学博士、"中国农村复兴联合委员会"主任委员蒋梦麟。他并表示，今后仍将随时继续协助工程的进行。

石门水库一共经过9年的艰苦施工，于1964年6月竣工。14日，已经辞去"行政院长"兼职的"副总统"陈诚，兴致勃勃地主持了竣工盛典。主席台的天幕上挂着一枚巨大的"石门水库竣工典礼"会徽。会徽的中间是齿轮，象征着水库带来的农业丰收。美国驻台"大使"赖特称赞说："这项成功是由于倡导者的远见，高度效率的管理，优良的技术，辛勤的工作，而最重要的因素是信心。"[50]陈诚只作了简短的致词。他表示感谢美国对这项工程所给予的援助和支持；强调必须努力，充分利用水库工程所产生的加速发展经济的潜力。

陈诚面对庞大的水库工程，表现出了顽强的决心和巨大的勇气。他为这一工程付出了艰辛的劳动。石门水库不仅是造福台湾人民的一项重要工程，而且也是伟大祖国用以战胜大自然的一项珍贵财富。

九　抢救水风灾害

陈诚在职掌台省期间，比较体贴民情，关心民间的疾苦，尤其是在发生重大自然灾害的时候。

1959年8月7日，台湾中南部发生了60多年来未有的大水灾，24小时内，降雨量达700至1000毫米以上。老天差不多把正常情况下需要4个月至半年才降下的雨水，在一天一夜中疯狂地倾泻到这个岛屿的中部和南部。在狂风暴雨的肆虐下，广大的城市、乡村，变成了一片泽国。房倒屋塌，桥梁断裂，铁路、公路毁坏，电讯中断，整个岛屿一片凄凉。据台湾当局公布，受灾面积为1.2万余平方公里，灾民达30余万人，公私损失约为新台币37.4万亿元。陈诚向新闻界披露，在这次水灾中，共死亡669人，失踪377人，受伤852人，无家可归者31000人。

此时，陈诚重新兼任"行政院长"刚一年。救灾工作，刻不容缓。陈诚于8月9日，召开紧急会议，听取了台省主席周至柔报告巡视灾区情况，并作了4点指示：

> 第一，由空军派出飞机维持空中交通，陆上交通命工兵先行抢修公路；
> 第二，要求工商界人士协助"政府"稳定物价，救济灾民；
> 第三，由有关单位多拨黄豆，制造豆芽、豆腐，以补蔬菜之不足；
> 第四，省政府紧急救灾工作所需经费，由财政部主计处用紧急支付来解决。[51]

10日，陈诚邀工商界重要人士40余人举行座谈。会上，他要求每个民众都应发挥"人饿己饿，人溺己溺"的同情心，配合"政府"，协力救灾；工商界不许投机取巧，抬高物价。他还宣布：自即日起，各项主要生活物资应照以前价格，不准上涨；蔬菜、肉类均暂行停止出口；猪肉如再上涨，可以考虑禁屠。次日，为节约肉食消耗，稳定猪肉价格，由"中央"和省、市各级机关、人民团体共同决议，实施全省性有限度禁屠。首先自12日至19日连续禁屠8天，以后每逢星期二、星期五禁屠，直至水灾区恢复原状为止。

17、18日，陈诚率台省主席周至柔、"经济部长"杨继曾、"交通部长"袁守谦等高级官员，先后至中部灾情较重的苗栗、彰化、台中、南投四县视察。据台湾报纸报道：陈诚一行，在视察过程中，"没有接受县市政府的招待"，"都吃带来的便食"。陈诚表示，他所以要带若干"中央"主管官员一起来灾区，"是免得这些主管官员分别到灾区去，使地方官员们花费时间去招待"。他又规定，"今后如有人在工作上必要到灾区去的话，必须不妨碍县市政府的工作，且须自备交通工具"。陈诚身着西服，头戴白色礼帽，手挂竹节拐杖，经过崎岖的山路，察看了各处灾民居住的地点。他听取了受灾地区军政长官关于灾情和救灾工作的报告，并对各项急需处理的问题，作出指示。他对苗栗、彰化两县的地方官员说：

> 政府对于这回台湾中南部各县市水灾的复旧[52]工作，已经有了一整个的计划，依照概略的统计，在抢修方面大概要花新台币三亿元，在修复工作方面，大概要用新台币六亿元。这就是说，对于这回暴雨造成的灾害，约需新台币九亿元才能修复过来。目前关于钱的方面，无论中央政府或者台湾省政府，都很困难，但是政府无论如何，将尽最大的努力，把钱筹足，在最短期间，依先后缓急，展开复旧工作，希望复旧工作在本年底可以全部完成。[53]

陈诚率员巡视灾区四县后，于18日下午6时飞返台北；晚8时30分，即在官邸召集"中央政府"有关部门主管举行会议，研究灾情，商讨进一步的救济及重建办法。会上决定，成立由陈诚亲自主持的台湾省中南部水灾救济及重建工作小组，下设人力、物资、财务三组，分由"国防部副部长"梁序昭、"经济部长"杨级曾和"财政部长"严家淦为三组召集人。该小组的任务为负责拟订重建计划及推动重建工作，陈诚指示：重建工作的第一优先，就是重建生产力。

陈诚对于灾区的重建工作，制定了四条原则：

1.充分利用人力物力，以发挥人力弥补财力之不足，以节约物力弥补灾害之损失；

2.重建工作，应以恢复交通及生产为最优先，按交通、水利及生产事业的次序进行；

3.筹措财源，须避免通货膨胀，并防止物价暴涨；

4.重建工作，必须力求计划确实，手续简捷，以期争取时效，有效执行。[54]

他依据这些原则，又对若干具体问题，作了阐明。关于节约：他宣布继续执行每周禁屠两天的决定。因为台湾每天约杀猪7000头，每周禁屠两天，一个月就可少杀5万多头猪，而此次水灾中，全省生猪损失不过1万多头。他认为，"在灾期节约，也是道德上应该的事情，没有遭受灾难的人，实在不应在许多同胞受到灾害的时候大吃大喝"。关于减免田赋：他表示，对于受灾流失的耕地，"政府"一定考虑免征田赋，但现在还不能对减免田赋问题作出规定，"希望能耕种的田地，一定要很快恢复耕作生产"。关于贷款：他宣布由"政府"按一定标准贷给灾民重建资金的50%，由灾胞自筹其余的50%。在贷款中，有几种人应获得优先，即赤贫的人、"革命先烈"遗属和出征军人家属。

8月31日，蒋介石以"总统"名义，依"宪法"、《动员戡乱时期临时条款》的规定，为抢救灾害，加速重建步伐，颁布《紧急处分令》，规定：对现行"税法"及各级"政府"预算，自9月1日起，作"必要之变更，俾统筹运用，争取时效，以应付财政经济上之重大变故"；各项税课、公私小客车、电力电信费及铁路、公路票价自9月1日起，将分别附征水灾复兴建设捐，这些收入均由"行政院"统筹调度支拨。《紧急处分令》还授予"行政院"以自行支配这些款项的全权，明令：

> 凡关款项支拨、工程发包、物料采购及使用等事项，应简化审计会计程度，由行政院斟酌情形核饬办理，得不受各该有关法令限制。[55]

这就大大增加了"行政院"的权力。对此，社会上颇有反应。"立法院"认为这样做，缺乏"法律"依据，向陈诚提出质询。陈诚解释说："救灾如救火，事实上，这场水灾比大火更厉害，如果我们救灾还先要弄一个'法案'或进行修订若干种'法规'，这样，将不知耽搁了多少事情。"他宣称："希望舆论界相信我，我决不会滥用职权。"陈诚还在向"立法院"作的"施政报告"中强调：

> 总统颁布《紧急处分令》，其目的在争取时效，迅赴事功，及时恢复交通、水利及农工生产，以防灾害影响的扩大与人民痛苦的加深，这种为应付紧急灾难不得已而采取的措施，本主席不但希望贵院谅解，而且诚恳地希望予以支持……紧急处分令虽然加重了本院的权力，同时也加重了本院的责任。我们重视责任甚于重视权力，决不敢滥用权力，重增罪愆。[56]

在救灾重建工作中，陈诚动用了大批军队。约3万多名官民，累积工数约400万工，完成各种工程450项。陈诚对此深表赞许。他认为：使用军工，间接的效果多于直接的效果，无形的帮助大于有形的帮助。因为军工支援，争取了抢修和重建的时效，控制了工资，稳定了物价，更具有安定人心、安定社会的作用。

陈诚在1960年2月中旬，向"立法院"作"施政报告"时指出，按照重建计划，"政府"共将投资15.38亿元，动员人力623万余工，使用建筑材料21万吨，施工区域达13个县市，动工工程共28类1474项，全部工程将于6月底完成。他还特别报告了在重建工作中运用新技术、提高设计标准的情况。例如：公路桥梁的载重量，一律提高到不低于20吨；公路路基截变取直，加固放宽；重要桥梁调整跨度；灌溉工程采用自动节制水闸等。他从此次灾区重建工程中，总结了两条教训：一是技术人才不足。施工中，不得不临时调一部分学习工程的预备军官参加。他深深感到，"今后我们需要培养更多的技术人才"。二是工业生产力不足。施工需用的五金器材，尚不能完全由岛内供应。他表示，"今后我们必须加速发展工业建设，同时要提高技术与产品的水准"。[57]陈诚全力关注的重点工作，于1960年6月30日，由台省主席周至柔宣布全部结束；自1959年9月1日起实施的《紧急处分令》，亦因重建工作的结束而自动失效。

与1959年8月的"八七"水灾相隔一年，灾区重建工作甫告完成。1960年8月1日，在台湾中部又发生了"雪莉"台风的灾害。该次台风于7月31日下午7时在花莲北方30公里处登陆。登陆后，风势虽有减弱，但在新竹附近已诱发出副台风，给全岛各地带来大雨。台风过境，暴雨成灾，共伤亡475人，失踪95人，铁路、公路损毁较多。幸第一期水稻已经登场，第二期才有一部分栽种不久，损失不大。陈诚早已于7月31日台风在台岛登陆之前，即根据气象资料，督促各有关单位加强防灾、抗灾的措施，要求做到"全力预防，加强准备，以防万一"。8月1日，灾害发生后，陈诚即命令台湾省政府、各地驻军及警察单位，全力协助民众防护堤防，抢救灾害。台岛驻军迅于当日成立中部地区八一抢救指挥部，至晚10时，已出动官兵万余名、车辆300余辆，救出灾民3000余人。

2日，陈诚召集"行政院"各部、会主管开会，商讨对"雪莉"风灾的救济、抢修等问题。他指出，由于有了去年抢救"八七"水灾的教训和实际成果，大大减轻了这次风灾的后果。陈诚分析此次风灾损失相对较少的原因在于：

> 1.灾区民众受去年水灾的教训，均能提高警觉，注意防范；2.雪莉风灾在日间发生，同时三军有计划的协助，故伤亡及其他损害减少；3.重建堤防较坚，重加修护之处亦多，疏浚工程较深，故洪水消退较速；4.重建工程能争取时效在6月底以前完成，对此次风灾发生了防堵作用，否则不但前功尽弃，而且可能遭受更大的损害。[58]

据此，他希望各部门认真总结这两次灾害的经验教训，"密切协同合作，以人和克服天灾，对全省水利系统应彻底勘测整理，对交通建设的技术方面，应力求改进"。陈诚要求省政府、"国防部"、"交通部"等单位共同配合迅速恢复交通，"尽先恢复公路交通，再集中力量先行抢修纵贯铁路的山线或海线"；他还保证支持省政府进行救灾和抢修的各项措施。在8月4日的"行政院"例会上，他再次重申，要求各部门"努力同心，争取时间，尽速完成'雪莉'风灾的善后工作，克服灾情，恢复旧观"。在陈诚的主持下，这次台风所造成的后果，迅速得到了消除。

1963年9月11日，正当陈诚因病赴日月潭休养之际，"葛乐礼"台风又给台湾北部造成了严重的灾害。一时间，海水翻滚，河流泛滥，树木倒拔，房屋夷平。北部泛滥的洪水，波及到中部地区，使电讯及交通中断，公私损失奇重。受灾较重的地区为台北市和台北、新竹、苗栗、台中4县。陈诚因交通阻梗，一时不能返回台北，遂暂以书信指示。他在13日致台省主席黄杰的信中，根据抢救"八七"水灾的经验，作了5点指示：

（一）从速整理灾区，使灾胞早日得以归居，从事清理家务；

（二）对于灾区之清洁消毒工作极为重要，以先大灾后必有瘟疫；

（三）从速计划并切实实施修复各种所遭损害之工程，尤以交通最为重要；

（四）对于此次抢救灾胞奋不顾身致死亡者，从优抚恤（可参照阵亡之例办理），负伤者亦应重奖，其余努力人员亦希予以奖励；

（五）救济抚恤以及修复或重建所需之经费，不分中央、地方，诚当负责筹措，希转宏涛兄转告严部长[59]拨垫。[60]

16日，陈诚提前结束病假，未及公路完全修复，即随同修路工程人员，自日月潭赶赴台中；17日，复乘机返台北。当天下午4时半，陈诚来不及稍事休息，立即在其官邸召集"行政院"会议，并请台省主席黄杰参加，听取了农田、工矿、水利、交通、电讯等方面受灾、损失情况的汇报。在其所作的指示中，除前致黄杰信中已列出各点外，尚有：（1）为做好救灾的善后和重建工作，各有关方面应首先就其执掌范围，将损失情况调查清楚，并拟订补救计划及步骤，由"中央"和地方全力筹措经费，完成善后及重建工作；（2）此次台北市郊洪水为患，特别严重，应切实检讨，"行政院"防洪小组应厘定整个计划，分别先后缓急，不为局部之要求所困扰；（3）对灾民的救济，除以灾害程度确定救济标准外，尤应考虑对特殊情况作特案处理；（4）关于工厂矿场的规复和继续生产办法，可照"经济部"及"国际经济合作发展委员会"所拟计划，加速辅导。

处理"葛乐礼"风灾，大概可以算作陈诚在"行政院长"任期及其一生中，最后处理的一件重要公务。此后，他即于12月初获准辞去"行政院长"兼职，以静养身体为主。

陈诚在其担任"副总统"、"行政院长"期间，多次主持处理水、风灾害，致力于灾区的恢复和重建工作，并作出了一些成绩。此外，他体贴民情、讲求效率、重视技术等作风，也为台湾各界所公认。

第五章　政坛纪事

一　推行"地方自治"

在陈诚主政台湾期间，特别热衷于推行"地方自治"。

省、县自治，原是孙中山先生提倡的民权主义中的基本主张之一。孙中山先生力主建立中央与地方分权的政体，达到省长、省议员由省民选举，县长、县议员由县民选举；省、县分别可就本省、县之教育、卫生、实业、交通、农林、水利、财政、银行、警政等立法并执行，条件是不得与宪法、中央及上一级行政单位的法律抵触。上述思想，本已列入南京政府的"宪法"之中。但国民党当局又宣布：由于中共"叛乱"，还来不及实行省、县自治。台湾的情况则有所不同。1947年二二八起义发生后，南京政府为了"安抚"台湾民众，允诺在台岛可以"提前"实行省、县自治。

陈诚主政台湾后，为了安定民众的情绪，在台岛站稳脚跟，除了采取一系列军事、经济、社会措施而外，在政治上的重要举措之一，便是"推行地方自治"。1949年3月，在他接任台省主席后，主持的第一次全省行政会议上，便把推行"地方自治"列为政治上的5项重点工作之一。他宣称：

> 政治革命的最高目的是实行民权民主。我国自从国父孙中山先生缔造中华民国，三十八年来，政府孜孜以求的，即是如何还政于民，由人民自己管理地方政事。现在宪政已经开始实施，本省自然要切切实实的准备起来，希望做到县市长的民选。[1]

陈诚在会上，布置各县市从速推派代表，组成"地方自治研究委员会"，计划各项准备工作。在行政会议闭幕时，他告诫台湾民众：实行"地方自治"，必须养成良好的政治风气。参加竞选者，尤应"真正为人民服务"，以工作上的表现，使人民心悦诚服，切不可利用金钱与势力、非法手段，获得当选。他希望各"民意机关代表"，在这方面率先倡导，以奠定良好的基础。

这年12月，陈诚再次召集全省行政会议，总结执政一年来的工作，并布置1950年省政工作。会议的中心议题之一，即是推行"地方自治"问题；在讨论中，暴露出推行"地方自治"的种种困难。陈诚在会议闭幕时强调：明年度的首要任务，即为实行"地方自治"。他在极富鼓动性的演说中说：

> 明年度的施政方针，政治方面最主要的部分，在实行地方自治……至于实行时可能遭遇到的困难，十之八九都可以预料得到的。困难既是预料得到的，而政府仍旧决定实行，这不独表示政府的决心，亦是表示我们革命者应有的态度。今天无论做什么事情，困难都是无法避免的，重在大家有决心、有勇气，能面对困难，而力求克服。希望大家，尤其是各级政府负责人员，必须有明确的认识，和坚决的信心，而一致努力，以实现政府决心推行自治的初衷，以副人民自治的愿望。[2]

陈诚于1950年3月出任"行政院长"；4月，即主持"行政院"会议，通过由他一手筹划的《台湾省各县市地方自治纲要》，并由台湾省政府公布执行。接着，又于6月7日主持"行政院"通过《台湾省选举法规》；7日，成立台湾各县市"地方自治"督导委员会，并开始选举各县市"议员"；8月16日，"行政院"通过各县市行政区域的调整方案；10月，台省各地选举第一届县、市长，乡长、区长、镇长、村长、里长等，亦同时进行选举。选举中，实行一人一票，秘密投票，各地投票率平均在80%以上。此届选举，共产生出县长16人，市长5人，县、市"议员"814人。在814名各县市"议员"中，台省籍为790人，占97%；有政党党籍者517人，占63.5%。在21名县、市长中，台省籍18人，占85.7%。

11月，陈诚在一次"中枢纪念周"的报告中，竭力抨击"官治"，大唱"民治"与"为人民服务"的高调。他说：

> 我们知道，由官治到民治，是时代的潮流，我们必须顺着潮流去做。顺着潮流去做，即使有困难，也不难克服；即使暂时失败，最后一定会成功。如逆着潮流去做，即使能够维持一时的权利地位，最后仍不免要失败的，而且失败以后，决不易再图恢复。
>
> …………
>
> 二千年以来，我国只有官治，没有民治，人民经常都是在暴君苛政之下，过着暗无天日的生活，即或偶而遇到圣君贤相，人民虽得一时之赐，但人亡政息，人去政变。这种政治，实已不合廿世纪之需要。今天人民是主人，我们官吏不过是为人民服务的仆人，只有这样去做，然后中国才能走上民主政治的大道，不至于被时代潮流所淘汰。[3]

为了强调人民是基础，要尊重民权，陈诚借用了孙中山先生的一个比喻：比如造屋，中国人造屋一定先上梁，西洋人造屋一定先奠基。先上梁是注重上层，先奠基是注重基础。造屋如此，为政亦然。为政之道，必须把基础建筑在人民身上，政治必须由下而上，决不可由上而下，否则，基础不固，即使有很好的上层建筑，最后亦不免归于倾覆。陈诚根据当年各县市选举的情况，提出了几点看法：

第一，选民不应随便弃权。此次没有投票的选民，以军公教人员及自由职业者为最多。陈诚强调："选举不仅是公民的一种权利，而且也是公民的一种义务，权利或者还可以随便放弃，义务则必须认真履行。"

第二，选民应有选贤、选能的认识与决心。选票投入票匦以后，不仅关系自身的利益，而且影响"国家"社会的前途。大家选出的若为贤能之士，将来当会替"国家"替人民造福；若选出自私自利之徒，则将来就要"害国害民"。陈诚警告说："大家绝对不可以接受威逼利诱，必须凭着自己的良知，去选贤与能。尤其对于花钱忙选举的人，千万不可随便圈选，应知花三万五万、十万八万忙选举的人，一旦选上以后，谁能保证他不设法连本带利捞回去？"

第三，竞选者要有让贤的精神与态度。在已进行的竞选中，有揭人隐私者，有造谣中伤者，有以封建区域观念挑拨离间选民感情者。陈诚郑告竞选者："竞选是尽义务，不是争权利，所以实在不必采用非法的手段，损毁自己的人格，甚至隐陷自己于罪戾。如果有人采用非法手段竞选，我想稍有良知的选民，一定不会选他；即使其阴谋诡计一时得逞，幸而当选，亦必无政治前途，这是可以断言的。"

第四，"政府"应积极设法提高人民的政治兴趣，引导人民走上政党政治的大道。欧美各国的选举，比较进步，即是因为有政党的活动，政党可以产生一种组织和教育作用。陈诚强调，"我们要促进民主政治的发展，必须使整个的活动变成政党的活动，各级政府对于各民主政党的正当活动，应加鼓励与协助"。

第一届县市"议员"、县市长选举后，其任期在以后各届中，发生了一些变化。县、市"议员"最初的任期是每届2年；后自1954年第三届起，改为每届3年；至1964年第六届起，又改为每届4年。县、市长最初的任期是每届3年，后自1960年起改为4年。

在县市选举的基础上，1951年11月18日，由各县市"议员"792

人，从164名候选人中选出各县市之临时"省议会议员"55人，内台湾省籍者53人，占96%；12月11日，省"临时议会"推选黄朝琴、林顶立为正副"议长"。

陈诚在1952年10月12日向国民党七全大会作施政报告时，把台湾实施"地方自治"的过程，归纳为3个阶段，即：一是准备阶段，其主要工作为设立"地方自治"研究委员会，研拟"地方自治"各项"法规"及实施办法，充实村里民大会，训练人民行使四权，调整县市行政区域，训练"地方自治"干部；二是实施地方县市"自治"阶段，即办理县市"议员"选举，成立县市"议会"，并办理县市长选举；三是成立台湾省临时"议会"，选举省临时"议会议员"。陈诚藉推行"地方自治"，竭力吹捧西方国家的"先进民主"，恣意污蔑大陆新中国政权为"极权专制"政权。他说：

> 民主政治必须从实际经验中始能得到进步，欧美先进民主国家的成就，都不是一天造就的，而是经过了长期的实验，才有今日的表现。我们办理地方自治，在台湾是第一次，我们承认经验不够，但是我们必须勇敢的迎着时代潮流前进，从经验中不断改正我们的缺点。我们深深了解，反共抗俄的政治意义，就是民主自由对极权专制的斗争。因此，我们必须实行民权主义，使人民充分尝到民主自由的甜美果实，然后人民才会自觉自发的努力于反极权反专政的斗争，为维持民主自由而贡献他们的力量、智慧和生命。[4]

1953年8月22日，在陈诚主持下，台湾"行政院"修改并颁布《台湾省临时省议会组织规程》，将县市"议员"每届任期由2年改为3年，并改间接选举为直接选举。1954年2月，陈诚在向"立法院"作施政报告时介绍，台湾当局近年来，已从体制、经费等方面，进一步推进"地方自治"，提高"自治"行政效率。其所采取的措施包括：将县市政府及乡镇公所"自治"人员，一律改为公务员，承认其"法定"资格，健全基层"自治"组织；提高乡镇长职权，加强管教养卫的配合；普设村里办公处及专任干事，并确定其经费预算；督导清理地方公有财产，推行乡镇造产运动，研议均衡县市财源办法等。陈诚要求各方，遵照蒋介石关于"守法、节约、选贤与能"的号召，"共同努力树立风范，为民主政治开拓远大的前途"。

1954年四五月间，台湾当局进行了第三届县市长和第二届省"议员"的选举，此次选举已改用直接选举办法。参加县市"议员"选举的选民占人口总数的46.07%，投票率平均为79.72%。共选出县市"议员"860人，其中女性74人，占8.6%；台省籍者806人，占93.7%。在此次县市选举中，高玉树当选为台北市长，谢挣强当选为高雄市长。参加省"议员"选举的选民占人口总数的45.82%，选举中的投票率平均为75.1%。共选出省"议员"57人，其中男性51人，女性6人；台省籍者占了56人。

陈诚大肆鼓吹的"地方自治"，实际上仍是用以维护国民党统治的一种手段。正如黄嘉树先生在《国民党在台湾》一书中所揭示：

> 国民党一方面通过……七折八扣的手段，尽量限制民选官吏和议员的职权，尽量缩小"自治"的范围；另一方面，则当仁不让地提出本党的候选人参加竞选，这些候选人或者是国民党培养的台籍党员，或者是由国民党中央"征召"的台籍知名人士。他们上台后，既可提升台湾籍人从政的比例，以消除省籍矛盾，又可在"自治"的旗号下，继续贯彻国民党的"党治"。[5]

总的看来，陈诚在台推行的"地方自治"，虽在很大程度上属于政治宣传的需要，并在实践过程中，产生了种种的弊端，但是，毕竟有胜于无；同国民党当局的其他政治措施相比，此乃较富积极意义的一项措施。"地方自治"的推行，使人民有了挑选基层组织领导人的机会，使被选举者多了一层监督，使反对国民党统治者有了阐明自己主张的场合，这对于民主观念的普及，民主力量的形成，以及向着民主政治方向的发展，都有着较为深远的影响。

二　改造国民党

陈诚在台湾政坛中的稳固地位，得力于国民党的改造运动。由蒋介石一手主持、陈诚积极参加的国民党改造运动，对于退据台岛一隅的国民党当局来说，乃是一次"吐故纳新"，是关键的一着棋。

对于国民党政权在大陆的失败，蒋介石认识到"戡乱失败的最后一步，还是在党的失败，而党的失败主因，是在三民主义信仰的动摇"。惟其如此，他在后来向国民党七全大会所作的政治报告中说："我从下野到复职的这一期间，经过了深长的考虑，最后决定一定要改造本党，认为这是改革政治和改造风气的动力。"[6]

早在1949年1月22日，蒋介石宣告"引退"，回到奉化溪口的第一天，即"对于本党改造方案，特加研讨"。据蒋经国日记披露，此时蒋介石已就未来国民党之组织、训练及重建等项，设计了大致的方针，即："一切以组织为主，纪律为辅。故组织应在纪律之先。组织的对象：第一为人，第二为事与物（包括经费在内）。至于干部训练与重建之方针：必须陶冶旧干部，训练新干部。其基本原则：（一）以思想为结合；（二）以工作为训练；（三）以组织为黜陟。"[7]

6月，在中国人民解放军已经成功地举行了渡江战役，席卷江南，先后解放杭州、武汉、上海大城市的形势下，蒋介石指定陈立夫、陈诚、蒋经国等设计改造方案。陈诚以蒋之嫡系将领、台省主席的特殊地位，参与改造方案的设计，充分体现了蒋介石对他的信任与厚望。尤有甚者，CC派代表人物陈立夫，本为蒋介石"改造"活动中需要削权的对象，现在之让他来召集，只不过是用以对付主要对手桂系的权宜之计。因此，陈诚在改造活动中之实际地位，当更显重要。

7月18日，由陈立夫、陈诚、蒋经国等共同设计之《本党改造案》，交国民党中常会第204次会议讨论，并依此相应通过了《改造纲要及实施程序》。9月20日，蒋介石在重庆发表《告全党同志书》，阐述国民党改造的意义，提出今后的"革命方针"，号召全体党员研讨改造方案，以求实现"新组织、新纲领、新风气"。

后来，随着整个大陆的解放，不仅国民党改造工作未能进行，即连原经国民党中常会通过的改造方案也需要重新修订。蒋介石在回顾筹备改造工作时说，1950年1月，"中正又约集中央同志若干人，就原案和各级党部及各地同志提出的意见，综合研究，另订方案，做为审订全案的参考"。6月以后，由于朝鲜战争爆发，美国重新为台湾提供保护伞，台海局势，相对缓和。于是，改造问题又成当务之急，被重提出来。所不同者，因桂系已经失势，无需再专作打击对象，CC派便成了改造运动的主要打击目标。

在此前后，蒋介石与CC派之间的矛盾，在陈诚与陈立夫的身上表现出来。围绕"行政院"授权问题，陈诚派与CC派之间曾闹得不可开交。在李宗仁任"代总统"时，蒋介石为使"行政院长"何应钦能抗衡李，曾授意CC派掌握的"立法院"授予"行政院"以行政命令代替"法律"的特权；李宗仁赴美后，"立法院"已将此权收回。1950年3月，陈诚"组阁"后，也希望"立法院"能再度授权"行政院"，使行政命令具有"法律"效力。这时的"立法院长"孙科未去台，其工作由CC系巨头"副院长"陈立夫主持。据《国民党在台湾》一书记载：

一日，陈诚当着蒋介石的面向陈立夫交涉此事，被陈立夫婉拒。陈诚不肯善罢甘休，随即以"行政院"名义致函"立法院"，要求代行许多本属"立法院"的职权。"立法院"接函后予以讨论，"立法委员"群起而攻，迅速将此案否决。陈诚得知授权案被否决的消息时，正在主持"行政院"院会，他当场大发雷霆，称授权案被否决是CC派反对所致，从此之后"行政院长"除了陈立夫无人能够胜任，本人决心马上辞职，"行政院"院会立即休会。这就在台湾政坛上掀起一场轩然大波。[8]

这场官司，由蒋介石出面，方予解决。蒋一面安抚陈诚，一面批准陈立夫离台。

陈立夫被迫率全家去美国新泽西州养鸡。江南先生在《蒋经国传》一书中，对于陈立夫的出走经过，有一段生动的描述。江南写道：

> 陈立夫最后一次在台湾公众场合露面的机会，为出席"中国工程师协会"的年会。蒋先生送他五万美金的程仪，被迫速装就道。行前，向蒋夫人辞行，夫人送他一本《圣经》，并说："你在政治上负过这么大的责任，现在一下子冷落下来，会感到很难适应，这里有本《圣经》，你带到美国去念念，你会在心灵上得到不少慰藉。"立夫的反应，颇出夫人的意外，指着墙上挂的蒋先生肖像，言语低沉地表示："夫人，那活的上帝（指蒋像）都不信任我，我还希望得到耶稣的信任吗？"[9]

蒋介石成功地争取了在台中央执监委对于改造运动的支持；即使有部分执监委之表态，并非出自真心，但迫于咄咄逼人的压力，他们终究不得不作出表面拥护的姿态。7月12日，包括陈诚在内的在台国民党中央执行委员111人、中央监察委员65人，候补中执委25人、候补中监委14人，共计215人，联合上书蒋介石，要求其"断然决策，彻底改造本党"，表示"全体同志谨当一致服众，率循努力"。中央常委更推出居正、于右任、邹鲁三位元老，向蒋进言："党的改造为当今根本之图"。

在大造改造舆论的同时，陈诚积极参与了制订有关改造运动的各项文件。7月22日，《本党改造纲要》（修正案）及《本党改造之措施及其程序》经国民党中常会临时会议讨论通过。《纲要》规定："原有本党党员，对于党的主义、政纲、政策真诚信仰，并愿为党继续工作者，仍准保持党籍。"凡有下列情形之一者，将被视为"腐恶分子"而被淘汰：（1）有"叛国通敌"之行为者；（2）有"跨党变节"之行为者；（3）有"毁纪反党"之行为者；（4）有贪污渎职之行为者；（5）生活腐化，劣迹显著者；（6）放弃职守，不负责任者；（7）"信仰动摇"，工作废弛者；（8）作不正当经营，以取暴利为目的者。其制裁的方法为：（1）警告；（2）停止党籍；（3）开除党籍；（4）集体违犯党纪者，解散其组织。党的改造的主要措施有：（1）第六届中央执行委员会暨中央监察委员会，均停止行使职权；（2）成立中央改造委员会，行使中央执行委员会及中央监察委员会之职权，中央改造委员会名额为15—25人，由总裁遴选；（3）中央改造委员会下设各种工作部门或委员会，其人员由总裁遴选之；（4）设中央评议委员若干人，对党的改造负督导与监察之责，由总裁聘任之；（5）台湾省各级党部及海外各级党部之执行委员会、监察委员会与特别党部工作人员，暂均照常工作，承中央改造委员会之命，进行党的改造。[10]

在上述各项措施中，其关键之举，乃为剥夺中央执监委的权力。蒋介石自己也坦率地承认："在实施本党改造方案的时候，我乃不顾一切反对，排除万难，这是毅然决定的，替国民革命打开了一条生路。"[11]

7月26日，中央改造委员会的成员名单公布。在蒋介石精心挑选的

16名中央改造委员中，陈诚的名字赫然列居榜首。他们是：陈诚、张其昀、张道藩、谷正纲、郑彦棻、陈雪屏、胡健中、袁守谦、崔书琴、谷凤翔、曾虚白、蒋经国、萧自诚、沈昌焕、郭澄、连震东。这个班子，被人们称为"太上内阁"，手中具有无上的权力。另从国民党耆宿中，产生了25名中央评议委员，他们是：吴敬恒、居正、于右任、钮永建、丁惟汾、邹鲁、王宠惠、阎锡山、吴忠信、张群、李文范、吴铁城、何应钦、白崇禧、陈济棠、马超俊、陈果夫、朱家骅、张厉生、刘健群、王世杰、董显光、吴国桢、章嘉、张默君。为了突出中央改造委员会的"革命"作用，蒋介石特别强调指出："我们必须彻底革新我们的政党，以便重新组织和健全我们革命救国的三民主义，并重新鼓舞我们的革命精神。在消极方面，我们必须消除各党派之间，以及党内个人之间的歧见。我们再也不能容忍酿成过去大陆崩溃，及今后台湾沦亡的自私立场与自私观念。"

8月5日，陈诚等16名中央改造委员，于上午10时，在台北中央党部大礼堂举行就职宣誓典礼。陈诚等16人，均由蒋介石亲自监视，举臂宣誓日：

> 余誓以至诚，奉行总理遗教，遵从总裁领导，大公无私，竭智尽忠，团结全党忠贞同志，发扬革命精神，完成改造任务，为实现三民主义而奋斗。如有违背誓言，愿受党纪严厉之制裁。谨誓。[12]

蒋介石于改造委员宣誓后，致训词，勉励全党，同心同德，完成改造任务。他说：

> 本党中央改造委员会今天正式成立，我们的党和我们的国家，今天正遭遇着这样大的危机，本人自省不胜愧疚，并

深感责任重大。中央改造委员会成立之后，希望负责改造同志，本党先进及中央委员诸同志，共同一致，同心同德，来完成改造的任务，负起救党救国家的责任。

......

回忆自民国十三年迄今，已历二十五年，在此期间，不知牺牲了多少的军民和革命同志，然而我们的革命事业，今天却遭遇了空前的失败。我个人固然要负很大的责任，现在痛定思痛，为亡羊补牢，希望大家今后依照总理的训示，就是牺牲个人的自由和贡献个人的能力，然后党才能有自由，有能力担负起革命的大事业，才能改造国家。时至今日，全党同志必须团结一致，同心合作，彻底改造本党，达成反共抗俄的任务。[13]

在蒋介石致训词以后，陈诚作为16名宣誓人的代表，满怀激动与惶恐，致答词，表示要服从蒋介石的领导，努力完成党的改造任务，并叫嚣与中共斗争到底。他说：

我们决遵守誓词，在总裁领导之下，并追随本党先进之后，竭智尽忠，努力完成党的改造任务，首先使我们的党成为一个坚强的组织，同时结合仁人志士，共同担负与苏俄帝国主义及其第五纵队中共匪党奋斗到底的重任……我们今天宣誓就职了，时艰事急，任重道远，我们兴奋，我们尤其戒慎恐惧……同志的合作，先进的鞭策，尤其是总裁的领导，使我们能够完成艰巨无比的任务，来迎接光明无限的前途！[14]

在这一天举行的中央改造委员会首次会议上，还通过了《中央改造委员会组织大纲》；经蒋介石提名，由张其昀、周宏涛分任中央改造委员会秘书长、副秘书长。下分7组：第一组掌管台湾各地方党部，陈雪屏、邓传楷分任正、副组长；第二组掌管产业、职业、学生、妇女等各类团体中的国民党特别党部，谷正纲任组长；第三组掌管海外各级组织，郑彦棻任组长；第四组掌管文化宣传事务，曾虚白、沈昌焕先后任组长；第五组掌管国民党在"国大"与"五院"中的党团，并与其他党派联络，袁守谦任组长；第六组掌管情报、治安，以及策划对大陆的破坏活动，唐纵任组长；第七组负责国民党党办企业和党员的经济生活，郭澄、陈汉平任正、副组长。7组之外，另设干部训练、纪律、财务、设计等委员会，蒋经国、李文范、俞鸿钧、陶希圣分任主任委员。台湾省改造委员会，由倪文亚任主任委员；台省各市改造委员会的负责人，则分由陈诚、蒋经国系统的人士担任。

8月31日，中央改造委员会通过了由蒋介石主持制定的《本党现阶段政治主张》，这是国民党改造运动中的纲领性文件。其要旨如下：（1）用决心和信念革新党的组织，整肃党的纪律，改变党的作风，实现三民主义；（2）恢复"中华民国"领土主权完整，团结一切力量，坚持"反共抗俄"战争；（3）实行民生主义经济措施，使各行各业有均衡发展之机会；（4）保障人民基本自由，建立"廉洁而有作为"的政治；（5）"反攻"时期严惩"元凶首恶"，实行军民分治，推行"地方自治"；（6）加强"全国军民同胞的团结"。[15]

9月29日，中央改造委员会通过《党员归队实施办法》，旋即在全台掀起"党员归队"热潮。通过"党员归队"，一方面将因战乱而脱离国民党组织的党员重新纳入组织，一方面藉以清除贪污腐化、"动摇"、"变节"分子。党员办理登记的时间规定在20日以内，不得延展；主办党部在登记结束后15日内，应将报到党员完全纳入组织；党员奉到通知后10日内，若有尚未参加组织者，应受党纪处分。在党员登记和"整肃"的过程中，一批老资格的国民党员宋庆龄、颜惠庆、邵力子、张治中、傅作义等，因留在大陆参加新中国的建设，而被开除党籍，成为国民党改造的一则笑柄。据统计，国民党在1948年时共有党员408万人，这部分党员中，"归队"者约10万人左右，占24%；连同改造时期发展的党员，到七全大会召开时止，登记党员总数为28.3万人。

陈诚积极参与的国民党改造工作，前后共经过两年多时间，至1952年10月召开国民党第七次代表大会时，宣告完成。10月9日，即七全大会召开的前夕，在蒋介石亲自主持下，举行了中央改造委员会的最后一次会议——第420次会议，会议宣告了中央改造委员会工作的结束。10月10日，蒋介石在七全大会开幕词中，正式向全党宣布，"今日第七次全国代表大会集会之时，就是改造工作的结束"；并认为，"这回改造的成就，真是本党起死回生的辛酸历史最重要的一页"。[16]

10月18日，举行七全大会第10次会议，由陈诚担任大会主席。大会继续推举蒋介石为国民党总裁。大会秘书长张其昀宣布，经主席团一致决议，仍提请蒋介石为国民党总裁，并由王宠惠对该案作说明。王称："我们处在这个危险的时候，只有一条路可以自救救人，这一条路是什么呢？就是我们全党同志要坚决一致的精诚团结，一心一德，拥护继总理而领导我们一直到今天的蒋中正同志为总裁，继续领导我们贯彻本党的主义，早日完成反共抗俄的伟大使命，希望各位代表公决。"[17]

陈诚接着说：

> 刚才听到王宠惠先生的说明，使我们每位同志都会感到本次大会使命的重大。今天我们有如在海洋上的救生艇，我们要把这个救生艇靠登彼岸，拯救大陆同胞，这是我们的使命。要达到这个使命，最重要的需要有一个领袖，来领导我们使救生艇能够靠达彼岸。[18]

然后，他要求大会代表及列席各委员起立表决。全场遂起立鼓掌，以示通过。

大会在19日，根据蒋介石的提名，通过吴敬恒（稚晖）、于右任、钮永建、张群、何应钦、宋美龄等48人为中央评议委员；选举陈诚、蒋经国、张其昀、谷正纲等32人为中央委员，郑介民等16人为候补中央委员。大会对于陈诚"忠贞坚毅"地在蒋介石领导下积极工作，专门给予肯定。在有关决议中称：

> ……当三十八年革命遭遇空前挫折之际，大局处于风雨飘摇之中，陈诚同志确能秉承总裁指示，采取确切措施，作中流之砥柱，立复兴之基础。本大会对其忠贞坚毅，勇敢负责，不辞劳怨，不避艰险之精神，及其对于革命之重大贡献，深致嘉许。[19]

七全大会于10月20日闭幕。21日，举行了七届一中全会。作为蒋介石改造国民党、在党内高层人士中进行调整和重新组合的结果，陈诚、张道藩、谷正纲、黄少谷、袁守谦、陶希圣、蒋经国、陈雪屏、倪文亚、吴国桢10人，当选为中央常务委员；张其昀任秘书长，周宏涛、谷凤翔任副秘书长。

11月1日，中央改造委员会与新选出的第七届中央委员会举行了交接仪式。谷正纲代表中央改造委员会将印信移交给第七届中央委员会秘书长张其昀，这是一次权力的移交。不过，新选出的第七届中央委员会与先前的中央改造委员会，在人员的组成上，并没有发生本质的变化；应当说，这是两个一脉相承的班子。因为在16名中央改造委员会委员中，有9人成为新的中央委员，1人为中央候补委员；有6人进入中常委，2人担任新的中央委员会的正、副秘书长。这种一脉相承的关系，同样也体现在陈诚的身上，他既是中央改造委员会委员，又是新一届中央委员和中常委。

延续了两年之久的国民党改造运动，对于陈诚来说，则是更加突出和巩固了他在国民党中不可替代的重要地位。

三 反共急先锋

陈诚认为，世界共产党执政的国家，乃同属一种思想和政治体系；而在这一体系的国家中，又是以苏联为首。因此，他把"反共"与"抗俄"是紧密联系在一起的。

陈诚十分重视鼓吹加强"民主国家"的团结，以便结成一个"坚强的反共阵线"。他在1949年9月3日发表的"九三胜利日"广播演说中说：

> ……世界上所有民主国家，必须联合一致成为一个坚强的反共阵线……须知反共战争，胜败都是整个的，甚至可以说，任何一国反共战争的失败，就是全体民主国家的失败，而反共战争的最后胜利也不是任何一国的力量所能单独争取的……

陈诚竭力呼吁，各反共国家，要克服相互间的矛盾，尤其是需要联合起来，支持台湾当局，对付中共。他在1949年"国庆"纪念日前夕，以东南军政长官的身份，发表广播讲话说："世界上所有民主国家与爱好民主自由的人士，必须放大眼光，克服矛盾，捐弃成见，避免苟安，放弃小利，站在整个世界人类自由生存的立场，来决定一切政略与战略，万不可短视自私，由了赤色帝国主义者的阴谋诡计。"他还指出，对于新生的中华人民共和国，"民主国家"不能以任何理由、任何方式，予以承认；否则，"就要成为全世界人类的蟊贼了"。可是，世界反共国家间的利害斗争，从未停止；各国之间的团结一致，也一直做不到。这当然就影响了台湾当局"反共复国"的斗争。这是使陈诚深以为虑的。他在1951年8月的一个报告中指出："现在国际情势虽然错综复杂，千变万化，但是苏俄肆行侵略，赤化全球的企图是不变的，而民主国家联合一致，反抗侵略，终必获致最后胜利的推断，也是可以确定的。不过，在今天错综的国际情势下，民主国家还没有能一致团结以抵抗侵略前，对于我们，可以说是一段最艰苦而危险的阶段。"

为此，陈诚大肆叫嚷，亚洲人对保卫亚洲要负起责任，台湾当局也"必须负起拯救中华民族的责任"。他力促组织"亚洲反共联合战线"。他说："亚洲人对于保卫亚洲，必须负起责任，惟有基于亚洲人的自觉、团结与努力，然后亚洲才能真正得救。今天亚洲国家既不能在敌人的恶意之下求苟安，亦不能在友人的善意之上存幻想，必须自觉自强，团结互助，以集体的力量与一致的行动，对付我们的共同敌人。所以组织亚洲反共联合战线，乃是亚洲人自救的一个重要步骤。亚洲反共联合战线的成否，关系亚洲人国家自身安危存亡。"在与亚洲一些反动政权的关系上，陈诚紧跟蒋介石，把台湾当局打扮成亚洲"反共国家"中的"救世主"。他不仅积极支持派兵去韩国，而且还随时准备派兵去南越支持吴庭艳政权。他在一次接见南越新闻界访华团时说："如果将来越共胡志明举兵南侵，越南政府需要自由中国出兵援助抗共时，自由中国将派遣部队前往越南。""我们的部队，只要是与共党作战，不论何地皆愿前往。"他还将台湾当局说成是"拯救中华民族"的"救世主"，竭力鼓吹依靠"自我努力"来改变别人的看法。陈诚声称："中国人自身必须负起拯救中华民族的责任，亦唯有依靠中国人自身的努力，中华民族始能真正得到拯救。因此，我们不必问别人对于我们的看法如何，安排如何；要问我们自己的做法如何，努力如何。我们决不可寄希望于国际局势的变化来改变别人对我们的看法；我们必须从自我努力的过程中来改变别人对于我们的认识。只要我们自身有力量，自己有办法，任何人都会希望我们反共复国的大业获得成功；反之，如果我们自身无力量，自己无办法，任何人都不会代替我们达成任务。"

为了迅速发挥国际上"反共阵线"的作用，陈诚更进一步提出"驱逐"苏联出联合国和各反共国家均宣布共产党为"非法"的具体主张。他说：

> 反共抗俄不特无悖于民主自由之原则，且为维护此项原则最具体最实际之工作。为集中意志，集中力量，俾能以团结一致之坚决行动确保世界之安全和平。民主国家倘决心使联合国成为维护正义的和平之组织，应立即将苏俄驱逐于此一组织之外。
>
> 吾人主张，民主国家应立即宣布共产党为非法；盖以接受克里姆林宫控制指挥之共产党，乃不忠于自己国家，不忠于自由民主之暴力集团，故吾人实不应予毁坏自由者以自由。[20]

不仅如此，陈诚还为世界上一切反共国家设计了一个"全球性的战略"。这项战略包含三个方面的内容：

第一，制订一项"全球性之安全防御计划"。将北大西洋公约与美日、美菲、美澳新安全同盟扩大，使之包括所有反共、非共国家，并建立统一组织，制定统一计划。另一方面，对于德、日、意、奥等战败国的歧视与限制，应迅速修正解除，"使均能以独立平等之地位参加民主阵容，共同抗御克里姆林宫暴徒之侵略"。

第二，根据整个世界的需要，决定战略的运用。"一方面应决于敌人之侵略动向及由此可能造成之危险；一方面则应决于吾人必须使用之力量及其可能产生之效果。"因此，"重欧轻亚"或"重亚轻欧"都是不正确的。欧洲的工业生产能力固属重要，亚洲的庞大土地、人力与资源，亦同样重要。实行经济抑制固属重要，"强化最弱一环"也是必须采取的步骤。

第三，实行战略分工，充分运用各国本身的优点。"民主国家"有富于工业生产能力者，有富于人力者，有富于资源者，必须打破地区上与种族上的界限，实行战略分工。"民主国家"应使中国大陆成为防阻"苏俄侵略"之长城。

陈诚还提出，在"反共抗俄"中，应"认清敌人弱点争取主动"。他认为苏俄的弱点为：（1）"俄式共产主义"已经"没落"；（2）苏联内部矛盾尖锐，包括苏联与社会主义国家间的矛盾，苏联国内的民族矛盾以及"统治者与被统治者之矛盾"；（3）苏联实力基础的薄弱。有鉴于此，"民主国家"应采取的主动措施包括：政治上，"展开政治与宣传攻势，由思想之渗透进而为行动之渗透，培养并援助一切反抗史达林政权之势力，必要时，应采取适当方式配合局部的军事行动，以保持并扩大政治之成果"；军事上，应由"中心防卫"扩展为"全面防卫"，在适当地带与适当时机，采取适当方式方法，攻击"敌人"最弱之点，对于局部的边缘战争，"民主国家"应力求政略与战略统一，采取有效军事行动，"彻底粉碎敌人之拖延、消耗与疲劳战略"。经济上，"民主国家之经济行为，必须配合政治与军事目的，最低限度亦不应使经济行为与政治、军事目的相反背，若以吾人之战略资源售予敌人制造武器用以杀伤吾人之战士，显属极端愚蠢与极端残忍之行为"；扩大和加强对"敌人"的禁运措施，"在适当地区与时期，应即采取全面之封锁政策"。

在陈诚"反共抗俄"的总体战略思想中，始终把台湾放在一个十分重要的位置上。陈诚认为：中国是亚洲最大的国家，中国的动向，足以决定整个亚洲的前途；对于亚洲的任何努力，如不能在中国有所成就，则最终必定失败。他竭力吹嘘台湾"强大的武力"，捏造台湾在大陆拥有100余万人的游击队；声称台湾当局一旦实行军事反攻，"大陆上必将涌起反共抗俄之狂潮"。陈诚竟以英国在二次大战中的作用，来比喻台湾之对大陆。他说："二次大战，阻止希特勒之侵略英吉利海峡，解放欧洲大陆之主力，则来自英格兰岛，今日台湾之与中国大陆，其情势亦复如此。"陈诚不断强调，台湾是整个"自由世界""反共抗俄"斗争中的一环，以争取"国际间"对台的更多援助。1953年3月，他在"行政院"检讨会上说："自由中国是整个自由世界的一环，自由中国的力量增加一分，对于自由世界的贡献便增加一分，自由世界的力量也可因此增加一分。"

陈诚曾在《如何走向安全和平之路》的长篇报告中，归纳了自己"反共抗俄"的战略思想。他说：

> 吾人认为，世界的命运是整个的，故西方民主国家对于亚洲以及亚洲的中国，绝不可稍存歧视与忽视。吾人切望所有民主国家对于当前世界命运之整个性与关联性有一共同深刻了解，继续加强彼此之间之合作互助。当此千钧一发之际，切不可各自为谋，尤不可斤斤计较既往之错误与得失。吾人应面对残酷危险之现实，忠实执行整个人类的愿望，以团结一致之坚决行动，阻止敌人之渗透分化。[21]

由于陈诚所持的坚决反共的立场，使他在对待战争与和平的观察与看法上，都深深打上了反共的烙印，形成了一种荒谬的理论。1954年8月10日，陈诚应台北市编辑人协会之请，作时局演讲，着重讲述了如何避免世界性原子大战的问题。他的观点是：

第一，要彻底放弃与苏俄共产集团"共存"的幻想。陈诚以中国人民志愿军抗美援朝的行动和中国人民解放军支援越南人民反殖民主义斗争为例，叫嚷"共产党的本质就是侵略，就是战争"。在这个问题上，他得出如下的结论："共产党之产生，就是要以各种斗争的手段消灭民主自由的思想和制度，否则它便没有存在的理由，更没有发展的可能了。这两种集团的不能相容，就像水火不能相容一样，双方斗争的最后结果，必然是一方完全胜利，另一方完全毁灭。"

第二，要积极、主动地打击"敌人"，削弱"敌人"。陈诚狂妄地进行战争叫嚣，认为共产主义"敌人"的力量强一分，战争的危机便多一分；当"敌人"认为已经可以战胜"民主国家"的时候，原子大战便要爆发了。因此他主张早打、大打，与其被动地等待"敌人"来打自己，不如主动地选择时间、地点去打"敌人"。

第三，要培植共同命运的意识与共同行动的意志。陈诚很为反共国家之间的同床异梦、各打各的算盘和缺乏精神力量的情况着急，竭力呼吁"民主国家"要培养共同命运的意识与共同行动的意志。怎样才能做到这点呢？陈诚提出："无论在国内或国际间，最重要的就是要能拿'反共'二字作为道德上和行动上的一个共同标准，使大家都能明白认清，谁是我们的敌人，谁是我们的朋友，怎样做是错的，怎样做才是对的。有了这个共同标准，然后大家意志才能集中，行动才能一致，团结才能巩固。"

在"反共抗俄"问题上，陈诚堪称为蒋介石忠实、得力的助手，充当了急先锋的角色。陈诚关于"反共抗俄"理论的阐释，也如他坚决反共的立场，暴露得淋漓尽致。

四 与日"媾和"

陈诚自1950年3月出任"行政院长"起，在其政治活动中，便较多地介入了台湾当局的"外交"事务。处于风雨飘摇中的台湾，其"外交"的重点乃为美、日两国。与美国的关系，直接影响到台湾当局的政治、军事与经济，自为首位。其次，便轮到了与其政治立场一致、地理位置接近、历史渊源深厚、经济交往频繁的日本，而日本处于二次大战中战败国的地位，欲参与国际间的正常交往，得首先结束与各盟国之间的战争状态。同盟国家间，在战后也一直酝酿着与日本缔结和约，结束战争状态。中国当时处于国共分裂、台海中隔的状况，如要签订对日和约，由谁代表中国政府签字，便发生了问题。北京的中央人民政府已得到苏联、英国、东欧及亚洲等众多国家的承认。苏联等国政府，力持正义，主张由新中国人民政府参加和约的拟订和签字；而美国等政府，则主张仍以台湾国民党当局作为中国政府的代表。

陈诚主政不久，便面临有关签订对日"和约"的一系列复杂问题。

1951年2月2日，他主持"行政院"临时院会，专门研究对日"和约"问题，确定了日本应武装自卫、放弃战争赔偿以及中国对澎湖的主权等基本原则。会后由"政府发言人办公室"发表如下声明：

（一）为应付目前共产党在亚洲之侵略，日本应武装自卫。（二）为协助日本恢复经济力量，中国政府不坚持赔偿。（三）台湾与澎湖列岛根本为中国领土，中国主权在开罗会议宣言中已确定。

3月26日，陈诚在"行政院"办公室接见了战后第一个来台访问的日本《每日新闻》东亚部副部长青木繁，就有关签订对日"和约"及日本国家的发展方向等问题，发表了看法。其主要内容如下：

问：贵国政府对于日本和约问题之意见如何？

答：中日两大民族在地理上、历史上、文化上和经济上的关系，较之任何国家都密切，所以中日两大民族自应站在平等立场，发扬友爱精神，实行互助合作，以共谋亚洲之发展，促进世界之和平。

问：在目前情况之下，阁下所望于日本政治领袖者为何？

答：就目前国际情形讲，凡一个民主国家，其领袖均应注意：（一）领导其国民往民主自由的大道上走；（二）提高国民对于防止共产主义侵略的警觉性，并须集中意志，集中力量，以确保其自身之独立与安全；（三）加强与所有民主国家间的团结合作，并应准备负起世界民主国家应尽的责任，为建立世界永久和平而努力。[22]

为了应付有关对日签约的各种复杂情况，陈诚在"行政院"内建立了一个由11人组成的"对日和约小组"，以研究和决定各种对策。事后，他曾向外界公布了这一组织建立和活动的情况。陈诚说，自1950年秋，美国政府发动议订对日和约以来，"我国行政院方面，除将本案随时由行政院会议共策进行，并督促外交部尽力办理外，又因为本案对我国关系重大，特延揽各方有关人士十一位，组成了行政院对日和约小组，辅助本人秉承总统的指示，决定我国对于本案的政策。所有重要的政策，均经行政院会议商议，另由本人与这一小组研讨拟订，呈报总统核示后，再交由外交部切实执行。"

三四月间，对于台湾当局是否参加对日缔约的问题，在美英间发生了公开的分歧。3月底，美国国务院将对日和约的草案副本送达与缔约有关的53国和相关地区，台湾当局也被列其中。4月中旬，已与新中国建立外交关系的英国政府，将另一份草案送达美国政府。据透露，其重要的变化在于，承认了北京中央人民政府作为中国政府唯一合法代表签约的权利。蒋介石、陈诚在得悉这一消息后，均震怒异常。4月17日，蒋介石亲书条谕，规定了对日"和约"方针。其内容为：

> 对日和约之方针：
>
> 一、签订日本和约之盟国，对我为盟国之一员，不丧失我盟国之地位；
>
> 二、不损害我在台湾之统治权，不干涉我台湾内政；
>
> 三、台湾、澎湖不受任何军事干涉或侵犯，俾得巩固我反攻大陆之基地。

四、依照以上三项原则，进行签订对日之和约。至于台、澎地位问题，事实上今已由我国收回实行统治，则名义之争执似无必要也。

五、因预防英、印等国之反对我加入签约，美国亦临时动摇，不能主持正义时，故我政府应同时准备宣言，不承认其各国与日所订之和约，申明各国出卖中华民国，违反联合国之基本精神，无异丧失其联合国本身之立场，美国更应负其领导无能之责也。此项宣言稿，应即着手草拟呈阅。中正。四月十七日。[23]

陈诚遂以蒋介石手谕精神为基准，全力争取台湾"签约国"的地位；同时开始研究应变的对策。5月1日，他在"总统府国父纪念月会"上报告一年来的施政情况时，再次宣传了对日合理"宽大"的基本政策，并提出"正视现实"、"坚定信心"的原则。陈诚说：

外交方面，目前大家最关心的是对日和约问题，总统于三十五年（即1946年）五月二十一日定示：对日不采报复主义，而主张"合理宽大"，此为我对日之基本政策。因此，我们的正确态度，一方面要正视现实，认清环境；另一方面要坚定信心，固持立场。只要本着这个原则去做，对日和约问题，当可得到合理解决。[24]

6月中旬，美英正式通知台湾当局，即将举行的对日多边和会，将不邀请中国参加，签约后，听任日本"自行选定其认为可以代表中国的政府与之缔约"。对此，蒋介石随即发表了一项措词十分严厉的声明，强调台湾当局"为中国唯一合法政府"，点名批评了美国在台湾当局是否代表中国政府出席和会问题上立场的变化。声称："倘美国所主持之对日和约，竟无中华民国政府以平等地位正式参加，将使自由中国之国民大感沮丧。""中华民国参加对日和约之权，绝不容疑；中华民国政府仅能以平等地位参加对日和约，任何含有歧视之签约条件，均不接受。任何违反中华民国上述严正立场而订立之对日和约，不但在法律上及道义上，丧失其力量，亦抑在盟国共同作战之历史上，永留不可洗涤之错误。"[25] 7月间，台湾"立法院"举行临时院会，就台湾当局"以平等地位参加缔结对日和约"问题作出决议，送交"行政院"办理。陈诚接获"立法院"的决议案后，经"对日和约小组"详为研讨，随即召开"行政院"院会，议决："关于争取以平等地位参加缔结对日'和约'一节，本院当本一贯政策，并尊重立法院意见，继续督促外交部尽力办理。"

由英美操纵的盟国对日和会，于9月4日在美国旧金山举行，8日签订《对日多边条约》（又称"旧金山和约"）。在最初拟定的53个签字国中，中国未被邀请；后又有苏联、波兰、捷克拒绝签字以示抗议，实际签约国计49国。蒋介石与陈诚对于出现这一局面，大为不满。此时，在台湾海峡的两边，由周恩来总理兼任部长的中华人民共和国外交部和在"行政院长"陈诚领导下的台湾当局"外交部"，都发表了强烈抗议。周恩来指出："旧金山对日和约由于没有中华人民共和国参加准备、拟制和签订，中央人民政府认为是非法的，无效的，因而是绝对不能承认的。"台湾"外交部长"叶公超则连续发表声明，指责美国政府言行不一，自相矛盾；声称"旧金山对日和约"歧视台湾当局，对台湾没有任何约束力；警告日本不得与北京缔结和约，否则台湾当局将反对日本加入联合国。

陈诚于事后谈及这一不愉快的过程时，曾表示自己个人应承担一份责任，并对此深感遗憾。他说：

……我政府曾一面向主持和约的美国政府表示抗议之

意，一面尽力交涉，争取签约的权利，然而终未能见效。虽说这一局面是国际局势所造成，我政府自始就已见到，也曾颁定了应付的方针，但是本人力量薄弱，不能转变盟国对我的歧视，有负总统和全国同胞对我的期望和付托，实难辞其咎，至今深引为憾。[26]

台湾当局既未能参加缔结旧金山多边对日和约，不得已，乃开始进行"次一步骤"，即筹划以"中国政府"的名义，与日本签订双边"和平条约"。陈诚称，台湾当局在进行该项工作时，坚持三项立场，即："第一，我国必须维持与对日作战各盟国平等的地位；第二，中日双边和约应与旧金山和约内容大体相同；第三，日本与我签订双边和约，必须承认我对中国全部领土的主权。"陈诚不无自我解嘲地表示，如果台湾当局"能坚守这三项立场，与日本签订双边和约，当可与参加旧金山和约的效果相同"。[27]

在美国的斡旋与促进下，日台之间，加快了缔结"双边和约"的步伐。12月1日，日本政府派出职业外交家木村四郎到台北，设立日本驻台北海外事务所，木村任所长。该所事实上即日台间建立"外交"关系前的过渡机构。12月10日，美国国务院顾问杜勒斯使日，会吉田茂首相，意在促成日台间个别签约。24日，吉田茂致函杜勒斯，保证不承认新中国，而与台湾当局订立"和约"，函称："日本政府准备一俟法律允许就与中国国民政府——如果它愿意的话——缔结条约，以便按照多边和约中提出的原则，重建两国政府间的正常关系。""我可以向你保证，日本政府无意与中国共产党政权缔结一个双边条约。"1952年1月16日，日本政府正式公布吉田茂致杜勒斯的信函，使日台签约的企图公开化。1月30日，日本前财政大臣河田烈受任为使台谈判"和约"的代表团团长。

在日台间密锣紧鼓的签约活动中，陈诚于1月26日和2月13日，先后两次召开"行政院"院会,研商对日和约的草案和有关问题。2月15日,陈诚再次主持"行政院"临时院会,通过派遣"外交部长"叶公超为与日本商订"和约"的"全权代表","外交部次长"胡庆育为"副代表"。当天,蒋介石即颁发"总统令",公布了对叶公超、胡庆育的任命。

河田烈于2月17日率团员12人飞抵台北,日本驻台北海外事务所所长木村四郎为其首席团员。20日,日台"和约"会议在台北举行。双方以陈诚主持拟订的《中华民国与日本国间和平条约初稿》为基础,进行讨论。台湾方面声称,该初稿乃本蒋介石"以德报怨"的精神拟定,以旧金山和约为蓝本。谈判之进展,曾大起大落,"时起争执"、"屡陷僵局"。经过2个多月时间,3次正式会议和18次非正式会议,方于4月27日完成协议。台、日双方"全权代表"叶公超、河田烈于28日下午3时,赶在旧金山对日和约正式生效前,在台北签字。该约共包含5项文件,即:

(1)《中华民国与日本国间和平条约》1件,共14条。其中规定:"中华民国与日本国间之战争状态,自本约发生效力之日起,即告终止";"日本国业已放弃对于台湾及澎湖群岛以及南沙群岛及西沙群岛之一切权利、权利名义与要求"。同时,由于条约中申明,"除本约及其补充文件另有规定外,凡在中华民国与日本国间因战争状态存在之结果而引起之任何问题,均应依照旧金山和约之有关规定予以解决",故依据旧金山和约"各盟国兹放弃一切赔偿要求"的规定,台湾当局亦已放弃了对日本的一切战争赔偿要求。

(2)《议定书》1件。其中规定,"为对日本人民表示宽大与友好之意起见,中华民国自动放弃根据旧金山和约第十四条甲项第一款日本国所应供应之服务之利益"。台湾当局于此将旧金山和约签字各国要求日本所作服务形式之赔偿,亦一并放弃。

(3)换文2件,即日、台代表间交换的2份照会。河田烈询问条约中提及的"中华民国"是否"应适用于现在在中华民国政府控制下或将来在其控制下之全部领土"，叶公超对此作了肯定的回答。

（4）同意记录1件。叶公超反问日方，在上项照会中提及"或将来在其……"等字样，田是否可认为具有"及将来在……"之意?河田烈亦作肯定之表示。

上述文件中所作种种复杂的技术处理，均体现了蒋介石、陈诚对日签约的两个基本思想：一是"宽大"政策；二是企图死死地将大陆纳于台湾当局的"管辖"之下。

4月30日，陈诚主持"行政院"第238次"院会"，正式通过《中华民国与日本国间条约案》，分别咨送"立法院"审议，并呈蒋介石。

事后，陈诚在向"立法院"报告对日"和约"签订经过时，特别强调了蒋介石对日政策和思想在签约过程中所起的作用。他说："总统在我国获得胜利之后，独具远大的目光，依照国父所定的政策，宣布中国对于日本不采取报复主义，而应采取合理的宽大政策，并以种种直接间接的方法，以期对日和约及早观成。这一个宽大政策，目的就是为中日两国日后的合作，辟一坦途，以谋亚洲的安全，而有助于世界和平安全的维持。"他特别强调指出，国民党当局在抗战胜利后的6年多时间里，始终坚守了蒋介石制定的这一政策。而此次台日间签订的"和约"，"主要的目的在贯彻国父和总统所订的对日政策"。鉴于台日"和约"终于达成，陈诚亦如释重负。此时此刻，陈诚抛开一年前对于美英排斥台湾当局所产生的愤怒，对美国说了几句恭维的话。他说："我们对于美国政府毅然冒着万难完成主持对日和约的艰巨工作，表示钦佩，而对于美国政府在这方面所作的努力，和因此对于世界和平及自由所作的贡献，尤其表示感激。"[28]

台日"和约"于7月5日为日本国会通过，31日为台湾"立法院"特别会议通过。蒋介石以"总统"身份于8月2日签署该"和约"；其批准文件于5日由台湾"外交部长"叶公超与日方首席团员木村四郎互换，该约遂于即日生效。8月中旬，台湾与日本互派"大使"。日本以前外相芳泽谦吉为战后第一任"驻台大使"，台湾则以新闻界著名人士董显光为战后第一任驻日"大使"。芳泽谦吉于10月6日向蒋介石递交"国书"；7日，陈诚接见芳泽谦吉"大使"。

对于台日"和约"的签订，陈诚曾在多种场合，肯定其作用和价值，并进而展望台日关系的发展。他说：

> 中日双边和约的内容固然不如理想，但就重建中日两国的历史关系，奠定中日两国合作共存的基础，以及促进民主国家团结反共，以确保亚洲乃至整个世界的安全和平来看，显然是必要的……
>
> 中日和约的签订只是中日合作的一个起点，由这个起点到达我们的理想目标，路程还很辽远，甚至非常崎岖。中日和约是从谅解、忍耐、勇敢与远见中产生出来的，所以中日合作的展开，显然需要更多的谅解、忍耐、勇敢与远见。现在中日两国政府及其人民，正在为展开中日经济、文化的合作而努力，我们相信，这种努力必可收获成果。就当前中日关系而论，我们需要自信，不需要怀疑；需要自强，不需要幻想。[29]

由此可见，陈诚在为签订对日"和约"过程中所作之努力，仍和他的反共立场是一脉相承的。

五 "反攻"梦破灭

陈诚主政台湾后，秉承蒋介石意旨，大肆叫嚷"反攻大陆"，并将其作为对台湾军民进行"精神动员"的一条中心口号。在陈诚办公室的玻璃台板下，始终压着一张由他自己手书的对联：

古人说，居安思危，今日吾人居危，更应该知危。

古人说，安不忘危，吾人居此危境，更不可偷安。

这副对联的书写和布置，颇有些"卧薪尝胆"的味道。也表明了陈诚时刻不忘"反攻"，并以此筹划他的整个工作。

1950年8月9日，他在主持"行政院"第144次院会时，提出成立"行政院设计委员会"，以设计"反攻大陆"各项方案的议案，无异议获得通过；16日第145次院会通过《行政院设计委员会组织规程》；12月27日第165次院会通过聘任阎锡山等168人为"设计委员"，张厉生为秘书长。1951年1月3日，陈诚主持"行政院"第166次院会，通过《行政院设计委员会组织规程修正案》；1月16日，"行政院设计委员会"正式成立，并依其组织规程规定，由"行政院长"陈诚兼任主任委员，即日召开第一次全体会议，是为陈氏主持该项工作之开始。随后，该委员会遂在陈诚主持下，在3年多的时间里，不断"设计"出配合"反攻"的诸种方案。

陈诚利用一切机会，喋喋不休地宣扬台湾当局"反攻大陆"的思想。1951年8月，他在一次讲话中算了一笔账。他说，依台湾现有的经济条件，最多只能容纳1000万人；目前台湾人口已近800万，平均每年还要增长20万到30万，再过10年，"无论本省或外省同胞，都将无法可想"。他宣称：台湾当局所定"建设台湾，反攻大陆"的政策，绝对不是凭空拟定的，"我们如果一味苟安，或静待国际时局的转变，绝对是不可能"；"苟安既然不行，我们就只有打回大陆一途"。[30]

既要准备"打回大陆"，就必须了解大陆人心的向背。陈诚把大陆人民，按其政治态度分为五种人。他认为：

"第一种是苏俄的真正鹰犬，这只是少数共党的首脑分子。"

"第二种是甘心附共投共分子，此种人为数不多。"

"第三种是投机分子，从表面看，不算少数，但真正予以估价，其作用也不大。"

"第四种是不肯附共，也不屑投机，满心痛恨共党，但因环境及种种条件的不许可，不得已而留在匪区，忍受威胁凌虐的人。"

"第五种是留在共区，有决心、有计划与匪搏斗的人。""他们不一定负有政府任务，或与政府有联络。他们苦斗的行动，多是自动自发的。"[31]

据陈诚分析，上述五种人中，前3种人是少数，后两种人是绝大多数，"他们希望政府返回大陆的心理，至为迫切"。当然，这样的分析，毫无现实依据和实际意义，只能是陈诚等人出于急切希望的杜撰。

陈诚深知，要实施"反攻本陆"，最根本的一条，还是台湾当局本身要具备这种"反攻"的力量。他在1952年7月召开的国民党七全大会上，对出席会议的代表们大讲建设好台湾的重要性，鼓励大家艰苦奋斗，做好"重建大陆的基础工作"。他说：

> 过去的已经过去了，我们决不怨天尤人。展望将来，我们深信革命的前途仍是非常光明的，但奋斗的过程将是异常艰苦的……
>
> 我们在台湾所作的各种努力，实际上就是重建大陆的基础工作。我们在台湾能够打好基础，树立规模，打回大陆以后即可很快地把国家建设起来，如果我们在台湾不做，等到打回大陆再做，谁也不能相信我们的话了。现在全国海内外同胞所关切重视的，不是听我们说什么和怎么说，乃是看我们做什么和怎么做。所以我们在台湾的做法如何，成就如何，对于反共抗俄势力的消长以及反攻大陆时间的迟早，实具有决定性的影响。[32]

陈诚在1953年3月召开的"行政院"检讨会议上强调说：

> 反攻大陆是什么？第一是力量，第二是力量，第三还是
> 力量。力量从哪里来？主要是从建设台湾的过程中来培养，来
> 集聚，来发挥。再明白地说，反共抗俄应以军事为中心，但军
> 事力量的维持和增长，要求政治、经济、社会、教育各方面的
> 努力。
> ......
> 就当前的环境和需要来看，我们一方面仍要继续建设台
> 湾，另一方面更要积极准备反攻大陆。今后各部门的施政，
> 必须提高准备反攻大陆的比重，诸如工作的设计、人员的储
> 备、实际的准备，都要尽最大可能的努力去做。[33]

1954年4月13日，陈诚于当选为"副总统"，即将辞去"行政院长"职务前夕，在向"立法院"所作的最后一次施政报告中，重申："我们的一切措施，仍应本四年来一贯的政策，以积极加强反攻大陆的准备为中心，以期把握有利时机，早日收复大陆。"

陈诚辞"行政院长"职后，台湾当局的"反攻"设计工作并未停止；而在蒋介石的心目中，"反攻大陆"这项中心工作的牵头，当非陈诚莫属。按照原《行政院设计委员会组织规程》之定则，应由"行政院长"兼任设计委员会主任委员。陈诚既不再担任"行政院长"，从名份上来说，当然不可能继续主持隶属于"行政院"的设计委员会工作。为了解决这一矛盾，蒋介石决定将设计委员会搬出"行政院"，改隶"总统府"，并于1954年7月16日明令公布了《光复大陆设计研究委员会组织纲要》，内称："政府为设计研究光复大陆之方案，特设光复大陆设计研究委员会，隶属总统府。"同日，蒋介石发出聘书，聘陈诚为该会主任委员。11月1日，"光复大陆设计研究委员会"正式开始办公。11

月23日，陈诚在"光复大陆设计研究委员会"之下，又设一"编审委员会"，作为秘书、决策班子，从事政策、方案的制订和审查工作。当日举行"编审委员会"第一次会议。陈诚致词说，"编审委员会是光复会集中全体委员会的智慧，吸收全体委员的努力的一个核心组织。故这个组织的健全与否，工作开展与否，实足以决定本会的成败"。25日，举行"光复大陆设计研究委员会"成立大会，原"行政院设计委员会"即行并入。陈诚在成立大会上，阐明了该会的任务。他指出：

> 本会的任务，顾名思义就是研究如何光复大陆重建国家。这一任务是非常重大而艰巨的。从纵的方面来说，本会要研究收复大陆后的各种建设方案，要研究反攻大陆时的各种收复方案，更要研究加强动员、巩固台湾与瓦解敌人的各种方案。从横的方面来说，本会不仅要研究我们自身的政治、军事、财政、经济、文化、教育与社会各方面的建设，更要研究敌人的一切措施与友方的各种情况。我们必须对于"敌"、"友"、"我"三方面的情况，都有深刻而正确的了解，然后本会所设计的方案，才能切合实际需要，产生重大影响。[34]

陈诚在规定了"光复会"的任务之后，又进而对该会今后的设计工作，提出了四个方面的意见。第一，应以"宜"与"用"二字为基本原则。陈诚以孙中山关于"择别取舍，唯其最宜"和"要看合我们用不合我们用"的讲话为根据，提倡适宜与实用，称："本席所重视的，乃是国家的实际需要与人民的永久利益，而择别取舍唯其最宜，既不敢抱残守缺，固步自封，亦不愿盲目仿效、标奇立异。"第二，一切从实际出发，大胆创新。他认为过去在大陆的一套做法，好的自然应该保留，坏的绝对不能恢复。他说："我们的一切设计，必须摆脱旧观念与旧做法的束缚，针对实际情况与实际需要，大胆而勇敢的创造。"第三，打破本位主义，注意纵横配合。他认为："我们不仅要消极的避免彼此之间的重复和冲突，更要积极的发挥相辅相成与相因发展的作用。"第四，要有周密的计划。陈诚强调，一方面要有持久的做法，另一方面更要有应变的准备；一方面要注意常态的发展，另一方面更要研究战时的措施。他说："必须对于各种可能发生的情况，都有周密的计划与充分的准备，然后我们才能争取主动，把握时机，周旋肆应，无虞竭厥。"[35]

陈诚主持了一段"反攻设计"工作之后，通过对新中国政治、军事、经济等方面情况的研究，思想稍有转变，从认为"反攻"可以马到成功的高调，开始降为"反攻"不可能在短期内实现的低调。陈诚1954年3月向"国民大会"报告施政时，告诫代表们，"反攻"需要时间，不可孤注一掷。他说："我们的失败不是一天造成的，所以我们的胜利也不是在一天之内所能获得的。我们既不可等待敌人自己崩溃，不可寄幻想于侥来的机会；同时也不可将国家民族的命运作孤注一掷。"1955年9月，他在对新闻界发表讲话时，针对有人对"反攻"失去信心的情况，解释说：

1955年陈诚在记者大会上演说

反共战争是长期的，我们一面要有单独作战，随时应变的准备，一面要作配合世界局势，坚持最后五分钟的打算，因此，反共战争最重要的是要争取制胜的时机，而不是取决于时间的久暂……我们不怕反攻时期到来太慢，而只怕我们自身不够积极，以致坐失良机。[36]

为了联合国际上的一切反共的国家和力量，来为台湾当局的"反攻大业"服务，陈诚宣称，造成亚洲"动乱"的根源，即在中共和新中国。他在1956年8月12日对美国合众社记者发表谈话说：

亚洲共党与非共力量的冲突均系因中国问题而引起。韩国与越南之被分割，新加坡与马来西亚的纷扰不安，以及亚洲其他地区的混乱与危机，均是由于共党的攫取中国大陆有以致之。我们必须阻止共党的扩张，以拯救亚洲。但是根除亚洲纷扰的最佳途径乃是摧毁中共政权，扭转中国大陆上的现况。[37]

1959年以后的几年中，由于中共工作上的失误，加上严重的自然灾害，中国大陆人民的生活遇到了暂时的困难。对此，陈诚如获至宝，大造"反攻大陆"的舆论。他认为，这是一种"日益有利的革命形势"；"反共复国的机运"已"更趋成熟"。1959年8月1日，他在"亚洲人民反共联盟中国总会第五届会员代表大会"上，要求每个人"激起救国家救人民的良知，时时以反共为念，事事以复国为先"。1950年2月，他在谈到今后的施政重点时指出：在政治上，要"团结海内外爱国反共的力量，发展大陆革命运动"；在军事上，要"继续充实战力"，"发展大陆反共武力，造成互相策应配合的形势"；在经济上，要"充分谋求经济发展"，"充实复国条件"。

1962年初，陈诚参加了以蒋介石为首、由5人组成的"反攻行动委员会"，负责作出"反攻大陆"的各项最高决策。这一年，台湾海峡上空战云密布。蒋介石、陈诚在叫嚷了12年"反攻"之后，已经不再沉得住气。他们过高地估计了自己的力量，而过低地估计了人民的力量。新年第一天，蒋介石即发表《告全国军民同胞书》，叫嚣"我们国军对反攻作战，已经有充分准备，随时可以开始行动"；宣称"国民革命反攻复国的总决战即将来临"。2月23日，陈诚在"立法院"作施政演说时，也一改往日强调反共战争"长期性"的口气，气焰嚣张地说："摆在我们面前的只有两条路，一条是从速打回大陆，另一条是由苟安趋于失败，我们的选择当然是前者。"与此同时，台湾当局宣布提前征集兵员入伍，延长现役军人服役年限，士兵在营房随时待命；大量向外订购武器，从日本输入大批血浆；就连有些士兵的鞋子、皮带上，也印上了"光复大陆"的字样。"反攻行动委员会"曾准备于当年夏季，发动窜犯大陆的军事冒险；后因美国的劝阻，又改为派遣武装特务，进行小规模的武装窜扰。美国政府从其自身的利益出发，不主张在此时此地，再介入一场大战。这使台湾当局一度发热、膨胀了的头脑，被泼了一瓢凉水。蒋介石与陈诚在被迫修改"反攻"进程的同时，对美国的态度大为光火，并故意表现出一种强硬的姿态。蒋介石在1962年10月，不断发表声明和谈话，声称"反攻大陆"是台湾"政府"的"绝对主权"，只要时机成熟，将不顾盟邦的阻止，立即开始"反攻"。陈诚于1963年3月答复"立法院"质询时称，"反攻大陆是我们自己的事"；一旦开始"反攻"，将"不牵连盟国"。10月26日，陈诚在"光复大陆设计研究委员会"第18次综合会议上声称："我们绝不因国际局势的任何变化而动摇拯救大陆同胞的决心，更不因任何国家或个人自私短视的作法而放弃反共抗俄的国策。"

由于陈诚对"反攻大陆"一事，想得多，叫得也多，以至连做梦时也梦到"反攻大陆"。据陈诚自己对别人介绍，他在1963年秋季特别好做梦，并且颠来倒去就是那两个相同的梦。他说："我的第一梦是指挥大军，渡海反攻，登陆作战，军事进展很快，不料中途被敌军重重包围，正在计划突围时，忽然醒了。第二梦是反攻大陆，连破匪军，胜利还都。"[38]这些梦境，当然在一定程度上反映了陈诚的真实思想。直至1964年8月，陈诚在军事会议上作最后一次训话时，还念念不忘地叫嚷，"国军"将由蒋介石带领打回大陆。他说："国军将校们应深深记住，总统的正确领导，一定能也一定会带着官兵回到大陆，不管反攻大业有任何艰难险阻，总统一定要克服这些艰难险阻。"

陈诚之主持"反攻大陆"的设计，可以说是伴随他在台岛生活之始终。若从1951年1月主持"行政院设计委员会"算起，共有14年。其中主持"光复大陆设计研究委员会"凡10年，共设计出各种方案600余种。直至1964年10月该委员会举行第20次综合会议时，他虽已重病缠身，然仍抱病赴会，要求各会员，根据国际局势和大陆情况的变化，将以往所既定之各项方案，重新加以整修；于是，该会方有"综合整理小组"之设立。陈氏之处心积虑"反攻大陆"，可谓甚矣！然而，无情的历史规律注定了陈诚"反攻大陆"的计划不可能得逞。

六　调查孙立人"兵变"案

1955年6月上旬，蒋介石将亲去台湾南部的屏东校阅陆军各兵种。屏东地区的凤山军事基地是"总统府参军长"、前陆军总司令孙立人主持第四军官训练班的地方。而关于孙立人将趁蒋阅兵之机，实行"兵谏"的情报，已经秘密传到蒋介石那里。

孙立人，字仲能，安徽舒城人。早年求学清华大学，后入美国普度大学，获土木工程学士学位，复转西点军校学习军事。1927年归国后，服务军事，曾率税警第4团参加八一三淞沪抗战；滇缅战役中，率新38师取得仁安羌大捷，有"东方隆美尔"之称。1944年升任新1军军长；抗战胜利后，先后任东北保安副司令、陆军副总司令；1947年11月赴台编练新军，1949年任东南军政长官公署副长官，1950年起任陆军总司令，1954年调任"总统府参军长"。

屏东阅兵前，蒋介石既知孙立人将有"异动"，遂通过"国防部保密局"，以迅雷不及掩耳之势，将孙立人在军中的主要骨干郭廷亮、江云锦、田祥鸿、刘凯英等100余人秘密逮捕。同时，台湾当局如临大敌，将原定受阅部队重新编组，一部分部队被临时取消受阅资格；阅兵场地四周，岗哨林立，戒备森严。

6月6日晨4时半，台南7万名受检部队，抵屏东机场，进入受检位置。为保证检阅的绝对安全，军方两度用扫雷器在检阅台前进行反复检查，致使正式检阅的时间从9时半推迟到11时半。孙立人紧随"总统"蒋介石、"总统府战略顾问委员会主任委员"何应钦、"国防部长"俞大维之后，参加了检阅。

屏东阅兵后，台岛内外开始沸沸扬扬地传出所谓"兵变"的新闻。新闻的焦点围绕在孙立人及其已被逮捕的百余名部属之间。六七月间，孙立人的行踪成了人们猜测和议论的中心内容。

7月31日，是台湾当局举行一年一度"扩大军事会议"的日子。作为"总统府参军长"的孙立人，本应赴会。可是，这天一清早，"副总统"陈诚便来了电话，约孙前去谈话。孙立人于7时刚过，即带了随从参谋陈良埙，前往信义路陈诚官邸。孙立人判断，这次谈话将揭开盛传了将近两个月的谜底。

陈诚将"参军长"迎进客厅后，命副官们在厅外候命，由他与孙立人单独谈话。果不出孙立人所断，陈诚向孙交了底，把所谓郭廷亮"匪谍"案的情况向孙作了通报。郭廷亮，云南河西人，1922年生，1939年入税警总团2期学习，次年毕业后，留在孙立人麾下服务。后随孙远征印缅，官至上尉连长。抗战胜利后，编入新1军，开往东北，任榴弹营少校营长。陈诚告知孙立人，郭廷亮已"供认"：1948年，郭率部驻沈阳铁西二道街三义和米栈内，与店主白经武相识，并经介绍与青年女子李玉竹结婚。11月2日，沈阳解放，郭被困于城内，经白介绍，与其在吕正操部任联络科长之兄白经文接触，允为中共去台从事"兵运工作"，约定联络暗号，得解放军所开路条及黄金10两。郭遂携妻经津、沪而抵台，重投陆军副总司令孙立人麾下，先后任储训班副队长、少校营长、教官之职。1954年9月，郭曾与一操北方口音的"李先生"，按秘密联络暗号接头，并接受对方布置的任务，准备在适当时机发动"兵谏"。陈诚与孙立人的谈话，共进行了2个多小时，致使陈、孙均未能前去参加"扩大军事会议"。也正是在这一天的扩大军事会议上，台湾当局正式宣布了"孙立人案件"。

次日，孙立人的随从参谋陈良埙接到台北宪兵队的通知：上面有命令，"参军长"不要出门。

接着，"国防部"又派黄、傅二局长前来，将江云锦等人的供词交孙阅读。

至此，孙立人深知，自己已经在劫难逃。于是，他于8月3日给"总统"蒋介石送上了一份辞呈。内称："近者陆军部队发生不肖事件，奉副总统谕示郭廷亮案情，日昨黄傅两局长奉命交阅江云锦等供词资料，职涉有重大之罪嫌"，"拟请赐予免职，听候查处"，"俾闭门思过，痛悔自新"。其"请予惩处"的"过错"有二：

> 一、郭廷亮为职多年部下，来台以后，又迭予任使，乃竟是匪谍，利用职之关系肆行阴谋，陷职入罪，职竟未警觉，实为异常疏忽，大亏职责。
>
> 二、两年前鉴于部队下级干部与士兵中，因反攻有待，表示抑郁者，为要好心切，曾指示警训组江云锦等于工作之便，从侧面联络疏导，利用彼等多属同学友好关系，互相策勉，加强团结，以期领导为国效忠，原属积极之动机，不意诲导无方，竟至变质，该江云锦等不但有形成小组织之嫌，且甚至企图演成不法之举动，推源究根，实由职愚昧糊涂，处事不慎，知人不明，几至贻祸国家，百身莫赎。[39]

半个月后，"总统府"突然于8月20日，发布"总统命令"，免去孙立人"总统府参军长"职，由黄镇球接任；并组成以陈诚为首的"调查委员会"，彻底调查孙案。"总统命令"称：

> （一）总统府参军长陆军二级上将孙立人，因匪谍郭廷亮案引咎辞职，并请查处，应予照准，着即免职。关于本案详情，另组调查委员会秉公彻查，候报核办。此令。
>
> 派陈诚、王宠惠、许世英、张群、何应钦、吴忠信、王云五、黄少谷、俞大维组织调查委员会，以陈诚为主任委员，就匪谍郭廷亮案有关详情，彻查具报。此令。
>
> （二）国防部副部长陆军二级上将黄镇球另有任用，应予免职。此令。
>
> 特任陆军二级上将黄镇球为总统府参军长。此令。[40]

酝酿已久的爆炸性新闻，终于出台了。戎马一生的孙立人，在一场不见硝烟的战斗中，成了败将。而蒋介石的嫡系宠将陈诚，却深深地介入到扑朔迷离的"孙案"中来。

说起陈诚与孙立人之间的关系，他们在抗日战争中，曾两度共同战斗在同一战场。一次是1937年的淞沪会战中，陈诚先后担任第3战区前敌总指挥兼第15集团军总司令、左翼作战军总司令和第3战区前敌总司令，全盘负责指挥淞沪战事；而孙立人则是税警总团第2支队的少将司令官兼第4团团长，曾在淞沪战场受伤10余处，被炸成"血人"，九死一生。另一次是在1943年的印缅战场，陈诚担任中国远征军司令长官，筹划收复缅北失地、打通国际交通线；而孙立人则在中国驻印军中任新1军军长，同样肩负着收复缅北与修筑中印公路的任务。他们同是抗日战场上叱咤风云的高级将领，并两度战斗在同一地区。不过，他们之间真正发生较多的工作联系，还是在东北和台湾。孙立人于1947年7月离开东北，先后到南京、台湾担任陆军副总司令兼陆军训练司令；陈诚则于当年9月赴东北任行辕主任，指挥东北战事，而此时孙立人的旧部新1军则在陈诚麾下。孙立人曾致函陈诚，希望不要将新1军分割使用；陈诚在被免去一切职务、闲居上海时，亦曾邀孙来沪。陈、孙真正的合作共事，乃为1949年至1950年间在东南军政长官公署中，他们分任正、副军政长官。

陈诚与孙立人，虽有一段军事上共事的渊源，但在人事关系上，却不属于同一派系。陈诚属黄埔系，在军中有较深厚的根基，尤其握有一批黄埔高级将领；孙立人则无派无系，但受美国赏识，有国际背景。

1949年2月14日，蒋介石已经下野，退隐溪口；中国人民解放军的隆隆炮声，已经响到长江边；代总统李宗仁已经表示，愿意在中共提出的8项条件的基础上举行和谈。这一天，美国白宫训令驻南京大使馆，派公使衔参事莫诚德为密使，飞往台北，游说刚刚上任的台湾省主席陈诚"自立"。据美国国家档案局保存的文献称，其内容包括：

一、台湾现在的省主席，宜使政治与国府分离，经济贸易和中共绝缘。台湾省主席办理台政，美国每年拨给台湾经援2500万美元。

二、形式上，联络菲、澳、印度、巴基斯坦、锡兰各国，各出一些象征性的兵力，会同美军占领台湾。希望在两周之内，在台召开政权转移会议，苏联、中国国民党政府亦可参加。

三、会议决定后，美国即对台海之海上及空中担任巡逻与联系活动，以免外来军队之来袭；同时遣送不受欢迎的大陆在台分子。

四、通知蒋介石，如他愿意留台，当以政治避难者身分相待。

　　五、邀请孙立人参加台湾新政权。[41]

　　陈诚以忠蒋而闻名，自不会接受这一方案。而"邀请孙立人参加台湾新政权"一条，却使这位陆军副总司令祸福参半。它既使蒋介石、陈诚不能将孙立人等闲视之；又使蒋、陈对孙氏更增加了一层戒备之心。

　　接着，莫诚德又与美国国务院政策计划处处长肯楠博士，进一步商讨了由美国派兵占领台湾和扶立孙立人成立新政权的问题。据美国NSC密档第53号记载：

　　　　邀请孙立人将军参加（美国）占领军新政权。如他肯接受此任，则我们分化中国驻台军队之工作即告成功……

　　　　国务卿艾奇逊主张：以孙立人替代陈诚为台省主席。我们所需要者，乃一干练笃实之人，不必听蒋介石之指挥，亦不必从李宗仁联合政府之命令，而专为台湾谋福利。孙氏经验或有未足，但其他条件，都甚符合。

　　由此，美之扶孙抑陈，已十分明显。就中亦可推断出，陈、孙之间关系并不融洽。美国人当时也看出了他们之间的歧见。1949年5月11日，美驻台北"领事"艾嘉以第154号电致国务院称："孙立人与陈诚歧见尚未调处。他表示，陈诚有意冷冻他，重用自己亲信；孙氏在陈之下的指挥权，迭遭陈氏亲信干预。"6月12日，艾嘉复以第225号电致国务院称：孙立人"抨击彭孟缉和陈诚其他亲信为本位主义、盲从，起码落后时代五十年"。

　　此后，在陈诚担任"行政院长"期间，孙立人与台湾黄埔将领之间的关系，更趋紧张。《孙立人在台兵变》一文曾有如下生动描述：

当陈诚任行政院长、周至柔任参谋总长、王叔铭任空军总司令、桂永清任海军总司令时，屡当蒋介石召开会议时，陆军总司令提出的问题或意见，总是遭到了三票对一票的否决，有时弄得蒋介石亦左右为难……有时老孙气急了，就在会议上向老蒋报告说海军、空军如何好，如何、如何行，那末请总统将陆海空三军测验一下，比一比，看究竟哪一军好。先从我们三军总司令考起，比文也好，比武也好，比立正稍息也好，比x+y也好，由你们海空军决定好了……由此可见老孙与陈诚、周至柔、王叔铭、桂永清等高级将领间之矛盾多深。[42]

在回溯了上述陈、孙关系的历史之后，就可以清楚地看出，他们之间，各自代表着不同的势力。而由陈诚来主持孙立人"兵变"案的调查，则是蒋介石在清除孙立人举措中的必然人选。

9月19日，以陈诚为首的"调查委员会"，与孙立人进行了整个"调查"期间唯一的一次接触。这天上午9点，孙立人奉召来到阳明山第一宾馆，阅览王云五、黄少谷两委员分别讯问孙之部属郭廷亮、王善从、田祥鸿、江云锦、陈良埙、刘凯英6人的笔录。中午，由陈诚单独邀请孙立人至自己寓所共进午餐。下午4时起，由在台北的全体调查委员与孙作集体谈话。谈话中，孙立人拒不承认自己知道郭廷亮等人的"发动计划"，再三声称希望"消弭于无形"的观点。孙立人面对陈诚等咄咄逼人的提问，回答说："至于整个的计划，我是不晓得的。"陈诚等人又问："为什么不向当局报告呢？"孙立人答："我总以为只要他们不作这个事情，就没有事情了，不会再有什么，所以我也觉得把这个话放在我心里，用不着报告了。"[43]

这次谈话一共进行了4个小时，直到晚上8时过后方告结束。

"调查委员会"在陈诚的主持下，总共工作了将近50天，最后由陈诚定下基调、王云五执笔，撰成"报告书"。"报告书"认定：孙立人有"在军中违法密结私党或秘密结社集会之嫌"，以及放纵刘凯英逃脱、"循情包庇之嫌"。对于"匪谍"郭廷亮活动于其左右，"至少应负失察之责任"；对于"亲信人员不法言行之知情不报，以及平日之管束无方与训导失当，实难辞酿成郭廷亮阴谋之咎"，"应负其责任"。"报告"笔锋一转，又云：

> 惟念孙立人将军为总统多年培植之人才，且曾为抗战建功，孙立人将军在8月3日上总统签呈中曾沥陈愧悔自责之情，在9月19日答复本委员会询问时，亦痛切自承错误，一再声述愿负全责。且已引咎辞去总统府参军长职务并奉政府令准免职。本委员会谨建议总统于执行法纪之中，兼寓宽宥爱护之意。

这份"报告书"，除了在日本治疗眼疾的何应钦外，由陈诚等8名在台委员签署，呈送蒋介石。原拟于10月10日前公布，因故延长至20日公布。报告全文共18000多字。台湾"中央社"电台在20日这一天，以每小时发出1500—2000字的速度，共播发了11个小时，方将全文发完。

与公布调查报告的同一天，台湾当局又公布了一份由蒋介石亲签的处置孙立人的"总统令"。"总统令"当然完全肯定了陈诚主持调查所得出的结论，并采纳了"报告书"关于处置孙立人的建议。内称：

> 兹据调查委员会主任委员陈诚、委员王宠惠等呈报彻查结果，一致认定该上将不知郭廷亮为匪谍，尚属事实，但对本案有其重大咎责。兹念该上将久历戎行，抗战有功，且于该案发觉之后，即能一再肫切陈述，自认咎责，深切痛悔，兹特准予自新，毋庸另行处议，由国防部随时察考，以观后效。[44]

这"由国防部随时察考"的命令，不禁使人联想起18年前对张学良将军之"交军事委员会予以管束"的命令。张将军已被"管束"了18年，先后幽禁于南京、奉化和新竹，往后究竟还需"管束"多少年？天知道！孙立人之"由国防部随时察考"，究须多长时间？当亦无人知晓。

在"调查委员会"的报告书和蒋介石的"总统令"公开播发的当天，"副总统"陈诚于下午2时接见了孙立人，陪同接见的还有"总统府秘书长"张群。据《中央日报》报道：

> 孙立人将军于二十日下午二时获悉总统已明令对他因匪谍郭廷亮案作宽大的处理暨调查报告书已正式发表后，即驱车赴陈副总统官邸晋谒陈副总统，表示诚恳的谢意。孙将军当时表示，政府对此案的处理极公平合理，尤其总统对他的宽大与爱护，使他铭感五内。他并曾向陈副总统表示，他正闭门思过，痛切改悔，将来如有机会，他将再度为国效力，以赎前愆。[45]

上述报纸报道的内容，多为官样文章，并不能代表孙立人的真实思想。不过有消息说，孙立人还向陈诚表示，他过去在美国普度大学学过土木系，愿以一名工程师的身份，献身于陈诚所主持的石门水库建设。对于孙立人在"由国防部随时察考"期间的任用，陈诚当然不敢擅自决定，允向"总统"报告。但是，到23日蒋介石接见孙立人时，其所作的指示，实际上是拒绝了孙立人的这一要求。蒋介石说：

> 你要从心理上及精神上充实自己，俾来日可用。要多研究东方，尤其是中国的书籍，特别是中国古圣贤名言，作一个优秀的军人。

从此，孙立人便同当年的张学良一样，开始了一种没有时间下限的

"修身养性"的生活。

20日当晚，作为陈诚调查孙立人"兵变"案的结束，蒋介石在士林官邸设宴款待了陈诚等8名在台的"调查委员"，用以酬谢他们两个月来的辛劳。

纵观陈诚与孙立人二人的全部人生轨迹，他们私人之间并无太深的个人恩怨。孙立人事件的发生，有诸多复杂的因素，有历史的、国际的背景，也有个人性格方面的原因。这是台湾当局内部的一场政治斗争。陈诚之介入此案，完全是秉承了蒋介石的意旨，他个人对此并没有过多的选择余地。

七　举办阳明山会谈

1961年下半年，由陈诚一手筹划并主持了两次"阳明山会谈"。陈诚宣称，"阳明山会谈"的要旨为：

> （一）商讨反攻复国大计，积极解救大陆同胞，（二）加速复兴基地的经济发展，增进人民的生活，充实反攻力量；（三）加强海内外的团结，一致为复国建国而努力；（四）交换对政府应兴应革的意见，造成更多的成绩和更大的进步。[46]

早在这年4月13日，会谈即开始筹备运作，陈诚聘袁守谦为会谈筹备处主任。经两月余筹划，工作大致就绪。6月22日，陈诚召集会谈筹备处副组长以上人员及"行政院有关部会首长"在"行政院"举行筹备会议，他指出："阳明山会谈是一件非常重要的大事，邀请参加会谈的人士，也一致对会谈表示重视，希望有关人员充分准备，使会议圆满成功。"

7月上旬，陈诚以"行政院长"身份，主持召开了"以研讨经济的发展，配合反攻军事，增强反攻力量为主旨"的阳明山第一次会谈。陈诚在发给与会者的邀请书中指出："当前大陆及国际情势之发展，尤亟需海内外一切力量之加强团结，以助反共抗俄国策之实现，尤亟需我全民族一切力量加强团结"；为此，"特决定邀约各方贤达硕彦，分别举行会谈，交换对时局之意见，商讨应兴应革事宜，期以博访周询之功，收集思广益之效"[47]。被邀请参加阳明山第一次会谈的，有工矿、农林、渔牧、水利、商业等各界从业人士和专家共104人，其中台湾60人，海外华侨44人。

7月1日，阳明山第一次会谈在台北阳明山庄会场正式开始，有84名被邀请者与会，40名"政府"官员及有关人士列席。陈诚出席主持并致词。他重申，这次会谈的主要任务，"是为了商讨反共复国大计"；希望"与会诸先生本知无不言，言无不尽的精神，来发表意见"。他特别强调了经济力量在战争中的重要作用。他说：

> 历史告诉我们，经济是决定战争成败的主要因素，也是保障军事胜利成果的主要条件，从第一次世界大战和第二次世界大战的情形均可证明。我们第一次会谈以经济财政为主，原因亦正在此。

陈诚在致词中，提出了三个方面的问题，为会谈定下了基调。

第一，"加速复兴基地经济发展"。他指出，应努力实现19点财经改革措施和积极推行第三期四年经济计划；对于如何使生产的增加适应人口增加的需要，如何依加速经济发展的要求培植人才并使人尽其才等问题，都需要更进一步从社会观念、经济制度、技术知识各方面互相配合，加倍努力。

第二，"配合反共复国的需要"。他认为，"反共复国"的行动，需要经济与军事密切配合。因此，必须一面求经济力量的充实，以适应一切可能的变化；一面谋求经济与"外交"、侨务等方面的配合，以肩负对中共经济作战的任务。"一切工作尤须着重适应军事行动的需要，作支援前线的适当准备"。

第三，"拯救大陆同胞，重建自由康乐的国家"。他宣称："光复大陆，建设民有、民治、民享的新中国，是我们反共斗争的最终目标。"他还鼓吹，在"光复大陆"后，要运用台湾的物资、技术、生产能力，及在国际贸易上的信用，来供应大陆人民粮食、布匹、果品、种籽等生活必需品，"使他们能恢复建康，从事生产，得图休养生息"。[48]

与会者先后听取了"行政院副院长"王云五的一般政务报告，参谋总长彭孟缉的军事报告，"经济部长"杨继曾的经济建没报告，"外交部长"沈昌焕的当前国际形势与"外交"情况报告，以及有关大陆情况的报告；同时，进行了综合会谈。

6日，与会者按三组进行分组会谈。第一组着重研讨经济发展问题，其中包括对于经济建设的困难、经济行政、工矿、农林、渔牧、交通运输建设、美援运用、发展毕侨经济及劳资关系方面的检讨。第二组着重研讨财政金融问题，主要包括促进预算收支平衡、改进税制及税务行政、粮食、金融制度、通货发行及货币供应、银行贷款与利率及储蓄存款等问题。第三组着重研讨外汇贸易问题，其项目包括政策、输出入、贸易商业管理、有关外汇贸易调查研究工作等。各组的会谈，均将围绕"加速复兴基地经济发展，充实反攻力量"这一中心内容进行。陈诚表示，希望各与会者在会谈中，"不必讲我们已有之成就，最好把政府没有想到和没有做好的工作尽量指出，以作今后改进的参考"。

7日，陈诚为这次会谈作了总结。他首先肯定这次会谈的举行，具有重要意义。由于进行会谈的目的，是要"了解国民的需要"，"依据国民的需要来做"；而通过会谈，"使政府同仁对财政、经济以及贸易等问题，都有了深切的了解"，"这次会议的结束，即是政府行动的开始"。他表示，"政府"将根据会谈中所提供的有关农、工、渔、矿等方面的建设性意见，来修订第三期四年经济建设计划。接着，他对会谈中着重讨论的8个问题，分别作了综合说明。

第一，"国防"负担与经济发展问题。他说："带着国家安全的背包往经济发展的道路上走，自然很吃力，但如果抛弃了国家安全的背包，我们生产建设的成果以及由此所产生的希望，都可能化为乌有。"因此他认为，"国防费用"的支出，并非全部是消耗性的，很多支出，对于促进经济发展与增加"国民"就业，也并非没有益。

第二，经济体制问题。他指出，11年来，台湾当局的做法，有一个非常明显的趋向，即不断扩大企业的自由，扶植民营企业；今后仍要坚持这种做法，并将公营事业转为民营，以培养民间的经济力量，加速经济发展。

第三，农业与工业问题。他分析，一方面要适应时代的要求，以工业化为目标；但是另一方面，也要注意现实的条件，循序渐进。他说，今后我们仍要努力加速经济的现代化，以工业生产总值超过农业生产总值为目标。

第四，增加生产与节约消费问题。他认为这两个问题表面上看来是矛盾的，但实际上是可以调和的；并宣布今后将运用租税政策来推动节约，鼓励生产。

第五，资金、利率与货币供应量问题。他承认在会谈中，大家对此问题的认识有距离。他强调：货币的发行量，必须"兼顾经济的发展与经济的安全"。从原则上说，为了适应经济发展的需要，在通货不致恶性膨胀的条件下，适度增加货币供应量，使其用于生产建设方面似有必要；但在当前财政收支还不能平衡，人们对通货膨胀比较敏感的情况下，需作审慎的处理。

第六，平衡财政收支与改革租税问题。他提出：要通过严格控制预算、实施绩效预算、健全"国债"管理制度、切实整顿税收等办法来平衡财政收支；要建立并迅速实现以直接税为中心的税制。

第七，辅导对外贸易问题。他打算充裕外销货款，放宽出口限制并简化手续，成立保税仓库及工厂，加速办理退税，加强外销组织与商务调查，开辟国外市场，严密商品检验。

第八，行政上的问题。如"法令"、机关事权、行政效率与风气等。[49]

陈诚在这篇总结报告的最后，特别提出"复国大计"的问题。他谴责了"现在国际间酝酿的'两个中国'的阴谋"，表示决不会接受这类解决办法。他重申"反共复国"的决心，并要求大家发扬"在艰弥劲，遇阻不回"的精神。

陈诚主持的这次阳明山会谈，着重研究的是台湾经济发展的问题，但具有浓烈的政治色彩。"反共复国"是其基调。从时间安排上来看，用于政治喧嚣的时间也远多于对经济问题的实质性的探讨。台湾当局对此举大肆宣传，毒化了海峡两岸的气氛，掀起了一股新的反共浪潮，在海内外造成了极坏的政治影响。但会谈毕竟为经济界的著名人士和专家商讨问题，交换意见，提供了一个场所，开放了言路，对于暴露和解决经济方面存在的问题，有一定的作用。陈诚在政治上反对"两个中国"的主张，这在客观上也有利于祖国的统一大业。

距阳明山第一次会谈约50天，陈诚又于8月下旬召开了阳明山第二次会谈。8月上旬，陈诚本人还在美国纽约访问，台湾"行政院阳明山会谈筹备处"已根据陈诚出台前既定的方针，将准备邀请出席第二次会谈的第一批名单75名，经"行政院"第726次院会通过，予以公布，并陆续发出邀请。此次会谈，主要邀请对象为教育、学术、新闻界人士。会谈将依照原订计划，以讨论现行教育设施、"国家"长期科学发展及"光复大陆后的教育重建工作"为重点。

陈诚于13日由美返台后，使举行阳明山第二次会谈的各项筹备工作，得以迅速落实。17日，"行政院"例会通过了出席会谈的第二批邀请名单计31名。在前后两批106名被邀人士中，一部分为台湾本岛和香港各公私立大学、学院及新闻事业单位的著名人士，一部分则为旅居美国、西德、加拿大、萨尔瓦多等地的学人和新闻界人士。

22日至24日，与会人士在正式参加会谈前，首先被组织在台北、金门等地，参观了军政、经济、文教设施。

25日，第二次会谈在台北阳明山庄正式召开。这一天，在被邀请者中有87人出席，另有62名有关部门和单位人员列席。陈诚出席主持会谈，并首先致词。他在讲话中，概述了国民党当局迁台前后政治、军事、财经、社会、教育等各方面的情形。他说："这次会谈是以文化、科学、教育为主，与会诸位先生，或在学术上有卓越的成就，或在文化岗位上有重大的贡献。"他强调，必须"运用教育的力量"，以"谋求社会安定与政治的进步"。陈诚还重弹"反共"老调，宣称："我们的国策是反共抗俄，而达成这项国策的重要工作，则是先求确保并建设台湾，再谋反攻大陆，拯救水深火热中的同胞。"[50]继陈诚致词后，与会者先后听取了"行政院副院长"王云五的一般政务报告、"外交部长"沈昌焕题为《世界的危机与我们的奋斗》的"外交"报告、"教育部长"黄季陆题为《近年来教育文化的发展和今后努力的方向》的文教报告，以及有关大陆情况的报告。

26日，由陈诚主持进行了综合会谈。与会者就留学政策、文化思想、新闻等方面，提出了意见。陈诚在当天会谈结束时，发表了讲话。关于留学问题，他说："对于青年出国留学的名额，不宜加以限制。凡接受技术训练的，亦不必大学毕业。"他表示相信，那些希望延长留学时期或暂时留在岛外就业者，"在光复大陆以后，他们一定愿意回国效力"。关于香港和海外的"思想文化斗争"，他对于在海外、尤其是在香港"从事思想文化斗争人士"，"极表钦佩"。他指出："在海外、在香港进行文化思想斗争的艰巨，和保卫金马前线的将士，具有同等的功劳与重要。"关于新闻事业问题，他说，台湾现在已有报纸31家，刊物700种，通讯社42家，电台64家。"今后与其求量的发展，不如求质的改进，更为重要，"他告诉与会者，"自出版法修正公布以后，政府从不愿轻于援引执行。"[51]

陈诚在28日综合会谈结束时，就当前的国际形势及"反攻复国"的问题作了补充说明。他认为："当前世界紧张局势，悉由苏俄集团扩张侵略、渗透煽动所造成"；目前，"反攻复国的客观条件已经具备"，"我们惟有更加团结合作，充实光复大陆的主观条件，并由此增进国际的同情与支援"。对于与会者发表的众多意见，陈诚表示欢迎，认为"虽见仁见智，各有不同，但同样值得重视"。同时，他又提出，"希望在大家对反共复国作艰苦奋斗的时候，各方人士最好在批评检讨之中，多多鼓励政府能够认真负责，勇于做事"。他重提过去说过的几句话来要求大家，即：以创造代替占有，以团结代替倾轧，以互信代替猜忌，以鼓励代替责难。陈诚特别强调说："中华民国"决不可能被中共所打倒，但可能被自己骂倒。"因为各种谩骂攻讦而使士气人心受到严重影响，并为政府各项措施，增加许多阻力。"[52]

自29日起，第二次会谈分4组进行。各组重点研讨的内容分别为：第一组，"大陆光复后教育文化重建问题"；第二组，当前教育措施问题；第三组，文化建设与新闻事业问题；第四组，交换有关国际情势及"反共复国"的意见。与会者每人可填报第一、第二两个志愿，参加两个组的会谈。填报结果，第一志愿参加"当前教育措施问题"组者最多，有51人；而第一志愿参加"大陆光复后教育文化重建问题"组者最少，只有1人，会谈组织者不得不动员第二志愿者，参加该组活动。

在分组和综合会谈的基础上，第二次会谈于31日上午通过了《当前教育措施问题》、《文化建设与新闻建设问题》两项研讨结论。这一天，在陈诚的主持和操纵下，还以全体与会人士的名义，发表了《促请政府早日反攻大陆的声明》和《对当前局势与反共复国的综合意见》。这两份文件，充满了"反共"和"反攻"的叫嚣。《声明》敦促台湾当局，"应把握时机，反攻大陆，击垮中共"。

31日下午，陈诚在6天的阳明山第二次会谈结束前，为会谈作了总结。他认为与会者对于当前世局与"反攻复国"的问题，已经取得了一致的看法，主要是：第一，"当前世界紧张纷乱局势的日益严重，系由共产集团扩张侵略所造成"；第二，"没有自由统一的中国，亚洲和世界的安全和平便不能确保"；第三，"相信我们的奋斗一定会得到最后的成功"。[53]

由陈诚主持的阳明山第二次会谈，也和他在1个半月前主持的第一次会谈一样，政治的喧嚣淹没了对于实际问题的讨论。这只不过是陈诚秉承蒋介石的意旨，对文化、教育、学术界的海内外知名人士，采用的一种拉拢手段和精神战。当然，一些正直的学者和新闻界人士，在发展文化、教育、科学事业，争取新闻自由方面，还是提出了若干有益的建议。

按照陈诚最初的设想，阳明山会谈共应召开四次。第一次以经济发展为主题，第二次以文教建设为主题，第三次以政治问题为主题，第四次则为综合性讨论。但在举行了第二次会谈后，该项活动便即行中止。

陈诚和台湾当局，开动了全部的宣传机器，打出了最强的阵容，全力以赴筹备，组织了这两次会谈。这决不是任何个人一时心血来潮的举措，而是台湾当局面临外交、政治、经济、文化等各方面形势，所作出的重要决定。当时国际上时时吹起"两个中国"的冷风；台湾当局自大陆撤退台湾后，经过10年多的整顿、努力，政权基本巩固，军事上与大陆隔海对峙的格局已经形成，经济上度过了最困难的时期，亟待振兴起飞，学术文化方面需要解决许多实际问题；中国大陆恰逢三年困难时期，这使台湾当局产生了可以加快"反攻复国"步伐的错觉。台湾当局深感，自己处于发展与障碍、有利与不利、成功与失误等多元的矛盾之中。要解决这些矛盾，求得自身的巩固与发展，就必须团结内部、整齐步伐，加强海内外的联系。为了做好海内外实业、文化等方面著名人士的工作，适应经济、文化发展的需要，阳明山会谈便应运而生。

尽管两次阳明山会谈，都使对经济、文化等问题实质性的讨论，淹没于"反共复国"的政治喧嚣之中，但对经济、文化等方面的专业讨论，毕竟是会谈的主题，也是会谈所打出的旗号，因而会谈对于沟通台湾当局与经济界、文化界的联系，听取各有关专家、学者的意见，制定经济、文化发展的战略决策，都有着实际意义。会后，台湾当局修订了经济发展计划，以及有关教育、留学生、新闻等方面的政策。此后台湾经济的起飞，文化、教育事业的发展，都与两次阳明山会谈有一定的关系。作为会谈影响的另一个方面，还有以"反共复国"为中心口号的消极的、恶劣的政治、军事影响。由于这两次会谈系由台湾当局中枢直接主持，出席对象又来自海内外，因而加剧了台湾海峡的紧张局势。第二次会谈所形成的反共《声明》和《意见》，更被台湾当局视为一种政治资本。这种"反攻"的喧嚣和浪潮，发展到最高点，便成为1962年蒋军准备窜犯大陆的军事行动。中国大陆当时面临的经济困难，在客观上也有助于这种反共浪潮的泛滥。

会谈体现了陈诚"虚实并重"的风格。两次阳明山会谈，是在陈诚一手筹划和主持下进行的。陈诚在长期追随蒋介石的政治、军事生涯中，形成了"虚实并重"的风格。所谓"虚"，就是讲国民党那一套政治，几乎自抗战胜利以来，他反共的思想一直不变。所谓"实"，即认真负责、脚踏实地地抓政权、军事、经济、文化方面的建设。陈诚在国民党内是著名的实干家。因此，会谈的"双轨"制内容，既是时代打在它身上的烙印，也是会谈主持者陈诚风格的真实体现。

八、坚持"一个中国"

在陈诚的政治生涯和政坛活动中，有一件特别值得称道的事，即反对将台湾"独立"或交由联合国"托管"，坚持"一个中国"的原则。尽管由于历史的局限，他所坚持的"一个中国"，只能是由蒋介石当

"总统"的"中华民国",但是,在客观上却回击了分裂势力的活动,维护了民族的团结与国家的统一。

　　台湾虽于抗战胜利后,即根据《开罗宣言》的决定,由中国政府收回主权,但嗣后在国际上又出现了一种声音,即认为中日之间尚未签定和约,台湾的地位尚未确定。这当然是对于中国主权的公然挑战。1949年6月底,蒋介石收到了中国驻东京代表团的来电,称"盟总对于台湾军事颇为顾虑,并有将台湾由我移交盟国或联合国暂管之拟议"。蒋氏立即复电,望该团负责人就此事与麦克阿瑟详谈,指示谈话要点中特别强调:"台湾移归盟国或联合国暂管之拟议,实际上为中国政府无法接受之办法,因为此种办法,违反中国国民心理,尤与中正本人自开罗会议争回台湾之一贯努力与立场,根本相反。"[54]作为台省最高官员的陈诚,在对台湾岛地位的看法上,秉承与蒋介石同样的理念,坚决反对"托管"台湾。在他就任东南军政长官后,复于10月17日,以"东南军政长官公署发言人"的名义,断然否认"美国将托管台湾"的传言。[55]美国是否公然声称要"托管台湾",并不重要。东南军政长官公署的"否认",却向国际社会传达了一个重要的信息:台湾当局是决不能接受被"托管"之事实的。后来,陈诚在1952年10月向国民党七全大会作施政报告时,特别指出:1949年时,"少数野心分子勾结国外不肖之徒,正从事'独立''托管'活动"。他并将此种活动列为台湾日益加深的"隐忧"与"重要危机"之一种。[56]字里行间,透出了陈诚对分裂活动的鄙视与谴责。

　　中国共产党及其领导人对于台湾的动向极为关注。自上世纪50年代中期放弃武力解决台湾问题以来,中共中央为实现国家的和平统一,采取了一系列措施,并逐步影响到台湾内部。美国政府推行的"两个中国"政策,不仅遭到中国政府的强烈反对,也遭到了台湾当局的领导人蒋介石、陈诚等人的反对。海峡两边在反对推行"两个中国"政策这一点上,是一致的。中共方面通过不同渠道,采取多种办法来做蒋介石和陈诚的工作。其中包括委托原国民党高级将领张治中、傅作义多次给蒋氏父子和陈诚去信，转达中共对台的方针、政策；通过有关人士将"奉化庐墓依然，溪口花草无恙"的照片寄去台湾；由统战部门安排蒋介石内兄毛懋卿为浙江省政协委员，给蒋介石在奉化、陈诚在青田的亲属以照顾等。这些举措，对蒋、陈都产生了一定的影响。

进入60年代后，美国对华政策有了调整，一方面加强与中国政府的接触，一方面向台湾当局施加政治、经济上的压力，继续推行"两个中国"的政策，美蒋之间的矛盾也因之加深、扩大。据长期从事中共对台工作的童小鹏先生回忆：1960年5月22日，毛泽东经与周恩来研究商讨后，在中央政治局常委会上确定了对台的总方针是：台湾宁可放在蒋氏父子手里，不能落到美国人手中。我们可以等待，解放台湾的任务不一定我们这一代完成，可以留给下一代去做。毛泽东还提出了对台的具体政策，根据周恩来的概括，具体可归纳为"一纲四目"：

> "一纲"即：台湾必须统一于中国。"四目"为：一是台湾统一于祖国后，除外交必须统一于中央外，台湾之军政大权、人事安排等悉委于蒋介石。台湾可以派人来参加中央政府的领导工作，中央政府不派人去台湾担任领导职务。二是台湾所有军政经济建设一切费用不足之数，悉由中央拨付。三是台湾的社会改革可以从缓，一候条件成熟并尊重蒋介石的意见，协商决定后进行。四是双方互约不派遣特务，不做破坏对方团结之举。[57]

此后不久，周恩来又请有关人士转告陈诚：台湾回归祖国以后可以行使更大的自治权利，除外交以外，军队、人事均可由台湾朋友自己来管。周恩来还表示，过去送去的信件虽然是一些朋友个人写的，但政府是支持信中建议的，我们个人在政府中的任职虽然会有变化，但政府对台的政策是不会改变的。[58]

　　据左双文先生在《炎黄春秋》发表的文章介绍：在1961年下半年陈诚应邀访美时，美国政府曾企图在是否从金门、马祖撤退问题上，离间蒋氏父子与陈诚之间的关系，以实现其搞"两个中国"的目的。中共方面决定以促进他们之间的团结来击破美国"拉陈抑蒋"的阴谋。周恩来表示："我们希望蒋介石、陈诚、蒋经国团结起来，反对美帝国主义。"他认为陈诚"还有些民族气节，看来不会被美国牵着鼻子走"。周恩来还特地在陈诚赴美前，请人提醒台湾当局要加强内部团结，即蒋、陈、蒋的团结，把军队抓在手里，美国就不敢轻举妄动了。周恩来申明：只要他们能一天守住台湾，不使它从中国分裂出去，那么，我们就不改变目前对他们的关系。希望他们不要过这条界。[59]

　　这年七八月间，陈诚在美访问时，美国务院曾将1955年以来中美大使级会谈的记录交陈阅读，以示信任。陈诚阅后对人说："中共拒绝美国一切建议，而坚持美舰队及武装力量退出台湾的作法，不受奸诈，不图近利，是泱泱大国风度。"他还表示，他们也要向历史做交代。[60]

　　1962年，有一次周恩来邀请张治中、傅作义、屈武等人在钓鱼台吃饭。席间曾谈到台湾问题，周恩来希望他们能写信给台湾当局，告诉他们不要轻举妄动。后来，屈武给国民党元老于右任写了信，张治中、傅作义则给蒋经国、陈诚等人分别写了信，转达了周恩来的意思。[61]童小鹏先生回忆：毛泽东指示，解决台湾问题要靠实力派，主要是指蒋氏父子和陈诚，但蒋诚之间也有矛盾，我们做了些工作化解。蒋介石第三次连任"总统"，我们捎了话，表示赞成，支持蒋，促进他们内部团结。[62]这一时期，中共通过不同渠道所表达的和谈诚意和提出的一些具体建议与设想，对台湾当局产生了深刻的影响。台湾当局的代表人物也表示：只要一息尚存，决不会接受"两个中国"。[63]

　　1963年7月，当陈诚因病提出辞职后，周恩来迅即约见张治中、傅作义等人，共议此事。周恩来分析，促使陈诚提请辞职的原因不外三个，即：美国压力、内部矛盾及身体有病。周说："不管台湾形势如何，我们的政策是要老小合作。"[64]同年12月7日，周恩来率中国政府代表团出访亚非欧14国前，在广州停留时，在南海舰队的军舰上会见了正准备赴台的香港文化界知名人士张雅群。周恩来请他转告陈诚及台湾当局：美国正准备采取更多的实际行动，要把台湾变成一个独立的政治单位。而国共两党可以在反对"两个中国"问题上形成统一战线。我们不会因自己强大而不理台湾，也不会因有困难而拿原则做交易。如果单从我们方面看，台湾回归祖国固然好，既然暂缺，那也无损于祖国的强大地位。我们是从民族大义出发，从祖国统一大业出发，今天祖国的四周边界问题已解决，唯独东南一隅尚未完满，这个统一大业应该共同来完成。[65]

陈诚在台湾当局中，作为一人之下、万人之上的"二号人物"，辅佐蒋介石执政十六七年，始终反对分裂台湾，坚持"一个中国"的立场，值得肯定。直至1965年3月逝世前，他还留下了令人感叹、殊堪玩味的66字遗言，其中既无"反共"、"反攻"之言词，又不乏团结、统一之意旨，应当说，这是多年来中共坚持做台湾当局高层工作的结果。

陈诚死后，1965年7月18日，周恩来总理为欢迎李宗仁归来，在上海虹桥机场候机室，对上海党政军负责人、原国民党军政人员及各界人士讲话时说："陈辞修是有爱国心的人"，"陈不准美帝制造两个中国"，"可惜他身体不好，死的早了"。[66]据说，陈诚还曾向蒋介石进言：对中共不能反潮流，不能为外国动用台湾兵力，不能信任美国，不能受日本愚弄。陈诚死后，台湾当局的一些人想在陈诚遗言中加上"反共反攻"的内容，陈诚的亲属不同意，找到蒋介石，蒋介石同意不修改。[67]陈诚嫡系将领黄维认为："陈的三句话遗言，都是对祖国统一的热切要求和呼吁。只因为当时在台湾的环境下，不得不用那样的语言表达其心声。"[68]黄维的这一认识应当是比较符合实际情况的。

第六章 军旅生涯的继续

一 金门、登步故事

1949年深秋，国民党当局已只能控制以台湾岛为主的南方一隅，身兼台省主席与东南军政长官之职的陈诚，肩负着据岛以守之责。此时，新中国已于10月1日在北京宣告成立，中国人民解放军势如破竹，席卷大陆及沿海岛屿。国民党军已成惊弓之鸟，士无斗志，一盘散沙，兵败如山倒，自上海战役以后，再也没有打过什么像样的仗。陈诚主持的东南军政长官公署，名义上辖苏、浙、闽、台4省，实际上苏、浙、闽已经只剩下了一些沿海的岛屿，是以4省之名，据一省之实。然而，就在这年秋天，解放军在进攻金门、登步两岛中的失利，却给陈诚意外地带来了转机。

金门岛位于厦门岛以东10公里，呈蜂腰形，东西长约20公里，西部宽约11公里，东部宽约13公里，中部最窄处只3公里，总面积161.4平方公里。该岛东半部山高岸陡，不易攀登；而西半部地势较平坦，其北岸为泥沙滩，利于登陆，是国民党军的守备重点。岛上驻有第22兵团李良荣所部之第25军（含第40师、第45师）和第201师。人民解放军三野第10兵团，将攻占金门岛的任务，交给了第28军。第28军时由副军长肖锋和政治部主任李曼村主持军内工作。为加强该军的攻击力量，10兵团又决定将第29军的主力师第85师调归该军指挥。第10兵团下达的攻击金门命令称：

> 为肃清沿海残敌，解放全福建，并建立尔后攻台之基地，决乘厦门胜利余威及金门敌防御部署紊乱之际，以28军一个加强师为主附29军85师全部，发起对金门之攻击。[1]

在人民解放军兵锋直指厦门、金门的情况下，陈诚于9月中旬，与福建省主席汤恩伯、海军总司令桂永清等人，到厦、金前线视察，11日飞厦门，12日抵金门岛。《江声报》对于陈诚一行在金门的活动，有如下报道：陈诚一行于12日上午11时30分至下午6时，由厦门巡视金门岛。李良荣司令等于岛上迎接。巡视前沿阵地后，遂至某兵团司令部召集驻军首长举行会议，汤恩伯、桂永清等在座。会议历时3小时，陈诚在会上对军事方面有重要决定。

陈诚不顾国民党军一路惨败的事实，利用多种场合，为金厦守军打气，吹嘘国民党"士气极旺"，可以确保金厦。10月14日在一次招待留台"立法委员"的茶话会上，他叫嚷：

> 最近一两个月来，事实证明，剿匪前途，非常乐观，我们的革命事业，也可以顺利完成……确保金厦，决无问题，因为在战略上，我军早就站在主动的地位，事前对金厦两地，布署兵力，特别周密。防务工事，也建筑得非常坚强，加之，曹福林所部，士气极旺，一仗打下去，至少可打死匪军五万人。假如粮食煤斤，源源地补给过去，不特可以守住金厦，甚至可以反攻。[2]

陈诚在巡视金门，并与守军将领研讨金门防务后，发现金门驻军力量薄弱，不足以抵御解放军可能于近期发起的进攻。他遂建议蒋介石由广东抽调部队，置金门岛编练，并充实岛防。此报告获得蒋介石批准，旋调其嫡系部队第12兵团胡琏所辖之第18军高魁元部与第19军刘云瀚部赴金门岛。对此，王廷禹在《旋乾转坤的古宁头大捷》一文中，记述如下：

辞修（诚）先生因为事机迫切，一面连电中枢军事当局，请将十二兵团拨归其指挥。一面派罗卓英副长官，两度前往汕头，凭藉其与胡琏将军往昔的深厚关系，径行商调。正进行间，适先总统蒋公移节广州，亲自指导防卫作战机宜。辞修（诚）先生即派李树正将军，持其亲笔函呈，飞往广州晋谒蒋公，面陈台海之战的重要性，不亚于保卫广州，且或过之。而所属兵力过于薄弱，不足以当此艰巨任务，请将十二兵团全部或抽调一部，迅速开往增援。蒋公洞察实情，立即核准将十八军抽调应急。高魁元军长乃率所部于十月八日由汕头登船出动，十月十日开抵金门，加强防务。广州旋于十月十五日沦陷，中枢明令将十二兵团拨归东南军政长官公署序列。辞修（诚）先生即令胡琏将军率领所部第十九、六十七两军，移防舟山。胡将军正在率部航行途中，厦门突于十月十七日沦陷，金门立呈不可终日之危状。辞修（诚）先生临时改变部署，立即命令胡琏将军率领正在航行途中的第二船团（第一船团之六十七军，业已开抵舟山），改航金门，接替防务。[3]

第二船队所载之第19军刘云瀚部，刚好于解放军向金门岛发起攻击的前一天抵达该岛。国共双方都没有估计到，第19军运抵金门岛，会产生如此强烈的时效。

人民解放军攻击金门部队，由第28军统一指挥，分为两个梯队，计划由第一梯队首先于湖尾、垅口之间突破，攻歼西部之敌，然后再会同第二梯队攻歼东部之敌，3天内解放全岛。10月20日前后，解放军第10兵团获悉国民党军陈诚嫡系部队第12兵团正陆续调防金门，为了充分利用这一新旧交接和后续部队尚未到达的机会，第10兵团虽只调集到一次运载3个团的船只，仍命令第28军等部队迅速发起攻击。

24日晚20时，解放军第一梯队之第28军第82师第224团、第84师第

251团、第29军第85师第253团共3个加强团，利用暗夜，分由莲河、澳头、大嶝等地启航；24时起，在密集炮火的掩护下，向大金门航进。途中，遭敌炮火拦击，受到部分伤亡，加之东北风起，海面潮高，船队已不能保持完整的航渡队形。25日2时前后，各团在该岛西部约10公里的正面上，开始突破登陆，分头发起勇猛攻击，大胆穿插，使古宁头第201师守军遭到重大伤亡，一线阵地尽失。

自解放军攻击金门的战斗打响后，陈诚坐镇台北指挥部，彻夜指挥。当金门岛军事堤防快要溃决时，陈诚给金门岛战地指挥部发去指示：

"如果我们不能乘此机会显示我们军队的作战能力，则台湾的局势是无法维持的。"

当陈诚从电话中得悉第201师已从第一线退却时，他狠狠地下达命令：

"不能退，打到最后一个人也不许退！"[4]

金门岛上，登陆的解放军部队，克服了种种不利于他们作战的条件，继续向纵深发展。可惜的是，与此同时，输送他们的船只都因海水退潮，搁浅在岸边，差不多全部被国民党海、空军的猛烈炮火所摧毁。这批船只，几乎是厦门地区可能征集到的全部船只。登陆的勇士们已经既无援兵，又无退路。

刚刚调防金门岛不久的国民党军第18军，乃陈诚之起家部队。该军军长高魁元奉命统一指挥金门战事。而就在金门岛战斗最激烈的关键时刻，胡琏兵团的第19军，又投入了战斗。这就如给一个垂危的病人输入了新鲜血液。已经攻击至纵深的解放军登岛部队，又重被压回到西部的古宁头。他们再也没有退路，只好利用村中的房屋作掩护，坚持战斗。

解放军第28军指挥部，尽了最大的努力，才又征集到一艘小轮船和几条木船，只够运载4个连的部队。"前指"决定，由第246团英雄团长孙玉秀率82师4个连兵力增援金门。这支本来规模就不大的增援部队，于25日夜间起航抢渡，在遭到国民党空海军的拦击后，一共只有2个连又4个排登陆，与第一梯队登岛部队会合。这两批登岛的解放军部队，进行了十分英勇和悲壮的战斗。徐焰先生在《金门之战》一书中，对此作了生动描述：

> 26日下午，国民党军占领了金门岛西北的大部分海岸线，激战至当天晚间，据守古宁头的解放军部队经两昼夜的苦战，已经难以支持。指战员登陆时随身携带的弹药早已耗尽，从战场中敌军尸体上搜集的弹药也基本打光。而且部队登陆时带的干粮已吃完，多数人已是忍饥苦战。入夜后，孙玉秀用报话机向军指挥所报告，他已经和第一梯队各团领导刑永生、刘天祥、田志春、徐博、陈立华等在一个山沟里会合，举行了临时作战会议，经研究认为我军登陆的十个营已伤亡五千多人，已没有完整的连和营，大家一致同意分成几股打游击，同敌人周旋到底。26日晚22时，第28军领导以十分悲痛的心情致电岛上的各团领导并全体指挥员、战斗员和船工，电文高度赞扬了登陆部队敬爱的同志们的英勇善战和流血牺牲，写下了极壮烈的史篇，同时检讨了领导上错判了敌情。电文最后号召，为保存最后一分力量，希望前线各级指战员机动灵活，从岛上各个角落，利用敌人或群众的木筏及船只，成批或单个越海撤回大陆归建。我们在沿海各地将派出船只、兵力、火器接应和抢救你们。当时各团领导在报话机前听到这一指示后，马上回话表示，只要可能，还活着的一千两百名指战员一定尽最大的努力，完成自己的职责。[5]

27日，解放军指挥机关与岛上部队完全失去了联系，但古宁头及其以北滩头仍有零星枪声。在金门岛的战斗尚未完全结束的时候，陈诚便于这一天清晨，搭乘美龄号专机由高雄飞台北；9时半，由台北飞金门。与陈诚一同视察金门的台湾当局高级指挥官还有：台湾防卫司令孙立人、装甲兵司令徐庭瑶、补给司令何世礼等。陈诚于视察金门期间，曾召开了军事检讨会，福建"绥靖"公署主任汤恩伯及防守金门的国民党军师长以上高级将领参加。28日下午3时，金门岛上的枪声完全沉寂。1小时后，美龄号专机飞离金门岛，陈诚返回台北。

解放军此次攻击金门的作战，遭到了重大损失。据中国人民解放军军事科学院编写的《中国人民解放军战史》记载，此次解放军"两批登陆部队共3个多团9086人（内有船工、民夫等350人）一部英勇牺牲，一部被俘"。毛泽东在一份电报中指出：

> 三野叶飞兵团，于占领厦门后……以三个半团五千人进攻金门岛上之敌三万人，无援、无粮，被敌围攻，全军覆灭。[6]

国民党当局，对于金门之战的"战绩"，大吹大擂，将其称之为"金门大捷"，对指挥该战之陈诚亦多加颂扬。国民党中央执行委员会特致电陈诚并全体守军，称赞其"指麾多算"、"垒坚苦砺"、"行阵协同"。"代总统"李宗仁于10月29日由重庆致电陈诚表示"祝贺"。电文为：

> 特急。台北陈长官辞修兄：金门守军奋勇应战，予以重创，捷报传来，人心振奋，吾兄董督有方，将士用命，至足佩慰。希即传令嘉奖，查明有功将士，呈报国防部，分别奖赏，并盼再接再励，晋建殊勋，无任企望！李宗仁。[7]

蒋经国则在日记中写道："金门登陆共军之歼灭，为年来之第一次大胜利，此其转败为胜，反攻复国之'转折点'也。"[8]

距金门岛作战失利一周，解放军第7兵团一部又在舟山本岛东南面的登步岛，进行了一次不成功的登陆战斗。解放军的又一次失利，给陈诚"稳住台湾"的努力又带来了一次机会。

登步岛位于舟山本岛之东南，与本岛重要门户沈家门遥遥相对，仅隔5000米之海面，扼舟山海上交通之咽喉。该岛东西长10里，南北长6里，海拔212米的炮台山、201米的大山和199.3米的流水崖3条主脉横亘岛上，国民党军舟山防卫司令官石觉将登步岛同册子山、大猫山一线作为防卫舟山的"决战线"并以第87军之第221师驻守登步。

舟山防卫司令部乃由陈诚主持的东南军政长官公署统辖之一部。在陈诚的督饬下，舟山各岛驻军加强了所谓"精神训练"，并加强了对岛上军民的控制。据台湾军事当局披露：当时他们强迫守岛军人宣誓"不成功便成仁"、"誓死确保登步"；军中每3—5人编成一"互助组"，对各人的思想和行动，实行严密的管制；每乡、保均由部队派"指导员"1人，与乡、保长"同生活、同工作、同休息"，实行所谓"全民情报"、"全民警戒"、"全民动员"。

11月初，蒋介石、陈诚已经预感到舟山即将遭到解放军的攻击，开始紧急增强舟山的防御力量。蒋经国在11月1日的日记中写道：

> 上午，父亲约见陈辞修先生研讨定海防备。匪军在浙江沿海一带积极征集轮船、木船，估计千余艘，有同时进犯定海、岱山，使我不胜其防范之企图。决定加派五十二军前往增防。此时共军有向登步岛攻击模样，定海形势更形危急。[9]

担任进攻登步岛任务的中国人民解放军部队为第三野战军第7兵团第21军所属之第61师。第61师由师长胡炜率领，他素以善于突击、强攻著称，曾屡建战功。10月，该师先后攻陷浙江沿海的六横、虾峙、桃花等岛，并以其第181团驻虾峙岛，第182团、183团驻桃花岛，开始作攻取登步岛之准备。

11月3日下午4时30分，解放军炮兵部队开始从桃花岛上的韭菜山、大灶山、猫山一带，向对岸登步岛之贺家岙、蛏子港、王家岙、后门等滩头阵地猛烈轰击。激烈的炮战，进行了将近4个小时，使国民党军部署在登步岛南海岸的第一线阵地，损失严重。黄昏以后，解放军驻桃花岛之第182团、183团，以3个营的兵力为第一梯队，分乘150余艘大小帆船，趁风雨交加、潮水高涨，在炮火和夜幕的掩护下，开始启航渡海。航行不久，风向逆转，潮水猛退，前进迟缓。该部在恶劣的气候条件下，冒着国民党军驻岛炮兵和海军舰艇的猛烈炮火，经过艰苦拼搏，终于晚8时20分以后，陆续有7个半连抵达登步岛南海岸的天后宫、后门、余家岙、王家岙、蛏子港等滩头阵地，并随即登陆作战。解放军勇敢冲杀，很快在各登陆点建立了滩头阵地，并迫使国民党军第221师逐步退守炮台山、流水崖、大山等处，龟缩到只占全岛1/5的狭小地区。

当夜，陈诚用电话指挥舟山防卫司令部：

"决不可放弃登步，命令登步守军，尽力固守，以待援军。"

舟山防卫司令石觉遂根据陈诚的指示，命令第67军之1个师又1个团，由军长刘廉一率领，迅由沈家门驰援登步。

4日，解放军登岛部队与国民党军之援军，竟日血战，双方都有较大的伤亡，战斗呈僵持状态。当晚21时，解放军第61师，由师长胡炜亲率师直3个连和第182团、183团的8个半连，冲破敌舰的拦击封锁，由桃花岛过海增援。5日凌晨1时许，增援船队陆续登陆，并迅速与首批登岛部队会合，向敌人发起猛烈攻击。

5日，岛上国共双方的力量发生了显著的变化。解放军先后两批共约2个半团，而国民党守军则已由开始的1个团又2个营，陆续增加到4个团又2个营，在数量上占了很大的优势。经猛烈激战，解放军登岛部队在给敌人以很大杀伤后，有组织地撤离流水崖和大山等制高点，退守登步南岸之野猪塘、大涂面、沈家塘和余家岙一线。

解放军第21军本拟继续增援，但终因船只征集困难，以及国民党军海、空、炮各部队对海面的立体封锁，致增援行动未能实现。6日凌晨，解放军登岛部队，在进行了英勇顽强的抗击之后，一部牺牲，一部撤出战斗，返回出发基地。据当年在登步前线指挥所工作的毛德传先生著文介绍，是役中，解放军指战员共伤亡1487人，其中牺牲近400人；国民党军事当局统计，该方共伤亡官兵2825人。

就双方伤亡数字相比，国民党军损失大于解放军，但对解放军来说，此次作战的主要目标未能实现，登步岛未能拿下，同时在战斗中付出的代价也过大，当然是一次失利的战斗。因此，台湾当局藉此大造舆论和声势，以重新振作国民党军官兵已经濒于崩溃的精神。

蒋经国称登步之役为"继金门大捷后之又一胜利"，"不仅有利定海防务，且对全军士气将更为振作"。[10]蒋介石在11月8日写给第87军军长朱致一的信中，为其打气说：这是"我第八十七军在革命史上之光荣，不仅巩固定海全盘之战局，并使我中华民国之国基亦得由此转危为安"。[11]

蒋氏父子对金门、登步作战之肯定，当然都是对于陈诚在战局指挥上的肯定。陈诚之骄焰更不可一世，尽量夸大此两次小规模战斗之"意义"与"影响"。他在向"国民大会"所作的施政报告中述及金门、登步之战时说：

> 幸我将士用命，浴血奋战，痛歼来犯匪军，遂造成辉煌的胜利。金门、登步之战，规模虽不算大；但此二战役对于转变国际观感，激励民心士气，挽回军事颓势，实具有重大而深远的影响。我们可以说，金门、登步之捷，乃是戡乱军事失败的终结，而由于这二战役的胜利，匪军遂亦不能不稍敛其攻台的野心。[12]

金门、登步之战，给这位连做梦都念念不忘"反攻复国"的陈诚，又似乎注射了一剂强心针。

二　整顿军队

陈诚在就任东南军政长官后，花了较大的精力，对一蹶不振的国民党残余军队进行收容整编。他严格规定，凡是来台部队，第一件事就是必须放下武器，然后按照指令，登陆、行军、宿营。1949年10月，闽粤边区"剿匪"总司令刘汝明部，从厦门撤至高雄时，不肯缴械。陈诚下令，限期徒手登陆，否则将船击沉。这样，每一支部队，都经过重新登记，有了准确的人数，并按人头发给薪饷，致使长期以来缠绕国民党部队的"吃空额"的风气，有所收敛。台湾四面环海的特殊地理条件，使任何一支部队来到这里，均须经过海运、登岛的过程，为陈诚清点、整理部队，提供了一个绝好的机会和条件。吴相湘在《陈辞修先生生平大事纪要》中就此写道：

> 陈氏盱衡大局，深刻认识一切均须从头做起，尤须注意整理军队，第一步必须放下武器，然后从登陆行军、宿营以至分派各基地接受编训，均须接受严格约束，于是多年来企求之核实发饷制度乃确实树立，军中中饱截缺之积习乃彻底消除。陈氏多年努力的目标，不图竟于杂乱中完成。

因为部队的员额得到了控制，调整士兵的待遇便有了条件。陈诚在调整台湾公教人员待遇的同时，特别把士兵的待遇增加了50%。他在1949年9月1日的一次谈话中说："大家注意的是士兵待遇，现在也已决定调整了。士兵的调整比例说来，已经增加到百分之一百五十，虽然还不合理想，但是和公教人员比，薪津上较少，副食福利较多，所以也相差无几了。因为士兵每人每日是廿八台两的米，服饰还是公家供给的。"他还对于人们指责军队没有打好仗的意见，提出不同的看法，用以安抚军心。他指出："有人说这一年来的军事失利，都是军队打不好，其实不是不能打，而是生活太苦，在这次的东南地区的军人待遇调整后，相信一定可以好转，现在还要待办的，是残废官兵的安插及军官眷属的处置，以及子女教育问题。"[13]

在1949年8月以后的4个多月中，陈诚对驻台部队先后进行了三次整编。第一次整编，目的在于统一编制，第二、三次整编，均旨在减少指挥机构，将各高级指挥部悉隶于长官公署。至12月，已取消20多个军和10多个总司令部的番号。陈诚吹嘘说："现存经过整编的军队，战斗力量增强。"一个军可打共军3个军。他还在1949年"国庆"日狂妄宣称："个人希望，明年国庆日能到南京举行。"后来，陈诚宣布，在1950年内，驻台部队又裁撤了高级指挥机构9个、陆军军师特种兵部队单位18个、海军机构79个、空军机构58个、联勤机构12个、教育机构6个，共裁撤了245个单位。

1951年5月，陈诚在"总统府国父纪念月会"中报告施政时透露，其"国防部"所辖单位中，裁撤的骈支机关与空虚番号，已达260多个，共淘汰员额达15万人以上。他报告说：

> 在军事方面，我们接受了过去任意扩军失败的教训，决定实行精兵政策。事实上在有限的人力、物力和财力条件下，必须勇往这条路上走，始可解决问题。我们不怕部队的人数少，只怕部队作战不力。假如一个兵可作一个用，以韩战为例，我们只要充实装备，加强技能就可以打败敌人。[14]

他认为现在国民党"军心强固，士气旺盛，实为抗战以后所未有"；

目前比较缺乏者，一为物质条件不够充实，一为战斗技术进步不够。

在陈诚的主持下，台湾军事当局又于1952年至1953年间，裁汰老弱士兵28300余名；实施假退（除）役军官9000余名。为了解决"反攻大陆"的兵员补充问题，台湾军事当局规定：所有达到服役年龄的"国民"，都要接受补充兵训练和"国民兵"训练；所有高中毕业生，都要接受预备军士训练；所有大专毕业生，都要接受预备军官训练。陈诚算了一笔账："据主管机关统计，四十二年（1953年）度后备兵员，较之四十一年（1952年）度增加七倍半。一般估计，即在反攻大陆初期，兵员补充也不会有问题，至于反攻大陆获得进展后，我们将会感到兵员太多，决不会感到兵员不足的。"[15]

后来，陈诚在总结国民党当局于大陆军事失败的原因时认为，除了受到政治情势的牵制与影响外，"主要由于军队员额不实与单位过多，致使军费庞大，超过国家财政的负担能力；另一方面，由于编制不健全，训练不够和纪律松弛，致使战斗力薄弱"。他把自己整理军队的工作归结为"厉行精兵政策，核实员额，简化机构，严格训练，充实装备，完成必要之军事设施，加强政治训练，逐步改善待遇，整顿军纪，明辨功过，信赏必罚，以提高士气"。

为了振作国民党濒临崩溃的精神，鼓舞士气，台湾当局于1950年4月1日颁行了《国军政治工作纲领》，并于各级部队均设立政工机关，以"主持军队政治思想教育领导，建立精神武装"。政工人员中还开展了"人事公开、经济公开、赏罚公开、意见公开"的"四大公开"运动。台湾军队中的"四大公开"运动，是30年代陈诚在第18军提倡的"经济公开、用人公开、意见公开""三大公开"的重现。当年，陈诚即通过这"三大公开"将第18军建设成一支"与众不同的"有战斗力的部队。到了 50年代初，陈诚又将历史上实行过的"三大公开"增加内容为"四大公开"，以挽救这支残破的军队。在军队中，"公开"总比"不公开"好。在这一点上，陈诚在国民党将领中，是较为明智的。

在"四大公开"中，士兵最关心、影响最大的是"经济公开"。经济是基础，士兵也一样。没有公平的经济待遇，没有严明的经济管制制度，部队也就不可能有起码的战斗力。在陈诚的督饬下，台湾军事当局，在这方面采取了一系列行之有效的措施。黄嘉树先生在《国民党在台湾》一书中写道：

> 1950年7月，开始实施"补给到团"制度，把原来的后勤经理单位由军改为团，这就杜绝了军、师两级后勤官员克扣军饷和军需品的弊端，并减少了账目往来手续，同时因为一切军需品的发放都以团一级为起点，比较容易被士兵监督。为减轻通货膨胀时对军人及其家属的压力，自1950年7月起实行对军事人员配给生活必需品制度。1951年1月，又实行"补给到家"办法，由部队按时向军人家属送实物或钱款。以后，国民党又陆续颁布《军人子弟助学金制度》、《国军副食食物补给制度》，并于1956年成立"国军福利事业总管理处"。国民党还多次发动学员捐款为军人修建"军眷树"，并组织各种各样的劳军活动。[16]

1954年3月，陈诚在向"国民大会"报告施政时，宣称其整理军队的5个重要方面：

第一，"重建国军建制，厉行军队整编"。陈诚称，自大陆撤退来台的"国军"，单位众多，员额不足，武器设备参差不齐。他婉转地回击了1948年国大代表们对他整编军队责任的追究，说："倘慑于前在大陆整编军队之不为人所谅解，而听其自然，则今日台湾情况如何，无人敢于断言。"但是，"为争取国家民族生存"，陈诚表示，国民党当局仍决定重建"国军"建制，厉行军队整编，使军队按实有人数编并，纳入一定的编制内。

第二，"改进编制装备，加强训练以提高战力"。陈诚报告说，由于美国政府于1951年5月派军援顾问团来台，协助国民党军改进装备与训练。在美国的帮助下，陆军1个整编师，其火力较前增强3倍；海军已在日本接受美方赠舰3艘，在美国接受较大之驱逐舰2艘；空军由于喷气机的到达，空防兵力大为增强，而在教育训练方面，台湾军队由过去单一兵种的训练，进至诸兵种协同作战与陆海空联合作战的训练。

第三，"训储后备兵员，培养持续战力"。陈诚报告说，就台湾现有人口与兵员人数的比例来看，已超过世界上任何国家；但就"反攻大陆"的需要来看，人数仍感不足。如只培养庞大的常备军，则平时台湾

1964年陈诚接见台湾少年战士

当局之财力不胜负荷，到战时仍会感到力量单薄。他认为，最好的办法是建立军事动员制度，将后备兵员储备于民间；而台湾当局自1952年8月开始，已按计划实施了各类预备兵员的训练制度。

第四，"发展敌后武力，配合反攻作战"。陈诚声称，近几年来，台湾当局已将"敌后武力"划分为"大陆游击部队"与"海岛游击部队"，并且由于大陆离台湾过远，其指导的原则只能是："存在重于冒险，分散重于集中，发展重于行动。""海岛游击部队"已自1954年起，引入正式员额，给予与正规军相同的待遇，并调整编制，加强训练。

第五，"建立现代化的军事制度"。陈诚认为，过去由于"内忧外患"，部队只注意扩军，而无暇建立各项正规制度；即使制订了各种制度，于战争中亦不易取得良好效果。目前，在台湾军队中已逐步建立起的现代化军事制度有：（1）后勤财务制度，其中包括人员核实、军品核实、军费核实等各项核实制度，预算财务制度等；（2）人事制度，其中包括分类任职、军官经历管理、主管职期调任、军官假退（除）役、老弱机障士兵退伍转业等制度、政工业务官制及军士制度等；（3）教育制度，共区分为基础教育、专科教育、指挥参谋教育与联合教育四个层次，以使官兵循序进修，提高素质。

陈诚充分利用了国民党军退守台湾海岛多年未与解放军发生大规模战斗这一特定局势，从整编军队入手，到建立各种现代化的军事制度，使残破的国民党军队，得以喘息、休整，总体建设水平得到了较大的提高。

三　助美侵朝

陈诚担任"行政院长"方3个多月，适逢朝鲜战争爆发。1950年6月25日拂晓，朝鲜半岛三八线上，突然硝烟弥漫，战火熊熊，一场迁延了3年之久、举世瞩目的战争从此打响。

这一惊人的消息最初传到台北时，刚刚复职3个多月的"总统"蒋介石正在用早餐。"国防部政治部主任"蒋经国将自汉城传来的一些零星混乱的情报，报告给蒋介石。

中午，陈诚被召到阳明山"总统官邸"。他已经从收音机中听到了外电关于朝鲜战争爆发的报道。与陈诚同时前来参加会议的还有："国防部长"俞大维、"外交部长"叶公超、参谋总长周至柔、陆军总司令孙立人、战略顾问委员会主任委员何应钦，以及蒋经国、彭孟缉、桂永清等高级军政要员。会议决定：向"友邦"大韩民国表示声援，台湾、澎湖、金门、马祖地区自6月26日零时起，全面进入紧急备战状态，实行宵禁，停止三军官兵的休假和外宿，加强台湾海峡和大陆沿海的海空巡逻。蒋介石还于当天致电"韩国总统"李承晚，给予精神上的支持和慰问。电称："据报所谓北韩人民政府业已大举进攻贵方，此举自系苏俄阴谋之另一表现。贵我两国，反共产反侵略立场相同，闻讯深表关切。贵国军民深明大义，在阁下贤明领导下，必能获致最后胜利。"当晚10时，蒋始接到驻"韩国大使"邵毓麟首次较为系统的战况报告；半小时后，续有第二份报告抵达。

美国对朝鲜战局和远东局势分外关注。美军远东总司令兼驻日盟军最高统帅麦克阿瑟，在征得国防部长约翰逊和参谋长联席会议主席布莱德雷上将的同意后，于6月25日连夜派出以费德尔为组长的"驻台湾军事联络组"；并电询蒋介石，在确保台湾安全的前提下，能否派一个军的部队，驰援韩国。

陈诚连日来，不断去台湾阳明山"总统官邸"，参加由蒋介石召集的最高军政官员紧急磋商，或单独与蒋研讨局势。经日夜商讨，蒋介石于26日下午分别致电"韩国总统"李承晚和远东美军总司令麦克阿瑟，表示将派遣52军（军长郭永，辖第2师、第25师和第13师）约3.3万人，驰援韩国。

6月30日，蒋介石、陈诚命令台湾驻美国"大使"顾维钧，向美国国务院递交了一份备忘录。内容如下：

> 中国政府愿意供给适于平原或山地作战的富有作战经验的部队一个军约三万三千名用于南朝鲜，以击退北朝鲜的武装进攻。这些部队携带着中国自己手中所有的最优良的装备。中国政府为运输这些部队，将供给C-46式运输机二十架，必要时，并可给予相当数量的空军掩护。如果这些部队要经海道运输，中国政府能够供给相当数量的海军护航。这些部队可以在五天之中准备就绪候命待发。[17]

　　陈诚与蒋介石援助韩国的热情，很快就被泼了一盆冷水。美国国务卿艾奇逊坚决反对台湾当局派军队去"韩国"。他担心这样会引起中共介入朝鲜战争；同时，对蒋介石军队的装备和战斗力也缺乏信心。杜鲁门总统最终采纳了艾奇逊的意见，礼貌地谢绝了台湾当局的出兵计划。

　　美国政府的答复是巧妙和直率的。两天后，他们在复文中说：

　　　　鉴于大陆共产党军队进攻台湾的威胁——北平中国共产党政权发言人近日还在作这个威胁——美国政府的意见是最好首先由麦克阿瑟将军总司令部的代表与台湾的中国军事当局讨论保卫台湾抵御侵略的计划，然后再对调遣军队到朝鲜减少台湾防御力量是否明智一节作最后决定。[18]

　　后来，陈诚在他的"施政报告"中遮遮掩掩地说：

　　　　安全理事会于六月二十七日通过援韩决议案后，我国依照决议案，决定派遣地面部队三万三千人参加联合国军，并徇联合国秘书长之请，与美国协商。嗣以美国为策划整个太平洋的全面安全，主张我们所派遣的部队，仍留台防守，故未成行。但是我们援韩的具体行动，已深获韩国政府与人民的好感，并深得各爱好自由国家的同情。[19]

　　1950年下半年的朝鲜战局，反反复复。美军的介入和9月的仁川登陆，使朝鲜人民军遭到巨大损失，被迫退到鸭绿江边。中国人民志愿军于10月中下旬赴朝作战，又迫使美军和"韩国"军队不断南撤。11月下旬，美第8集团军和第10军分别在西线和东线被困。麦克阿瑟于28日致电蒋介石：请其仍派第52军前往朝鲜战场；通知其已分别从冲绳和菲律宾派出飞机和船舰，装载着补充第52军的武器装备驶向台湾，并接运该军从空中和海上驰赴平壤地区；要求蒋火速派出一个参谋指挥官代表团，飞赴汉城，会晤"联合国军"司令部参谋长诺斯塔德将军和第8集团军沃克将军，面商第52军到朝鲜战场后的有关问题。

蒋介石于收到麦克阿瑟电报的当天，即召集紧急军事会议。陈诚与"国防部"、三军总部及第52军的高级军官出席。会议决定仍派第52军驰援韩国，并派遣"国防部副部长"侯腾、作战署长陈麓华、第52军军长郭永、参谋长王楚英等，迅即飞赴汉城，与诺斯塔德取得联系。联络组于28日当天飞抵汉城，与美军商定了第52军的登陆地点、作战地境、指挥、装备等问题后，于30日飞返台北。陈诚与周至柔等参加听取了联络组向蒋介石的汇报。尽管蒋介石、陈诚都以极大的诚意和热情，来准备此举，但还是遭到了挫折。美国政府因担心苏联出兵和中共增加援朝的兵力，同时又考虑到英国的反对，再次否定了麦克阿瑟的建议。

自朝鲜战争爆发后，陈诚始终站在美"韩"一边，颠倒黑白，污蔑中朝方面为"侵略"，并认定苏联为中朝"侵略"的"后台"。他认为中共完全听任克里姆林宫指挥，"没有独立的意志与自主的可能"，从而使"民主国家"对其"有了新的和比较正确的认识"。

12月3日，陈诚在接见美国合众社记者时竭力叫嚷世界各国必须全力对共军作战，声称台湾当局决不向共产主义投降。他说：

> 共党在韩国之侵略必须制止，为一劳永逸计，必须在韩彻底解决自由与共产主义之事，任何临时性质之解决俱无济于事……世人若以为对共党妥协便可以结束韩战，毋乃太过天真，世界各国应认明惟有全力支持同共军作战方为得计。

记者问："贵国对结束韩战如何作出最大贡献？"
陈诚答：

> 吾人为联合国之一员，自应支持及遵守联合国之决定，吾人深信各国应跟随美国及支持其反共斗争，纵使世界各国放弃抵抗苏联之侵略，中华民国亦得继续对共产主义作战，中华民国决不成为对共产主义投降国家之一。
>
> ……
>
> 有若干国家应忘却其私利、自利，应较目前更多出力；仅为暂时利益打算，以为讨好共党可以结束韩战，此念至属错误。在中国所得教训，民主国家应引为殷鉴，切勿使美国成为全球反共战争中之另一台湾。[20]

作为蒋介石、陈诚打算派兵入朝作战的尾声，1952年5月，在克拉克继李奇微调任"联合国军"司令后，曾再次电商蒋介石抽一个军（2个师）到朝鲜战场，以使美军从朝鲜战场抽出相应的部队去日本增强防务。蒋介石、陈诚明知杜鲁门、艾奇逊不会接受克拉克的建议，但还是通知陆军总司令孙立人，第三次作了第52军赴朝的准备。同前两次一样，此次美国政府里仍是反对接受台湾派兵去朝鲜战场的主张占了上风。6月下旬，克拉克电蒋致歉，请其撤销第52军支援"韩国"的安排。

美国侵略军在和朝中军队较量了三年之后，被迫于1953年7月27日在停战协定上签字。这是朝中人民反侵略战争的胜利，也是全世界爱好和平国家和人民的伟大胜利。可是，陈诚站在反共的立场上，认为朝鲜战争虽未达到"韩国统一"这一目标，但却挫败了"国际共产主义征服世界的计划"。他认为，朝鲜战争对于资本主义各国来说，在直接的意义上，不一定能说是成功；但在间接的意义上，是成功的。他说：

> 从直接方面来看……这次韩境停战，只能认为是解决韩国问题和达成联合国目标的一个步骤或方式，也许这是一个很适

当的步骤或方式，不过这一步骤或方式究竟具有何种意义与价值，并不决于这一步骤或方式本身，乃是决于这一步骤或方式所能得到的结果。明白地说，如果停战以后，韩国不能获得真正的安全与统一，这一步骤或方式，便没有什么意义，而民主国家在韩战中所付出的生命和金钱，也便没有什么代价了。

从间接方面来看，我们纵不能认为民主国家在韩战中已经获得胜利，至少可以说俄帝集团在韩战中已失败了……俄帝集团在韩战中付出了如此高昂的代价，但是他们现在得到了什么呢？可以说一无所得。俄帝集团不但一无所得，而且这一场战争把民主国家从睡梦中打醒了，打出了西欧六国联军，打出了美日、美菲和美澳纽安全互助公约。一言以蔽之，把民主国家打团结了，把民主国家打坚强了。因此，我们若把韩战放在整个世界反共斗争中来看，可以说，韩战对于国际共产主义征服世界的计划，是一个很大的打击。[21]

面对朝鲜停战的实现，陈诚以"行政院长"的身份，对遣俘、撤兵和朝鲜统一等问题，发表了一系列意见。

关于遣俘问题。陈诚无视国际上关于释放全部战俘的惯例，打着"志愿遣俘"的旗号，企图胁迫部分志愿军战俘去台湾，并以此阻挠遣返战俘工作的顺利进行。他强调："遣俘问题不能从旧国际法的观点和技术观点来看，从确保世界安全和平以及达成此一目的政略观念来看"，"民主国家要贯彻自由遣俘的原则，必须给予所有战俘以自由选择的环境和可能，使他们真正能够自由选择，不受任何诱惑胁迫和欺骗"。他认定，如果经过朝中方面的解释，使某些战俘不再受美蒋的欺骗和威胁，表示愿意返回祖国，"那将是一件可耻的政治欺骗"，"对于人道主义和自由主义最大的侮辱和损害"。

关于撤兵问题。陈诚强词夺理地提出，美国的撤兵要以朝鲜的统一为前提。这实际上是想让美军和"联合国军"无限期地在"韩国"驻下去。他认为，由于中国的东北和朝鲜北部只隔了一条很窄的鸭绿江，中共部队只要走过鸭绿江的铁桥，便算撤了兵；而"联合国军"则要撤到朝鲜半岛几千里以外的美洲和欧洲各地。他说："在韩国的统一未能真正达成以前，联军是绝对不能脱离韩国战场的……在共产党的字典里只有'实力'，没有'和平'，所以我们要获得真正的和平，必须用实力来争取，来维护，来培养，如果离开了实力，和平便要化为乌有了。"

关于朝鲜统一问题。陈诚完全无视朝鲜民主主义人民共和国的存在，主张全朝鲜统一于"韩国政府"；同时，他还把中国抗战胜利后，国民党在国共谈判中，无理坚持所谓"军令政令统一"的一套，用到朝鲜统一问题上来。他说："大韩民国政府是经联合国监督选举而承认的唯一合法政府，所以要使韩国达到真正的和实质的统一，必须维护和巩固现政府的基础……而且要真正做到军事的统一，使军队国家化，决不能容许韩共以任何方式保有自己的武力。"

陈诚还竭力鼓吹，资本主义世界需在"反共"问题上有整个的计划和通盘的打算，并把这种计划和打算同台湾当局自身的利益联系起来看。他指出："如果民主国家没有整个的计划，韩战打下去对于我们不一定有利；反过来看，如果民主国家有了通盘的打算，韩战停下来对于我们也不一定有害。"他不无自我解嘲地宣称："反攻复国是我们自己的事，要靠我们自身的努力与奋斗，我们从来没有把中国问题的解决寄托在韩战之上，也没有指望世界大战来解决中国问题"；"中华民国不是靠了联合国而生存的，乃是靠了我们自己的意志和力量而生存的"。[22]

在上述诸问题中，遣返战俘问题，却是一个非常具体、非常实际的问题，这个问题不解决，停战协定就不可能真正得到履行。因而它成了朝鲜停战后交战双方斗争的焦点。

蒋介石、陈诚从台湾派遣了大量特工人员到朝鲜，混充志愿军战俘，担任战俘营各种职务。他们以毒打、虐杀等惨无人道的暴行，强迫志愿军战俘刺字、写血书、打指印，表示所谓"不愿遣返"。据香港《新晚报》报道，台湾当局派遣特工首脑陈建中去"韩国"，与台湾"驻韩大使"王东原一起，并通过韩国李承晚的亲信张锡润，共同策动、布置了强迫扣留大批志愿军战俘的计划。朝鲜停战协定鉴定3天后，蒋介石即于7月30日，亲自出马，广播了《告韩境华籍反共义士书》，颠倒黑白，软硬兼施，煽动、欺骗志愿军战俘到台湾去。蒋介石的这一讲话录音，连同蒋本人的像片，被运往韩国济州岛的战俘营。《文告》录音在战俘营中反复播放；《文告》影印件及蒋介石像片，分发给每个被拘留的志愿军战俘，向他们施加精神上和思想上的压力，迫其就范。

蒋介石、陈诚派往朝鲜的人员，在美国的支持和包庇下，千方百计破坏、阻挠志愿军方面对战俘的解释工作，致使在规定向志愿军战俘进行解释的期限内，有85%的战俘，根本未得到解释。美方片面宣布：解释工作至1953年12月23日结束，中立国遣返委员会对不直接遣返战俘的看管至1954年1月22日终止。1954年1月20日和21日，在大批美国武装部队的配合下，21900余名朝中战俘分别被押交"韩国"和台湾当局。为了将被迫扣留的志愿军战俘强行运往台湾，以制造反动舆论，扩大政治影响，蒋介石、陈诚于1954年1月8日派出由"国防部第三厅厅长"赖名汤率领的"联络组"共11人，经东京飞往"韩国"；又由台湾大学校长钱思亮和"立法院副院长"黄国书率领"迎义士代表团"7人，于1月17日抵达釜山。据台湾当局声称，被强行运往台湾的志愿军战俘共14000余名。这些志愿军战俘，被分成三批，第一批5000余人，第二批4490人，第三批4876人，分别于1月25日、26日和27日由基隆港登陆，经台北驻入大湖、下湖、杨梅等地。这些被强行运台的战俘，后来在"从军报国"的名义下，大多又被强行编入国民党军队，充当其据守台湾的工具。

陈诚对于美蒋方面采取种种手段，胁迫部分志愿军战俘去台湾一事，竭尽歪曲之能事。他说：

中韩反共义士选择自由，是民主国家打了三年零三十二天韩战的唯一收获，也是世界反共斗争过程中的一大胜利……现在我们的反共义士已经回到祖国，不过，这只是胜利的开端，我们的胜利不能停顿于此，故今后如何扩大这一政治战的成果，由恢复一万四千余反共义士的个人自由进而恢复大陆四亿五千万同胞的自由，实有待于各方面的加倍努力。[23]

不仅如此，陈诚还亲去被胁迫来台的志愿军战俘驻地，称赞他们"志愿从军"的行动，并进行政治说教。他在去大湖、杨梅两地视察这些战俘时，对战俘们说："国家的自由与个人的自由是不可分的，要争取个人的自由，必须争取国家的自由，亦惟有国家得到自由，个人才能享有真正的自由。"他要求这些被裹胁的战俘，"分担国家的困难和大陆同胞的痛苦，发扬同生死共患难的精神，负起收复大陆的责任，遵照总统指示，从反共抗俄的国策中求出路，在摧毁铁幕的行动上争自由"。

在朝鲜战争这一历史事件中，陈诚完全站在美国侵略者一边，站到了中国人民抗美援朝的对立面。这是他在国共两党长期斗争中顽固坚持反共立场的继续。

四　在金门炮战中

1958年夏季，台湾海峡风大浪急，两岸部队均处于高度戒备状态。

此时的国际环境也不安定。7月14日，伊拉克发生军事政变，推翻了亲西方的费萨尔王朝，新政府宣布退出由美国一手炮制的《巴格达条约》。15日，美军悍然入侵中东，武装干涉中东国家内政。

一时间，中东成了全世界关注的焦点。7月16日，中华人民共和国政府发表严正声明，要求美军立即撤出黎巴嫩；与此同时，以毛泽东为首的中共中央为支援中东人民的反美斗争，确定了对金门实施大规模炮击的决策。事实上，中共炮击金门的决定，乃由多种原因所决定。曾有人将此归纳为"打击美国对台湾的侵略、惩罚国民党军搔扰和支援中东人民进行反美斗争"三项。这种解释较为符合当时的实际情况。

同一天，台湾军事当局下达指令：

"台湾金马地区之国军各单位，取消所有官兵休假，各级部队立刻进入战时戒备状态。"

刚刚于7月15日重新接任"行政院长"的陈诚，在17日举行的"立法委员"茶会上，以他顽固的反共立场，分析了中东局势的成因。他说：

> 我们对国际局势的发展，正在密切的注意，中东局势的变化，可能是苏俄与中共有计划的行动。所以我们不能不有所准备，三军不能不提高警觉，政府已随时准备应付万一的事变，尤其是研究配合军事行动的应有措施。[24]

陈诚表示，台湾当局赞成美国出兵黎巴嫩的措施，并赞扬艾森豪威尔总统处理中东事件的"决心"，他说："在艾森豪威尔总统致美国国会咨文中有不顾任何后果的一句话，就可以看出美国的坚定决心。"

大陆方面，解放军福州军区制定了炮击金门的作战方案，决定使用32个炮兵营和部分海岸炮兵，共组成两个炮兵群：一是莲河炮兵群，计辖17个炮兵营，主要射击大金门；二是厦门炮兵群，计辖15个炮兵营，主要向小金门和大金门西部射击。此外，在一线前线还配置了6个海岸炮连，射击目标为料罗湾内的国民党军舰艇。

但是，在解放军炮兵正式发起炮击前，毛泽东主席又改变了计划。他以特有的、别具一格的语言，于7月27日清晨，给国防部长彭德怀和总参谋长黄克诚发去一份绝密电报：

> 睡不着觉，想了一下。打金门停止若干天似较适宜。目
> 前不打，看一看形势。彼方换防不打，不换防也不打。等彼
> 方无理进攻，再行反攻。中东解决，要有时间，我们是有时
> 间的，何必急呢？暂时不打，总有打之一日。彼方如攻漳、
> 汕、福州、杭州，那就最妙了。[25]

毛泽东的这份电报，使已经箭在弦上的大规模炮击推迟了时间。台湾当局不可能获悉这份绝密电报的内容。解放军陆海空军的战前准备仍在加紧进行。台湾海峡的形势依然十分紧张。

8月12日，新任"行政院长"陈诚举行茶会，招待全体"监察委员"。此时的陈诚，已是集副总裁、"副总统"、"行政院长"三要职于一身的台湾"二号人物"。他先请"国防部副部长"马纪壮介绍了解放军加强战备的情况，接着他便利用这一机会表明了台湾当局在台海形势问题上的强硬立场。陈诚说：

> 共军陆海空军已有能够发动"偷袭"或"强袭"的力
> 量……金门、马祖和台湾、澎湖是不可分的，如果共军打金
> 门，就等于是打台澎，我们不能消极地挨打，应该积极地以打
> 击还打击。

陈诚对于解放军陆海空军备战情况的估计，大致是准确的。此时解放军炮兵已集中了459门各种型号的火炮；空中已有23个歼击机团共520架歼击机，进入了第一线和第二线机场，海军已集中水面舰艇92艘、海岸炮兵14个连和海军航空兵两个团。

早已酝酿的大规模炮击行动，终于即将来临。8月20日，毛泽东正式决定，立即集中力量，予金门国民党军以突然猛烈的打击，走一步，

看一步；21日，中共中央军委向福建前线部队下达命令，决定炮击自23日开始，目标为大、小金门岛的国民党军指挥机关、炮兵阵地、雷达阵地和停泊在料罗湾码头的国民党军舰艇，先打三天，走出第一步，视台湾当局的动态再决定下一步。

8月23日下午17时30分，人民解放军对金门岛的大规模炮击正式开始。第一批2600余发炮弹，随着一串串升空的红色信号弹，射向金门岛的国民党军阵地。处于第一线的342门巨炮同声怒吼，使金门岛陷入一片硝烟与火海之中。解放军的一个重炮师，配备了口径为202毫米的重炮，射程在27000米以上。用它轰击9000米外的金门岛群最远处也绰绰有余。

由于解放军炮兵事先没有进行试射，完全用精密法确定射击目标，因而给国民党以重大创伤，收到了突袭的奇效。第一批炮击即使金门防卫部副司令官赵家骧、章杰和澎湖防卫部副司令官吉星文丧生。据台湾刘毅夫在《八二三炮战廿周年追忆》一文中记叙：

> 下午五时三十分，我金门太武山下的翠谷湖心亭中，餐会已散，胡司令官（即胡琏）陪着俞大维在张湖公路的山下漫步回司令部，赵家骧、吉星文、章杰三位副司令官站在翠谷湖与岸的桥头上谈天……突然有阵嘶哮声，掠过太武山头，驰落翠湖，紧接着是山摇地动的不断爆炸声，整个翠谷烟雾弥漫，弹片横飞……在小桥上的三位副司令官，于第一群炮弹落地爆炸时，就全都牺牲殉难了。[26]

解放军的突然炮击，使金门岛的国民党军一片混乱，狼狈不堪。"国防部长"俞大维被人背至路边山石下暂避；金门防卫司令官胡琏侥幸跑回司令部，企图用电话指挥炮兵还击，但电话线已被炸断。后来，国民党的炮兵在解放军炮击20分钟后才陆续自发还击，但很快就被解放军炮火压制下去。岛上的国民党官兵纷纷无秩序地避入掩蔽部，但许多防御工事很快即被摧毁。

这次炮击中的落弹数，无一致说法。台湾徐扬等所著《陈诚评传》中载：在23日最初的两小时中，解放军共发射炮弹57500发；次日，又以小金门及大担岛为主要轰击目标，发射36500发。同时，解放军空、海军频频出动，配合炮战。23日下午7时45分，有百余架米格机飞临金门上空；24日落幕，续有8架米格机轮番炸射料罗湾滩头装卸设施。《陈诚评传》中记载了8月25日的一场海战：

> 八月廿五日凌晨，一个由五艘国军登陆舰与商轮编成的运补船团驶入料罗湾，准备抢滩卸下粮弹时，数十艘中共鱼雷快艇，在岸炮的掩护下蜂拥袭击料罗湾，对准该船团施放鱼雷。一艘坦克登陆舰及一艘无武装的招商局轮船，在混战中首当其冲，先后中雷，由于装载物资全系弹药，两艘船舰在连续爆炸中迅速下沉，冲天的火光照亮了整个料罗湾，两艘中共鱼雷艇亦在脱离战场途中，被国军舰炮击沉。[27]

此时，陈诚以其在台湾党、政、军界的特殊地位，直接指挥金门战局。他秉承蒋介石的指示，决定了处理金门战局的三项原则，即：（1）坚定我决不妥协屈服之决心，以抵挡国际姑息主义之冲击；（2）在作战中力求自制，以加强"中美"团结合作，粉碎"敌人"对我分化及孤立之"阴谋"；（3）从奋战中转变国际间种种错误估计，以打击"敌人"行险侥幸之心。他还在28日的"行政院院会"上，批评了那种把解放军炮击金门看成是中共方面"虚张声势"或其目标仅在"攫取金门"的看法，强调要作"积极的准备"；并指责中共的炮击行动，"显已构成挑衅行为，不仅危害我金门、马祖与海峡以及台湾本岛的安全，同时也扰乱远东乃至世界的和平"。陈诚总括台湾当局对金马地区战局的态度说：

> 你们若问我们的政策是什么？我的回答："还击"。我
> 们准备流汗流血，为保卫金马及其外围岛屿的每一寸土地而战
> 斗，在任何情况之下，决不动摇，决不屈服。
>
> 你们若问我们的目的是什么？我的回答："胜利"。因
> 为没有胜利，我们国家便不能恢复统一，大陆同胞便不能恢复
> 自由。
>
> 你们若问我们的方法怎样？我的回答："从苦战中求胜
> 利，从冒险中求成功。"[28]

陈诚利用金马局势，狂热进行战争叫嚣，决心孤注一掷。他在
"立法院"会议的讲话中声称："我们对于金马及其外围岛屿的每一寸
土地，都要坚守到底，敌人占领任何一个岛，就是战争扩大到大陆上
去"；"军事乃是外交的决定力，大炮比言词有更大的影响"。他还特
别指出："这一斗争的最后结果只有一个，不是我们完全胜利，便是我
们彻底失败"，"国家已面临生死存亡的最后关头"。

接着，解放军福建前线炮兵，又于9月8日、11日和13日，对金门和
驶往金门的国民党军运输舰进行了三次大规模的猛烈炮击。9月8日，国
民党军出动4艘登陆舰，在美军1艘巡洋舰、4艘驱逐舰的护航下，驶向
金门卸运物资。解放军的43个地面炮兵营又6个海岸炮兵连组成的强大
炮群，以迅雷不及掩耳之势，突然开火，连续发射21700发炮弹，将国
民党军正在进行装卸作业的登陆舰"美乐"号击沉、"美珍"号击伤。
11日，解放军福建前线炮兵又以40个地面炮兵营和6个海岸炮兵连，向
驶近料罗湾的国民党军运输舰猛烈射击，国民党军舰艇在被击伤1艘
后，迅速逃离现场。13日，解放军前线炮兵部队，奉毛泽东命令，以料
罗湾3海里以内为主要目标，日夜不停打零炮，又将前来偷送物资的2艘

"美"字号运输舰击伤。

30日，美国国务卿杜勒斯在华盛顿举行记者招待会，就台湾海峡局势发表了谈话。他除了为美国侵略台湾的立场辩护外，声称：台湾当局在金门、马祖等岛屿驻扎部队"是相当愚蠢的"，"不明智的、也是不谨慎的"；"美国并不认为像中国政府（指台湾当局）希望的那样承担在这些地区大规模地使用武力的义务是正确的"，"我们没有保卫沿海岛屿的任何法律义务"。[29]10月6日，中国政府发表了由毛泽东亲自起草、冠以国防部长彭德怀名义的《告台湾同胞书》，提议"三十六计，和为上计"，宣布：

> 为了人道主义，我已命令福建前线，从十月六日起，暂以七天为期，停止炮击，你们可以充分地自由地输送供应品，但以没有美国人护航为条件。如有护航，不在此例。你们与我们之间的战争，三十年了尚未结束，这是不好的。建议举行谈判，实行和平解决……当然，再打三十年，也不是什么了不起的大事，但是究竟是以早日和平解决较为妥善。[30]

中国政府的和谈诚意和美国政府对台湾当局的批评，不仅没有使陈诚悬崖勒马，相反，他顽固坚持既定的方针、政策，变本加厉地进行反共和战争的喧嚣。他在解放军停止炮击的第4天，即10月9日，于"行政院"院会上宣称：

"金门之战，不是金门一岛之战，而是关系整个西太平洋安全与整个亚洲自由地区安全之战。其重要性同于第二次世界大战后的西柏林与第二次世界大战中地中海的马耳他。"

中共方面，"对我们抛出和平谈判，就是要用政治方法，达到他军事所不能达到的目的。我们在军事方面，必须在金门第一道防线上制止他的侵略；我们在政治方面，将以同样的决心，打破其一切阴谋。"

"在目前情形下，唯有加强我们及我们盟友在台湾及台湾海峡的武力，并加强中美的团结与合作"，中共"才不敢冒险作进一步的侵略"。与中共方面的"一切和谈，均属无益而有害"，"我们并且认为华沙谈判，亦应即行停止"。[31]

10月25日，福建前线解放军部队，在对金马发射了47.5万发炮弹，已经达到警告和惩罚的目的之后，宣布每逢双日不打炮，单日为炮击日。实际上，在这一地区一度激烈交战的局面已经成为过去。但偏偏在这时，陈诚又煞有介事地站出来大叫大嚷，表示其"保卫金马"的决心。10月31日，陈诚在庆祝蒋介石生日的午宴上发表讲话，宣布："如果共产党人对沿海岛屿发动新进攻"，则台湾当局"可能进攻共产党所统治的中国大陆"。他预测，尽管最近几天来，共产党减少了对金门岛的炮击，但共产党人"将采取某种新行动"，来结束目前沉寂的局面。陈诚威胁说："我们采取下一个行动之日，大概就是我们进行反击之时。"[32]陈诚在战争方面所唱出的高调，甚至比蒋介石走得更远，使美国新闻界感到吃惊。合众国际社于当天发出电讯称：

在今天共产党继续以微弱和零星的炮火轰击金门的时候，蒋介石总统在一篇诞辰文告中似乎采取了同他的副总统兼行政院长所表示的观点有所不同的观点。

蒋介石说，他的政府主要将依靠政治措施而不是依靠军事措施来返回大陆。[33]

接着，陈诚又在11月2日接见法新社记者时，重弹了两天前关于回击中共进攻的老调。他说："中共如对一个或整个外岛发动全面性的攻击，中国国军便将攻击大陆上发动攻击的据点。""我们不主动掀起一次战争，但是共党如果攻击我们，我们决不放下我们的武器。"[34]这种与战局完全不合拍的叫嚷，实属虚张声势，色厉内荏，自欺欺人。中国人民解放军福建前线部队，在1958年对金门的炮战，自8月23日起，至12月底止，历时4个月，计毙伤国民党军中将以下官兵7000余名，击沉击伤其各种类型舰艇23艘，击落、击伤、击毁敌机34架；调动、吸引了美海空军20余万人，减轻了阿拉伯人民的压力。这次炮击，回击了国民党军对大陆沿海岛屿的骚扰，打击了蒋介石、陈诚等人叫嚣"反攻大陆"的气焰。

继1958年夏季金门炮战之后，由于台湾当局不断以金门岛为基地，派遣武装匪特至大陆沿海骚扰，加紧战争准备。恰逢1960年6月，曾负责与台湾当局签订所谓《共同防御条约》的美国总统艾森豪威尔赴台访问，中国人民解放军驻福建前线部队，为了回击美蒋的战争行动，于6月17日、19日向金门、烈屿、大担、二担等岛进行了又一次猛烈的轰击。

6月17日夜，解放军分两次共发射炮弹8万余发，直至18日凌晨方息。10小时后，艾森豪威尔乘直升飞机"白宫车厢"号，由"圣保罗"军舰飞抵台北松山机场。19日上午，自7时至9时10分，解放军又三度炮击，共发射8.8万发炮弹，"万炮齐鸣送疫神"，停炮后1小时，艾森豪威尔乘坐的飞机滑离跑道，结束对台的"访问"。解放军的这次炮击行

1960年7月陈诚（中）视察金门岛

动，给予金门等岛国民党军的防御设施以又一次毁灭性的打击，严正警告了美国侵略者和台湾当局。

陈诚为了重新部署金门地区的防务，为驻岛官兵加油、打气，于7月8日至20日，到金门、大担等岛"视察"。鉴于解放军已宣布"单打双不打"的炮击原则，陈诚特精心选择了两个双日，作为抵离金门的日期。此时陈诚虽为"副总统"、副总裁和"行政院长"，是台湾当局的高级官员，但去金门岛时，却一身戎装，腰悬手枪。这身装束，又为这次不寻常的"视察"，增添了战争色彩和硝烟气氛。他驻节金门岛太武山巅，从那里，临台远眺，大陆河山历历如绘。面对彼岸多娇的江山，陈诚没有想到和平地回到她的怀抱，而是想着如何用武力把她抢夺回来，他对身边的侍从人员说："我们现在偏处台湾，好像坐在船上，总要回大陆故乡家园的，而金门、马祖就是登岸的跳板。"他又对金门前沿官兵说："今天的金门，不但已成为三民主义的模范县，更是我们反攻复国的基石。"[35]

第七章 对外交往

一 代蒋访美

第一次阳明山会谈结束后，陈诚便着手准备访美。

当时，台湾当局与美国的关系，外弛内紧。1960年美国大选中，以反共、亲台著称的共和党候选人尼克松失败，民主党参议员肯尼迪当选总统。这种结局，给台湾当局同美国之间的关系，蒙上了一层阴影。更为重要的是，在1961年秋即将召开的联合国大会上，美国对于中国问题，将取何种政策，同台湾当局也存在着分歧。

1961年陈诚赴美访问之风貌

由于新中国的国际威望日益提高，联合国大会上要求接纳中华人民共和国代表而驱逐台湾当局代表的呼声愈来愈高。对此，美国政府一方面以"缓议"的手法，拖延对这个问题的讨论；一方面也有部分人主张以"两个中国"的办法，来保住台湾当局在联合国中的地位。可是对于"两个中国"的主张，台湾当局与中华人民共和国政府都是同样坚决反对的。与此相联系，对于接纳蒙古人民共和国加入联合国的问题，台湾当局认为蒙古是中国领土的一部分，坚决反对联合国将其作为一个独立国家予以接纳。但是苏联等国，将蒙古与毛里塔尼亚等非洲新独立国家加入联合国的问题捆在一起，如果美、台拒绝接纳蒙古，亦将造成事实上不接纳非洲新独立国家的后果，则台湾当局在联合国中的"代表权"问题，就可能失去一批非洲国家的支持。凡此种种，均影响着美、台关系的发展。

为了解决这些分歧，密切美、台关系，美国驻台"大使"庄莱德曾多次往返于台北和华盛顿之间。于是，导致肯尼迪总统亲函蒋介石，邀请他访问美国。蒋介石以"大陆不光复，不离开台湾一步"为由，委婉拒绝。

1961年7月14日，肯尼迪复致函蒋介石，请派能代表"总统"及"政府"的大员，前往美国访问，以举行美、台之间高层次的会谈。这时，陈诚行政上任"副总统"、"行政院长"等要职，在国民党内又是副总裁，堪称为台湾十足的"二号人物"；加之在当年5月，他又接待过美国副总统约翰逊对台的访问，可以"副总统"的身份进行回访。依据这些条件，可以说，作为蒋介石的代表赴美访问的人选，是非陈诚莫属了。蒋介石遂决定陈诚作为自己的"代表"，迅速赴美访问。

陈诚后来在向"立法院"报告访美经过时，曾概要介绍了由他赴美访问的缘由。他说：

> 我政府与美国向极合作。自甘乃迪（即肯尼迪）总统就任后，经派詹森（即约翰逊）副总统于本年五月间来华访问，更增加中美两国之友谊。惟当联大上届常会处理我国代表权问题时，美国仍以缓议案助我确保代表权，终以八票之差，勉获通过，中美两国，同深警惕；而美国政府则更对缓议案之能否续于使用，发生怀疑，因而另拟方案，往往蕴藏有使我难以接受之因素，其在美方，自仍谓目的只系为我拉票，而在我方，则认为在原则不无疑虑之处。
>
> 我总统有鉴于上述情形，因以最诚恳坦率之态度，将我

立场明告美国最高当局。甘乃迪总统于七月十四日致函我总统，请派能代表总统及政府之大员，前往访问美国。本人因此衔命赴美。[1]

离台前，陈诚经多次向蒋请示，复于27日邀约"五院院长"及各方交换意见，将此次赴美访问的目的归纳如下：

1.就一般世界局势，尤其是亚洲危机，以中美两国相互利益为依据，与美方交换意见；2.将我基本立场，详向美方说明，并尽量听取美方意见，俾增加了解，并加强互信；3.答聘詹森副总统之访华；4.与美方各界人士接触，以求了解美国国情——尤其是关于抗拒共产侵略之趋向；5.代表我总统慰问各地侨胞，向其报导祖国建设情形，并听取侨胞之意见；6.考察美国各种建设之进步，藉资借镜。[2]

7月29日，陈诚偕夫人谭祥应邀访美。随同赴美访问的有："外交部长"沈昌焕夫妇、"外交部顾问"胡庆育、"国防部副参谋总长"赖名汤、"行政院新闻局长"沈剑虹及美援会秘书长李国鼎等。中午12时，陈诚一行14人，自台北松山军用机场，搭乘民航公司翠华号专机离开台湾。行前，蒋介石于上午前往信义路陈诚官邸看望，并再次研讨赴美谈判方案。宋美龄及台湾当局诸高级官员到机场送行。陈诚在机场发表书面声明称：

本人此次应美国甘乃迪总统之邀请，代表蒋总统赴美访问，将就当前世界各项问题，与甘乃迪总统及有关人士交换意见，余此行亦系答聘美国副总统詹森最近之来华访问。余希望此行对增进中美两国之传统友谊及两国有关各项问题之了解，均能有所裨益。[3]

　　陈诚一行经5小时飞行抵东京，并于当晚改乘泛美航空公司的飞剪号喷气客机续飞旧金山；由旧金山乘坐美国总统座机槿花号，经古城威廉斯堡，飞往华盛顿。

　　陈诚专机于31日格林威治时间下午2时许抵达美国首都华盛顿。在

1961年7月31日陈诚（左四）访美抵达华盛顿时检阅仪仗队

机场，陈诚一行受到美国副总统约翰逊和国务卿腊斯克等高级官员的欢迎。约翰逊在机场欢迎仪式中代表肯尼迪致词，重申了5月间在台北与台湾当局达成的关于"维持自由亚洲完整"声明的精神，说："阁下在此间所作重要讨论中，将可发现进一步的证据，即我们不仅要信守我们的宣言，并且将以行动，冷静而具有远见地实现我们的宣言，我们这些话以及我们的坚定决心，是诚挚不二的。"陈诚在答词中则宣称："我们今天是由一件共同防御条约和不少的工作协议联系在一起，所有这一些，目的是在保护我们在这危急时代中的共同利益。"他希望，通过

这次访问，能导致台、美双方对共同有关问题的较佳了解，相互间关系也因此而进一步加强。[4]

陈诚等由机场径赴白宫，与肯尼迪总统开始会谈。台湾方面参加会谈的还有"外交部长"沈昌焕、驻美国"大使"叶公超等；美国方面参加会谈的还有国务卿腊斯克、驻台"大使"庄莱德等。台、美双方在7月31日至8月1日两天中，共进

陈诚（左一）与夫人谭祥（左三）
在访美时抵白宫出席国宴

行4轮会谈。其中美方由总统肯尼迪主持两次，由国务卿腊斯克主持两次；台湾方面，由于陈诚既是蒋介石的全权代表，又是"行政院长"，故均由陈诚主持。在此期间，肯尼迪曾于1日中午，在白宫东厢设国宴

1961年8月1日陈诚（中）访美时在白宫美国总统肯尼迪（右一）

招待陈诚夫妇。肯尼迪在宴会上竭力称赞陈诚的"领导才能","在中国大陆的军事领导"、"在最近若干年中所作的维持他的国家生存的努力",以及"重建台湾经济的伟大贡献"。陈诚则认为,台、美间领导人已进行的会谈,对于双方"坚决反对国际共产主义的国策"是"一大贡献";他还称颂说:台湾"不论有何进步,一个重要的因素便是美国政府和人民所给予的鼓励和援助"。[5]

2日,肯尼迪与陈诚发表联合公报。公报称:此次会谈,"充满一种符合两国深厚永久友谊的谅解和共同利益的精神";对于台湾在联合国中的"代表权"以及蒙古、毛里塔尼亚加入联合国等问题,"曾坦诚及广泛地交换意见"。公报阐明了美国政府对一些重大问题的基本态度,内载:"美国总统重申美国坚决支持为联合国创始会员国之一的中华民国继续其在联合国中的代表权。他并重申美国继续反对中共政权进入联合国的决心。""美国总统明白表示,美国政府愿意继续对于中华民国的军事援助计划,并对中华民国提供相当数量的援助,以支持其经济发展计划。"公报还宣布,台、美之间将"进一步加强有关他们共同安全利益事项的密切合作与协议"。[6]

从联合公报的内容可以看出,陈诚与肯尼迪的会谈,并未在关于接纳蒙古加入联合国的问题上取得一致意见。台湾《中央日报》驻美特派员陈裕清,在由华盛顿发往台北的消息中说:"中美双方就外蒙古问题未获到充分协议,已经不是秘密。"美国打算接受苏联关于"整批接纳"的提议;但台湾方面则表示,"对外蒙古问题的坚定立场,在任何情况下都不会改变"。

陈诚在后来谈及台美会谈一节时,曾委婉地发表如下感想:

一、本人奉命聘美之初,即感责任之重,一切均本我总统所指示及全国人民所冀望之原则,审慎将事。事后回想,自问不敢谓有何特殊成就;但对此原则,尚能始终恪守不渝。

　　二、本人成行之前，中美两国间确存有若干疑虑，无可
讳言。经过数度恳谈，双方对彼此立场与处境，已有进一步的
了解；关于双方看法未尽相同处，亦已约定续保密切接触，以
谋获适当解决。

　　三、甘乃迪总统，对共产扩张之抗拒，抱有决心；对亚
洲局势，亦甚关切，并力图予以兼顾。本人获此深刻印象，认
为中美合作前途，当有裨益。[7]

　　陈诚在华盛顿逗留期间，曾向美国全国记者联谊会发表演讲，并即
席回答了记者提出的若干问题。他的演讲和答记者问，涉及到许多有关
中国和世界的广泛而十分敏感的问题。联谊会会长高思克鲁夫在向到会
者介绍陈诚时，称他是一位"性格人物"，并且说他名字的含义是"陈
久的诚实"。陈诚解释说："我的名字也代表愚蠢或愚钝"；而高思克
鲁夫这个名字，照中国文字看来确是一个伟人，它含有"以高度的思
考，克服赫鲁雪夫（即赫鲁晓夫）"的意思。

　　关于有人揣测新中国不久将拥有核武器的问题。陈诚荒唐地说：
中共方面"若干核子物理学家正在苏俄研究，而且为苏俄所建造的实验
用核子反应炉工作"，但"由于缺乏工业基础"，"距离他们能够甚至
开始制造和屯存他们自己的核子武器的阶段还很遥远"，"如果有任何
这样一种武器有一天竟在中国大陆上出现，你们可以确信，它们是由俄
国人放置在那里的"。陈诚在另一个场合谈到这个问题时，更为离奇地
说：在1960年6月艾森豪威尔访台期间，中国人民解放军"向金门发射
了十七万发炮弹，全都是俄制的"；如果中共方面"甚至连炸弹都无法
制造，如何能制造核武器"？

　　关于中苏分歧的问题。陈诚多少有些迟钝地认为：中苏之间虽有许
多歧见，"但这些歧见还没有严重到使他们各走各的路子"，"如果你
问我说他们是否可能完全断绝关系，我的回答是绝对的'否'"；"这

个理由是很明显的，他们谁也不能丧失谁"，他们"具有共同的思想，抱有共同的目标"，他们"不仅彼此互相需要，而且他们必须连结在一起来对付自由世界"。他说："认为莫斯科和北京在可见的未来会拆伙，那就无异于自掘坟墓。"

关于阻止中华人民共和国进入联合国的问题。陈诚表示，"只要自由国家一天团结一致支持联合国宪章的文字及精神"——即阻止中华人民共和国进入联合国——则"前途便一天是光明的"。当有记者提问，将用什么方法来阻止时，他故意神秘地说："我不愿预先让共党知道。"

记者问：台湾当局"是否将使用否决权，阻止外蒙古进入联合国"？

陈诚答："必要时我们将使用联合国宪章中所规定的一切方法，以阻止外蒙进入联合国。"

记者问："使用否决权是否将引起亚洲国家的反感？"

陈诚答：台湾当局的行为"将遵照联合国宪章及符合公正与世界和平的利益"；台湾当局的立场，"向来是支持亚洲及非洲新独立的国家加入联合国"。

记者问：金门、马祖等外岛"是否值得防守"？

陈诚答：这些外岛"应该而且能够防守"，"我坚信在部队的精神士气及防守的准备两方面，我们都将有准备于挡拒包括核子武器在内的任何武器的袭击"，"由于这些岛屿是台湾与澎湖群岛的第一道防线，故自由中国之保卫这些岛屿，对于台湾及澎湖的防卫是不可分割的一部分"。

2日晚，陈诚假"五月花"饭店中华厅举行答谢晚宴，招待肯尼迪及美方高级官员。肯尼迪在晚宴上大肆攻击新中国。他把中共领导的人民政权，比之为中国历史上秦始皇的"暴政"。肯尼迪把自己打扮成一个中国历史的专家，他说：当秦朝"暴政正似乎是声势达于顶点的时候，它却在人民的不满与反抗之下崩溃下来"。他要陈诚"告诉中国人民，不要对前途失去希望"。陈诚对于肯尼迪的讲话，称颂不已。他表示："对于甘乃迪总统不仅明了了中国今天的实况，而且熟悉中国历史，深以钦佩。""像甘乃迪总统这样一位有智慧的人，必能阻止共党统治世界。"

陈诚在华盛顿期间，还曾到离华府75航空英里的农场，与美国前总统艾森豪威尔会晤。陈诚于3日抵纽约，4日分别与前侵略朝鲜的"联合国军总司令"麦克阿瑟和联合国秘书长哈马舍尔德晤谈；5日，怀着极大的兴趣在田纳西州参观了那里的水利电力工程和大型农场；旋经芝加哥，于7日抵美国工业名城底特律，参观了现代化的汽车工业；继于旧金山逗留2日；10日飞夏威夷群岛之檀香山。

檀香山是陈诚一行访美的最后一站。陈原希望在这里参观二次大战中著名的珍珠港，并无其他重要的活动。出人意料的是，就在陈诚到达檀香山的第二天，美国务院突然正式宣布撤回对于外交上承认蒙古人民共和国的试探。国务院说："鉴于目前的世界局势，此刻暂行中止对此问题的进一步探讨，乃是符合美国的最佳利益。"合众国际社在其电讯中认为，美国务院的这一决定，是"在国会及中华民国的强大压力下"作出的。这当然包括了陈诚刚刚在华盛顿所进行的顽固的努力。美国政府的这一态度，是陈诚在"联合公报"中所孜孜以求但未实现的；现在在"失望的"公报发表一周以后，在他停留于美国国土的最后一刻，却突然戏剧性地从天而降，这不能不使他喜出望外。他在从一家通讯社获知这一消息后，立即在记者招待会上兴奋地表明了态度。他说："这是美国政府的一项十分明智的决定"；这一决定符合白宫关于"美国将坚决反抗亚洲的赤色浪潮"的保证。他的这番激动的讲话，由"新闻局长"沈剑虹亲自翻译。

美国务院关于中止探讨承认蒙古的决定，大大增加了陈诚个人的政治资本。甚至还在他逗留于檀香山时，台湾岛上已经掀起了一股颂扬陈诚访美"功绩"的喧嚣。"监察院外交委员会"召集委员王冠吾发表讲话说：美国务院的决定，"显然是陈副总统此行，已使美国了解中美共同利益的重要"。"立法院外委会委员"邓公玄认为，"陈副总统此行，是我们在外交上的一大胜利"。

13日，陈诚一行取道东京，乘高级翠华号喷气专机返回台北。陈诚此次访美历时16天，除在华盛顿与肯尼迪、腊斯克的4次会谈外，发表正式演讲2次，在宴会、茶会、欢迎会等场合致词27次，接见记者20次，与300余名华侨、商业、文化界人士及留学生晤谈。作为私事，他还同在美留学的长子陈履安和两个女儿陈幸、陈平会了面。夫人谭祥因肠胃病，暂留美国医治，由陈诚随行医师沈彦陪护。陈诚在台北机场发表了书面讲话。

18日，陈诚向"立法院"报告访美经过并回答了委员的质询。他说："此行不敢谓有何特殊成就，但尚能恪守总统所指示及全国人民所冀望之原则。关于双方看法未尽相同之处，已约定续作密切接触，以谋适当的解决。"[8]

陈诚此次出访美国，进一步加强了台、美之间的联系，为台湾当局在此后一段时期中，变本加厉地敌视新中国，进而筹划窜犯大陆，创造了较为适合的国际环境。他在同美国华侨的频繁接触活动中，进行了大量敌视中共、敌视人民政权的恶意宣传，产生了十分恶劣的影响。当然，他对美国最新科学技术成就、工程设施的参观，也使他大开了眼界，有助于其在台岛的经营、开发。

二　西贡答访

1963年3月4日至9日，陈诚代表蒋介石，作为对3年前南越"总统"吴庭艳访台的答聘，访问了南越。

1960年1月15日至19日，南越"总统"吴庭艳访台时，曾主要由陈诚负责接待与迎送。陈诚陪同吴庭艳先后参观了石门水库、冈山空军基地及台湾故宫文物。

南越吴庭艳统治集团是亚洲反共的急先锋，在政治上与台湾当局

1963年3月4日陈诚（左一）访问南越

可说是"难兄难弟"。因此，他们对于陈诚的访问，特别重视。早在陈诚到达西贡前两天，南越当局的高级官员和武装部队，就开始在新山一机场进行欢迎陈诚到来的演练。从机场通往"总统府"和陈诚下榻处，沿途都挂上了"两国国旗"；在交通枢纽处，特建了两座欢迎牌楼。

4日上午9时30分，陈诚率"外交部长"沈昌焕、"教育部长"暨"中越文化经济协会会长"黄季陆、副参谋总长赖名汤、陆军副总司令胡琏等，乘坐中美号专机，自台北松山机场飞赴西贡。起飞前，陈诚向记者们宣读了一个准备好的讲话稿，并客气地说："我请各位不要提出问题，要多给我一些指示。"当记者们发问时，他立刻幽默地回答说："你这个是问题，不是指示。"陈诚在讲话中，吹捧了南越在经济建设和军事斗争方面的"成就"，介绍了这次赴越访问的主要议题。他说：

> 中越两国之间，非但有深厚的传统友谊，而且三年前，吴总统来华访问后，两国在政治、经济、文化各方面的合作，更加密切。越南共和国政府和人民在贤明的吴总统领导之下，以艰苦卓绝的精神，推行各种国家建设工作，已获得长足的进

展，尤其越南全国军民坚决的从事反共反颠覆战争，已获得重大的胜利，有许多事实和经验，是值得我们观摩借镜的。

在访问期间，本人将与吴总统及越南政府其他首长会谈，就当前世界局势、特别是亚洲地区情势及有关中越两国共同利益的各项问题交换意见，寻求解决这些问题的正确途径。[9]

当天下午3时30分，陈诚一行抵达西贡新山一机场，受到了南越"副总统"阮玉书等高级雇员的欢迎。陈诚在机场发表了书面谈话。内称：台湾与南越当局，"今天面对着共同的敌人，进行着共同的战斗，追求着共同的理想，今后更需要坚强地团结在一起"。他称颂说：南越"在各项建设中的卓越成就，增强了我们保卫亚洲的力量；在剿共战争中的重大胜利，坚定了我们反共必胜的信心"。[10]

当晚，陈诚接见了南越华侨中的知名人士，向他们传达了蒋介石的讲话："政府反攻大陆的时机，已日益接近，并已掌握必胜左券。"击败中共的力量有三，即"在台湾的军民、海外华侨和在大陆上的同胞"。陈诚告诫当地华侨："中越两国好像兄弟，现在面临同一命运，应该同舟共济"，应"以财力和人力协助越南的经济建设和反共斗争"，"越南的胜利，就是我们中华民国的胜利"。

5日上午，陈诚拜会吴庭艳，代表蒋介石以象牙船一座及由蒋亲自签名的半身像片一张赠送吴庭艳，以珊瑚十字架赠吴庭艳夫人。陈本人则以翡翠挂屏四幅、古鼎一只赠吴庭艳。接着，双方进行了首次会谈。台湾方面参加会谈的还有沈昌焕、黄季陆、赖名汤、胡琏、"外交部顾问"王季征、驻南越"大使"袁子健；南越方面参加会谈的还有"副总统"阮玉书、"外交部长"武文牡、"教育部长"阮光程、"代理国防部长"阮廷淳和参谋总长黎文己。

陈诚一行，于当晚出席了南越"副总统"阮玉书举行的欢迎宴会。陈诚在宴会致词时，竭力强调台湾和南越所处的共同命运。他说：
"越、中两国人在血统上、文化上有不可分的密切关系，在地理上又唇齿相依，使彼此成为祸福与共的兄弟之邦。第二次世界大战以后，国际共党在亚洲大举侵略扩张，中国大陆沦入铁幕，越南也遭受分割。事实证明，越、中两大民族今天命运相同，目标一致，比过去任何时期更迫切需要坚强的团结、全面的合作。"[11]

6日下午，陈诚会晤了"越南总统府政治顾问"、吴庭艳的胞弟吴庭儒。台湾报纸称吴庭儒是"坚决反共的越南青年领袖"、"战略邑"的实际负责人、"越南的诸葛亮"。在吴庭儒的主持与控制下，当时南越已经建立了将近1万个"战略邑"，收容了大约一千万村民。吴庭儒的夫人则控制着南越的妇女界，被称为"越南妇女界的领袖"。吴庭儒夫妇是吴庭艳维持其反动统治不可缺少的人物。吴氏兄弟的权力，在反共战争中，互相依存。陈诚与吴庭儒的会见与会谈，乃属同吴庭艳会谈的组成部分。

当晚，陈诚举行答谢宴会，招待阮玉书及其他南越高级官员。陈诚对于南越所怀有的特殊感情，溢于言表。他说："使用'兄弟之邦'来表达越中两个国家、民族之间的热情，现在已不十分恰当了；我们应该说'越、中一家'。"陈诚意味深长地说："有若干友人对于我们的政治批评很多，他们用意虽好，但完全不了解中国的国情"，不懂得共产党"民主斗争的阴谋"，不知道共产党"统战策略的厉害"。他鼓励对方说，南越当局"在政治、经济、文化和思想战线上，都已击败了共党匪徒，军事的胜利是必然的"。阮玉书在答词中称："走向一致的国家间的真诚合作，才是一项增强对付共同敌人的有效武器。"他表示希望与台湾当局都能"实现统一国土的愿望，并合作建立富强的经济安全的社会及优美的文化"。[12]

陈诚在访问过程中，与吴庭艳相互之间，以及吴庭艳对蒋介石，都竭力吹捧。陈诚在吴庭艳举行的宴会上，称吴是"当代亚洲杰出的政治家"、"融合东西方文化的思想家",是"越南人民一致拥护的革命导师"、"越南共和国的创造者"、"世界最伟大的反共领袖之一",说吴"感人的谨言伟论,光风霁月的丰采",使自己"非常钦仰"。吴庭艳则称赞说:"中国伟大的蒋总统的一言一行,都是值得我们学习的。""我们对于蒋总统的任何见解,都应该留意,来增强我们的信心。""中国的两位伟大领袖——蒋总统和陈副总统,是绝不会失败的!"

7日晚,陈诚与吴庭艳之间举行了新的一轮会谈,并接着参加了吴庭艳在嘉隆府举办的盛大、豪华的欢迎宴会。陈诚在宴会前的讲话中,大谈"中越"两个民族间共同的文化渊源,以及吴庭艳倡导的人本主义与台湾实行的三民主义的一致性。他说:

> 越、中两大民族之间深厚的传统友谊,最主要的原因,在于彼此共同的血统关系,共同的文化渊源。以孔孟学说为代表的儒家思想,是越、中两大民族的精神生活规范,四维八德为个人行为的准则。我们的国父孙中山先生以儒家思想为基础,融合欧美的进步思想,创造了三民主义,作为中国革命运动的指导原则;吴总统以儒家思想为基础,吸收欧美的进步思想,倡导人本主义,作为越南革命建国的崇高理想。人本主义与三民主义都是东西文化的结晶,在基本精神上是一致的。[13]

这一天,南越"政府"宣布:陈诚在南越访问的时间延长一天,将原定8日返台的计划改变为9日返台;陈诚一行将于8号去茶叻风景区参观访问。台湾"中央社"预料,陈诚8日去茶叻的活动,将由南越"副总统"阮玉书陪同。

令人惊奇的是,8日上午9时30分,当陈诚步上飞往250公里外的茶叻的飞机时,陪同他一道走上专机的不是阮玉书,而是吴庭艳"总统"本人。飞机抵达海拔1400米的茶叻避暑胜地后,在吴庭艳的别墅中,又举行了陈、吴之间的最后一轮会谈。下午,陈诚由吴庭艳陪同,参观了当地的一所军校和原子中心的核子反应器。陈诚与吴庭艳在军校发表讲话时,互相吹捧、打气。陈诚在致词中,鼓励军校学生"要在吴总统的领导下,赢取反共战争的胜利";并鼓励说:"反共战争必定可以获得胜利,这个胜利并且很快地就要到来。"吴庭艳则称赞说:"今天的台湾,一切都在突飞猛进。中华民国的反共精神,可做我们越南的模范。"

由陈诚和吴庭艳签署的《中越两国政府联合公报》于9日发表。据《公报》载,陈诚一行对于给越南南方人民带来巨大灾难的"战略邑","获有深刻之印象,认为此乃将来制胜共产党之基本因素,并为在民主基础上加速发展国家政治、经济、社会革命之设施"。《公报》宣称,台湾、南越双方共同认为:南越"在亚洲的战略地位至为重要",其所进行的反共斗争,"为自由世界反共斗争的一环,并为东南亚各国的和平与安全所系,应获得所有自由国家在各方面一致的积极支持"。"盘踞中国大陆的中共政权,不仅为亚洲祸乱根源,且亦构成对整个世界安全与日俱增之威胁。同时所有自由世界各国应充分了解此一共同敌人的危险性",对台湾当局"予以道义与物质上支持"。《公报》呼吁"自由世界"应在政治、经济等各方面,对共产党保持警觉,并挑拨社会主义国家与发展中国家之间的关系。内称:"在共产党明目张胆坚持贯彻统制世界之侵略政策下,自由世界各国更应保持警觉,团结一致,不可仅赖共产集团内部危机而分散力量。倘自由世界各国松弛共同的团结与警觉,则无异于鼓励国际共党之扩张。""自由世界各国不应忽略共党之攻势并不限于政治及军事,且目前正向经济方面扩大其活动,一方面当西方国家正致力于市场问题时,在彼等之间制造摩擦,另一方面从事破坏落后国家经济之工作。"[14]

是日,陈诚一行结束了对南越的访问,于上午10时40分由西贡乘中美号专机返台。行前,陈诚复至"总统府"向吴庭艳辞行。南越"副总统"阮玉书等高级官员到机场送行。陈诚在机场发表了简短的讲话，盛赞南越在各方面所取得的成就。他表示，双方今后要"在吴总统和蒋总统的领导下"，"相亲相爱，精诚团结，战斗在一起，胜利在一起"。

下午3时45分，陈诚座机在台北松山机场降落。陈诚向聚集在机场的记者们发表了谈话。他说，台湾与南越之间，今后将以经济技术合作为基础，自然走向全面的合作。陈诚卖力吹捧南越在吴庭艳集团统治下，社会各方面的"进步"。他说："越南政府和人民一面从事生产建设，一面和共党匪徒搏斗，已经获得重大的成就，人民生活因而改善，社会秩序日趋安全，无论都市和乡村都很清洁和整齐。在军事上，我们曾参观著名的战略邑，此种使分散的农民集中生活、生产，实行自治、自卫的政策，已使共匪的渗透、流窜战术失去作用。政府部队在美国军事合作之下，武器装备及技术水准不断提高，已在战斗中壮大起来。越南政府对消灭越共游击队，具有充分信心。"他表示，"深信只要自由亚洲各国肩负起保卫亚洲的责任，自动地坚强地团结起来，则亚洲的局势必将迅速改观。"[15]

12日，陈诚向"立法院"报告访问南越的观感，他对南越的经济建设和对人民革命运动的镇压，大加赞扬说，南越"全国上下已切实实施战时生活，并在乡村建立反共堡垒——战略村，不但在军事上奠定了肃清越共的基础，而且在生产建设方面也有飞跃的进步"。陈诚以台北市和西贡市相比，介绍说："西贡现有人口两百万，比台北多一倍，但市政建设甚为进步，街道整齐清洁，一切秩序井然。"他向"立法委员"们呼吁："我们应该学习人家这种蓬勃奋发的精神，厉行战时生活，以提早完成反攻复国的大业。"[16]

陈诚对南越的访问，加强了它们之间的反共联盟，在亚洲掀起了一股新的反共、反人民的逆流。

三 菲律宾之行

陈诚在访问南越之后，只休息了一周，便又开始了对菲律宾的访问。这是他在三年中的第三次出访，也是他一生中的最后一次出访。此次访问，他仍然作为蒋介石的代表，并作为对菲律宾前总统贾西亚和对时任副总统的马嘉柏皋于1960年访台的回访。陈诚的夫人谭祥陪同访问，在随行人员中，还有"外交部长"沈昌焕、"财政部长"严家淦等17人。菲总统府宣布，"将以最隆重的礼节"欢迎陈诚的访问。

1963年3月20日下午，在陈诚一行乘坐的中美号专机飞入菲律宾国境后，即由菲国派出的10架喷气战斗机，将其迎护至马尼拉上空。专机于4时降落于马尼拉国际机场。菲律宾总统马嘉柏皋与夫人亲至机场迎接。陈诚在机场发表了书面讲话。他说：

> 在访问期间，本人将拜访马嘉柏皋总统、白莱斯副总统，并与菲律宾政府首长商讨当前世界局势及亚洲反共斗争情势，并就菲、中两国共同利益有关的各项问题，交换意见。
>
> 富有创造性、正义感与活力充沛的菲律宾人民，在政治、法律、文学、美术、音乐各种学术方面，和建立一个民主法治的现代国家以及维护世界正义和平的工作上，均已放出灿烂的光辉，受到举世赞誉。此一优秀之民族，在马嘉柏皋总统卓越的领导下，现在积极展开政治、经济、军事、文教各方面的建设工作，本人深幸得此良机，参观各项珍贵的成就，藉资观摩借镜。
>
> 旅菲华侨酷爱民主自由，与贵国人民和睦共处，互助合作，竭力维护菲、中两国之间的友好关系，我国政府和人民甚为关怀。本人愿藉此访菲之行，代表蒋总统向他们表示慰问之意。[17]

当晚，马嘉柏皋设宴欢迎陈诚抵菲访问。宴会前，马、陈之间互赠了勋章。马嘉柏皋以国喜嘉图纳旅长最高勋章赠陈诚，以金心总统勋章赠陈诚夫人；陈诚则回赠采玉大勋章给马嘉柏皋，以特种大绶云麾勋章赠马嘉柏皋夫人。陈诚在宴会上称颂了马嘉柏皋"在领导国家建设和国际事务方面"所显现出的"崇高的理想与正确的目标"、"卓越的智慧和坚定的决心"；感谢菲律宾对台湾当局所给予的"道义的政治的积极支持"和"伟大而诚挚的友情"。陈诚在讲话中，特别强调了台菲之间在历史文化与反共斗争中的共同点。他说："菲、中两国人民都是热爱和平与自由的，彼此之间的友谊已有一千七百多年的历史。两国人民争取国家独立自由的革命运动，也互相辉映。贵国的国父李查先生和我国的国父孙中山先生，不仅生于同一时代，而且同为精通医学的革命导师。在第二次世界大战期间，菲、中两国的革命开始合流，并肩对共同的敌人作战，赢得共同的胜利。随后，中国共产党和菲律宾共产党同时发动武装叛乱，使两国又被迫为保卫自己的独立自由而和共同的敌人国际共党作战。"他表示："我们深深了解，坚决反共乃贵国举国一致的政策。自中国大陆沦入铁幕，我们的反共斗争进入最艰难困苦时期的十三年来，贵国政府与人民始终如一，予我国以道义的政治的积极支持，此种伟大而诚挚的友情，使我国政府与人民永记不忘。"陈诚强调台湾同菲律宾，"在西太平洋反共的防线上"，"不仅同为重要的环节，而且是唇齿相关处于守望相助的地位"；双方应"更紧密地团结在一起，共同努力以争取反共斗争的胜利"。[18]

陈诚被台湾报纸夸耀为"亚洲第一流土地改革专家"。菲律宾也希望实行和平的"土地改革"，来缓和农民同地主之间的矛盾。马嘉柏皋曾经提出了废除佃农的计划。因此，陈诚此次出访菲律宾的重要任务之一，是向菲律宾介绍台湾进行"土地改革"的"经验"。21日上午，陈诚一行听取了菲方关于实行"土地改革"的计划及"致力提高其千百万农民地位所作的努力"的报告。陈诚认为菲律宾所面临的"土地改革"

问题"并不严重，是可以解决的"，并称赞了马嘉柏皋推行的"大胆的土地改革计划"。接着，陈诚便介绍了台湾进行"土地改革"的情况和"经验"。他说："一个好的土地改革计划，于实行之初，并不会使生产减低。"并以台湾为例，指出在实行改革的第一年，农产品增加了20%。他声称：台湾的"土地改革"，"不仅使农民获益，也使地主和政府蒙受其利"。他说：

> 就农民而言，土地改革使他们收入增加；就地主言，因为可以把他们从土地的所得投资于工业，而提高了他们的社会地位；就政府言，土地改革带来了更多的收入，生产激增，出口增加，获取更多的外汇，并加速了工业化。

陈诚着重向菲律宾"土地改革"的专家们介绍了两条"经验"：

一是"要说服地主支持"。要"教育地主"，"使他们确信，土地改革对他们是有利的"。

二是"必须要有足够的下级干部"，台湾是"由中央政府训练省级人员，省政府训练县级人员，县政府训练乡镇人员"，"这是训练土地改革人员最有效的办法"。[19]

这天上午，陈诚还向马嘉柏皋赠送了礼品。他代表蒋介石将一艘象牙船和一张由蒋亲自签名的照片赠送给马嘉柏皋；他自己则以一串珊瑚项链和一套西装料赠马。陈诚在拜会菲律宾副总统兼外交部长白莱斯时，以一套西装料和一套雕花桌子相赠。后来，马嘉柏皋回赠给蒋介石一件菲律宾特制的礼服，给陈诚一只用贝壳制成的茶几，并以5面瓷盘分赠蒋介石夫妇、陈诚夫妇和"外长"沈昌焕。

21日中午，陈诚在出席白莱斯举行的午宴前，又代表台湾当局，将特种大绶景星勋章颁赠给白莱斯，以酬谢他"在增进中菲友谊合作以及对世界和平上所作的贡献"。白莱斯不久前刚进行了一次大的手术，正在退伍军人医院休养，因此他没有参加前一天的欢迎仪式和马嘉柏皋总统举行的国宴。陈诚在午宴上，邀请白莱斯可以带几位菲律宾地主一起到台湾来参观，以使他们知道，在菲律宾实施"土地改革"，并不会对他们有害，出乎陈诚意料的是，白莱斯并没有当场爽快地接受陈诚的这番好意，他只是说，先要看看有没有时间去台湾访问。当这种不够得体的报道见诸报端后，白莱斯急忙在23日宣布，"将尽早访问中华民国"，并表示"菲律宾政府将组织一个农民、地主和专家的访问团，前往台湾参观土地改革计划及其他设施"。

22日，陈诚一行赴马尼拉以南62公里的罗巴诺斯参观菲律宾大学农学院和国际稻米研究所。当晚，陈诚夫妇在马尼拉大旅社举行答谢宴会，马嘉柏皋夫妇应邀出席。在陈诚的不长的致词中，除了礼节性的表示以外，便是喋喋不休的反共叫嚣。他诬蔑中国大陆，由于"农业的破产，工业的瘫痪，'总路线、大跃进、人民公社'，三大暴政的彻底失败，连年严重的普遍饥荒"，而使中共政权已"走到崩溃的边缘"；中共领导人"为了挽救其灭亡的命运，时刻正准备在亚洲实行军事冒险"。他鼓动说："我们若不乘此良机，采取积极行动，以拔除亚洲祸根"，而使中共政权"度过难关，则亚洲甚至整个自由世界将进入一个黑暗的时代"。陈诚狂妄地宣称："世界和平不可分，自由亦不可分，爱好自由的国家与人民要想永远确保自由，必须用自由之火毁掉共党奴役的枷锁，使在黑暗中挣扎的人民重见光明。"他认为台菲"两国"与"自由世界"各国，都需要加强团结，与共同的"敌人"作战斗。他说：

> 本人认为目前世界最大的危机，不是国际共党的武装侵略或渗透颠覆，而是自由世界本身思想观念的错误与混乱。只要大家一致了解，今天的反共斗争已经不是种族的、宗教的和国家的战争，一切不同种族和宗教信仰的国家和人民联合起来，和共同的敌人国际共党斗争，则世界局势，便立刻改观。

菲、中两国都是亚洲坚决反共的国家，而且是曾经和正在共患难的朋友，痛苦的经验使我们深切了解世界反共斗争的性质和争取胜利的正确途径。我们需要共同努力，促使自由世界统一意志，集中力量，在全球性反共斗争的各个战场互相策应，一致行动。[20]

陈诚在菲期间，虽与马嘉柏皋有过多次的会晤、接触，但是，作为"政府"间最高级官员的正式会谈，只进行了一次，共一个小时。23日上午，在陈诚一行离开菲律宾前几个小时，举行了这样的会谈。会谈结束后，立即发表了《联合公报》。双方参加会谈的，台湾方面还有"外交部长"沈昌焕、驻菲"大使"段茂澜、"新闻局长"沈剑虹；菲方还有副总统兼外长白莱斯、外交次长罗培斯、驻台"大使"罗慕斯。《联合公报》称：在访问期间，陈诚与马嘉柏皋总统、白莱斯副总统，"曾就当前世界局势特别是东南亚洲地区反共斗争情势，及其他有关两国共同利益问题，坦诚充分交换意见"。对于华侨等有争议的问题，《公报》含混地说：双方曾对"各项悬案，予以适当考虑"；双方同意，"为达成两国间更进一步的合作起见，两国政府将基于两国人民之传统友谊与亲善精神，对此等问题早日觅致最后解决之方案"。《公报》宣布，双方已达成共同见解的事项为：

（1）"当前远东与东南亚的情势，比过去更加危险"，"在此一地区的国家，面对国际共产主义之威胁，尤应提高警觉，并加强团结"；

（2）中共政权是"亚洲之主要祸乱根源"；

（3）"为了共同安全与亚洲和平，同意采取一切必要步骤"，以加强双方的"团结合作"。[21]

陈诚一行于当日上午启程，仍乘中美号专机离菲返台。下午2时20分，返抵台北松山机场。台湾"总统府秘书长"张群、"行政院副院长"王云五、"政务委员"蒋经国等到机场迎接。陈诚在机场发表的书面讲话称：经过这次访问，更深切地了解到，台湾与菲律宾"在共同反共的大原则、大目标之下，相互间的合作与团结，是至诚的"；旅菲侨胞，"希望反攻大陆之殷切，是难以言语形容的"。对于菲律宾华侨在当地所面临的种种困难和矛盾，陈诚说："政府将竭力谋求解决若干侨胞所遭遇的困难问题，希望他们共体时艰，继续发扬自爱、自重、克己、守法的美德，与菲律宾政府和人民充分合作"，以期反共的事业有更大的贡献。[22]

访菲之后，陈诚的身体渐趋衰弱，再未到外国进行访问。作为他访菲的回应，菲律宾的土地专家、行政官员，络绎不绝地到台湾来观摩"土地改革成果"。陈诚在健康状况允许的时候，很乐于接待这些参观访问者，并回答他们提出的问题。

第八章 家庭与生活

一 性格与作风

台湾舆论称陈诚为"集忠诚勇拙于一身"。撇开政治立场不谈，就陈诚的性格、为人、处世而言，说他有忠、诚、勇、拙四个特点，也不无道理。

陈诚很善于从复杂的社会生活中，总结、概括出一些立身行事的道理。1948年间，他读毕一家报纸的社论，遂以钢笔书写了几行字：

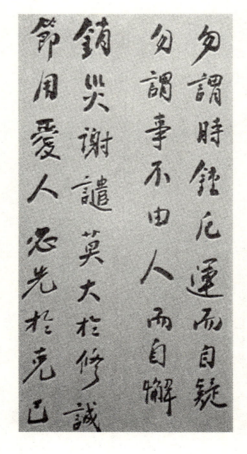

陈诚·墨迹

我们不必怕有人反对，我们只怕自己没有警觉，不想求进步；如果有警觉，肯求进步，则反对者愈多，警觉性愈强，而进步亦愈大。但根本问题仍在我们的动机是否为复国建国而努力，如果是，纵有人反对，我们也可扪心无愧。[1]

这一总结，深深地打上了政治的烙印，具有反共、忠蒋的浓厚色彩；但就如何对待别人的反对以及如何警惕自身的缺点而言，当亦有一定的道理。

1944年，陈诚随兴说过几句话：

勿谓时踵厄运而自疑，勿谓事不由人而自懈。
见危不能竭其诚，临难不能效其忠，非智者之所应有。

这些话，当然具有强烈的时代背影和浓厚的政治色彩。不过就中亦可见陈诚赖以安身立命的人生哲学。

他曾把当代社会中的复杂矛盾，概括为8句话：

落后的社会，现代的要求；
苟安的习惯，战时的要求；
自私的观念，民主的要求；
有限的财力，无穷的要求。

面对这种复杂的社会、心理上的矛盾，陈诚始终提倡创造、团结与信任。他说：

争长短，不合作，是革命最大罪恶；
去意气，求团结，为胜利不二法门。

以创造代替占有，

以团结代替倾轧，

以互信代替猜忌，

以鼓励代替责难。[2]

1950年秋，在陈诚于阳明山短暂养病期间，蒋介石送他一本《毛奇评传》。毛奇是德国著名的军事家，先后任普鲁士参谋总长与德军总参谋长，指挥过丹麦战争、普奥战争与普法战争，著有军事著作多种。陈诚三天读毕全书，写下两段心得：

思想——教育——演习——作战，连成一片，是毛奇成功的基础。

永久和平是每个人的愿望，但须研究战争能否避免，如果答案是不可避免，甚至因避免战争而使国家独立与安全都不能保的时候，只有抱亡中求存、死中求生的一法——战争。[3]

从这些心得、感想中，可以看出陈诚性格和思想的某些方面。

有资料称赞陈诚对于阅读报纸、文章十分认真，且常有批示与处置。在何定藩先生编辑的《陈诚先生传》中有如下的记录：

陈副总统政务太忙，虽不能抽出较多时间和记者晤谈，但他对舆论特别重视，每天必亲自阅报，探取民情民瘼。各报的社论或专栏（包括广播的评论），每天必读必听，遇有重要而精辟的言论，即圈点后交给有关部会或幕僚参考保存，有时还询问作者的姓名，表示嘉许或约谈。

除了评论性的文章以外，陈副总统也喜欢看各报的历

史小说、小品文、掌故等。前几年，台北某报连载一篇以抗
战史实为背景的历史小说，其中提到某将领因作战不力而遭
枪毙，因作者一时笔误致把人名弄错，陈副总统阅后即予指
正，并嘱转告作者。[4]

陈诚的工作踏实而认真，在蒋介石身边的文臣武将中，他在这方
面表现得尤为突出。他曾自撰一副对联："艰难困苦不足以移其志，危
疑震撼不足以动其虑。"陈诚常说，工作中"不但要任劳任怨，而且要
任谤"。他非常厌恶那种认为"多做多错，少做少错，不做不错"的思
想。他认为"不怕有错，只怕不做；因为进步就是从尝试与错误中产生
出来的"。陈诚一生最反感欺骗行为，而主张待人以诚，他常说："骗
人的事，可能使少数人永远受骗，也可能使多数人一时受骗；但决不能
使所有的人长期受骗。"他还在工作中，提倡一种积极进取的精神。在
1953年的一次"行政院"检讨会议上，陈诚举了生活中的一个非常浅显
的例子，来倡导这种精神。他说，讲到积极，我可以告诉大家一个故
事：有一位老农请人吃午饭，早晨便叫孩子到镇上买菜，等到客人都到
齐了，孩子还没有把菜买回来，老农急了，便去查看究竟，发现他的孩
子和一个贩卖百货的小贩，都站在一条很窄的田埂中间。老农便问这是
怎么一回事，孩子说小贩不愿让路；小贩又说，孩子不愿让路。所以两
个人都只好站在那里。结果，那位老农马上把小贩的担子挑起放在一
边，让他的孩子过去了。之后这位老农告诉他的孩子说：遇到困难的问
题，一定要有"挺进"的精神，僵持在那里是不能解决问题的。今后只
要我们发挥"挺进"的精神，一定可以解决很多问题。[5]

陈诚在主持军政工作中，向以雷厉风行的作风而闻名。他处理问
题，坚决果断，不循私情，不留情面。在陈诚主政湖北期间，监利县县
长黄向荣，用公款作棉花生意，被省参议员傅鹤琴向陈诚作了检举。陈
诚立即将黄逮捕法办。省保安司令部的人与黄的关系较好，又同情其乃

初犯，遂延宕半年，迟迟未办。至1943年陈诚调任远征军司令长官，动身前夕，省保安司令部将拟判黄向荣12年徒刑的判决书，匆匆送陈审阅，意欲保黄过关，免其一死。不料陈诚阅后，勃然大怒，拍着桌子连骂几声"混蛋"，在签呈上赫然批了四个大字："即予枪决"。原想成全黄向荣的一纸签呈，反而成了送黄入地的催命书。黄在临刑前，抽出钢笔给妻子写下四句遗言："杀我吓人，死不甘心，教我子孙，再莫做官。"写完后，也骂了几声"混蛋"。对黄向荣的处置是否过重，人们说法不一。但陈诚此举有一定的震慑作用，却是毋庸置疑的。

宜昌县长武长青，在颁发鸦片烟膏新旧牌照的交替期间，经过请示行政督察专员吴良琛，同意了商人们在捐赠一定数额款项的前提下，暂先无照营业。这种捐赠的款项，既有利于缓解县财政的困难，又可使县长本人得到好处。有人把这事告到陈诚那里，正逢陈诚召开县长会议。陈诚令将武长青解押恩施。县长们拭目以待，他们知道武长青与陈诚有同学之谊。到了会议结束的一天，陈诚下令："宜昌县长武长青贪污有罪，着即枪决。"主办法官踌躇良久，鼓足勇气向陈诚直言："武长青的案件还没有审讯，可否等审问清楚了再枪决？"陈诚大怒，严令："什么审讯不审讯，马上枪决，不准迟疑。"据说武长青临刑前，大呼冤枉。曾经同意武长青接受捐赠的行政督察专员吴良琛，吓得魂不附体，跑到测字摊上去算命，求问吉凶。

在日常行政工作中，陈诚也将治理军队的一套办法搬到政府。抗战中的湖北省政府每年要召开一次党政军年终检讨会，时间为一个多月，与会人员被严格编成中队、大队，形同一支部队；按时点名，不得迟到、早退，更不能无故缺席。各厅、处长、行署主任、行政专员及县长，都要作工作报告，一律限半个小时，到时打铃。陈诚还要不断向报告者提出问题，并时常插话，使得报告者十分惶恐。公安县长方扩军到结束铃响，才读了一半。陈诚严厉地批评说："你在公安干了这么多年，就是一本经，也该念熟了。"之后，这位著名的"不倒翁"，还是倒下了。

晚年时期的陈诚，往昔的性格与作风，更趋成熟。他于出任台省主席后，在社会秩序异常混乱的情况下，以严厉手法整顿交通。台湾国民党中央党部副秘书长郭骥在一篇文章中记述了陈诚的一件经历：

> 民国三十八年初，两百余万军民随同政府播迁来台，交通秩序混乱，汽车横冲直撞，每天压死若干无辜人民。有一天，一辆军车在中山北路一段，开上行道，压死四个人，司机心里一慌，急向后倒，又压死四个人。陈主席以兼任警备总司令的身份，下令规定，凡因不遵交通规则而压死老百姓的司机，将予就地正法。过了两天，有一辆吉普车司机在南昌街撞死一个人。触犯这个规定，经军法审讯，就在出事地点执行枪决。从此台湾全省，几乎一年多，没有发生车祸。处决一个草菅人命的司机，无形中不知救了多少老百姓的性命。[6]

陈诚在国民党军政官员中，算是比较清廉的一个。早在二三十年代，他以第11军和第18军部队起家的时候，就对各级部队中"吃空额"的现象，作出过严格规定。陈诚只允许部队里有少数的名额作为机动掌握，如连长为2名，营长为3至4名，团长8至10名，旅长则不准超过8名；逃兵限于24小时内上报，否则以吃缺论处。他宣称，各部队长凡不遵守这一规定者，轻则撤职，重则枪决。各连队的伙食，也由全体士兵轮流采购副食品，然后向全连公布账目。陈诚还要求，各部队长在调离原职办理移交时，必须把部队的公积金一并移交。他自己在卸职第21师师长、总司令部警卫司令和第14师师长时，都将公积金造册交清。他不惜使用巨量公积金，创办残废军人工厂、农场；而在私人应酬中，则较为节俭。

到台湾后，陈诚的地位比过去更高了，且已年过半百，但生活上仍保持了在大陆时期节俭的习惯。在《陈诚先生传》一书中，有这样的记载：

> 陈副总统家居生活简朴，与平民无异，常使他的宾客感动和惊奇，副总统常说："我自任师长起到现在，始终保持一定的生活水准。"
>
> 说到吃，陈副总统喜欢吃猪肝汤和刀削面，都是极为普通的食物。他每天早上一碗面，早晚两餐，也不过两三样菜，最常见的是炒蛋、白菜。约客人吃饭，除外宾酬酢之外，最多加两样，又不准备海味，每人一杯酒，且都是国产的，其实，陈副总统请客吃饭都是为了谈问题或商量公事。
>
> 说到住，五十二年（即1963年）以前，信义路官邸有几间平房，客厅里有一套沙发，小客厅是几张旧藤椅，从没有换过。遇有外宾来访或对外宾赠勋，客人稍多，就没有回旋之地，可是，陈副总统却一直处之泰然。
>
> 总统知道这种情形，非常关心，乃趁陈副总统在日月潭养病期间，关照总统府副秘书长黄伯度先生为他建造几间较为合用的房子。陈副总统回来以后，知道是总统的德意，才住进去了。这几间房子是拆掉旧有客厅改建的。[7]

常年跟随陈诚烧饭的炊事员，并非什么名厨，而是早年军营里的伙伕。陈诚很少吃米饭，每顿只吃一只小馒头，有时胃口好，就吃一只半；最喜欢吃湖南菜，最喜欢的一道是豆豉、肉丁、豆腐干、笋丁炒在一起的。他吃菜有一个要求，就是要将菜里的丝丝、丁丁切得整整齐齐。

陈诚的穿着也很简单。常穿的两套西装，一套是黑色的，一套是藏青的，质料都不怎么好，剪裁也并不时新。每当身边的人劝他做点笔挺的衣服接待外宾时，他都指指现有的两套西装说："这个蛮好，本地料子，而且我穿起来很合身。"陈诚经常穿一双棕色皮鞋，身边人劝他再买一双黑色皮鞋，陈诚问："为什么？棕色皮鞋还没有破，不是挺好吗？"后来别人提醒他，参加国际性的宴会，穿黑色皮鞋比较适当时，他才作了让步，说："那好，就再买一双黑皮鞋吧！"

陈诚反对打高尔夫球。他认为打高尔夫球的那一套设备太昂贵，而且都要坐汽车去高尔夫球场。他常问："有没有一种更经济而普遍化的运动？"陈诚还曾经说："试想一想，每逢周末或星期天，在高尔夫球场摆满汽车，附近的老百姓看了会怎么想！"据王云五先生回忆，陈诚曾说："今日何日，此地何地，大敌当前，还玩高尔夫球，试问除了台湾，我们还有后路吗？"[8] 王氏以8个字来形容陈诚的私生活，即："俭以持躬，严以齐家。"

陈诚办事的作风雷厉风行，对一切腐败现象，严惩不贷，可是平时的待人及物，却显得平易而普通。他在阳明山休养时，看见小孩子要叫一声"小朋友"，看见老年人要叫一声"老先生你好"！有一位75岁的老农，回忆在1948年时，曾在阳明山后山公园遇见过陈诚，陈诚问他种多少地，生活过得怎样？这位老农便邀请陈诚到自己家里去坐坐。陈诚答应以后一定去，但今天不去了。没过多久，报上便发表了陈诚出任省主席的消息。老农想，陈诚当了省主席，更不会到自己家里来了。想不到事隔半年，陈诚真的来到了他家，并说："老先生对不起，我本来老早要来看你的。因为我说了来，就一定要来看你才对。"

台北市仁爱路段的老里长王添有曾回忆去陈诚家中查户口的情况。他与陈诚的副官在门口警卫室核查户口簿及身份证，被陈诚知道了，陈诚便一定要请他到会客室里去坐，并叫人倒茶递烟。陈诚对他说：

"我是你们管区的居民，里长到居民家调查户口，应该要表示一点礼貌。"

"查户口是公事，不要以为我是副总统与行政院长，你们应视作普通居民，也应该照规定的详细调查。"[9]

陈诚对于到他家中来访者，能做到长谈不倦，一谈就是一两个小时。陈夫人谭祥常埋怨陈诚不能节制与宾客谈话的时间，曾调侃说："你能不能学会'端茶送客'那一套呢？"陈诚却解释说："来看我的，都是国家的英才俊杰。我现在目力不行了，看书看得很慢，而陪这些有学问和有见解的人多谈谈，正是充实我自己的好方法，我不能放过这种机会。"

陈诚的起居、休息，亦有严格的规律，自成习惯。每天早晨6时起身，在庭院中散步；再读当日报纸；用过早点后即去办公。中午常利用午餐与僚属餐谈，解决工作中碰到的问题，有时会临时取消午睡。晚饭后如有僚属来请示工作，常讨论至深夜12时。晚间官邸无客时，便打开收音机听音乐或广播；偶尔与夫人对弈象棋。

陈诚虽保持了军人威严的风度，但在日常生活中，却充满了幽默。一次，陈继承到他的官邸去看他，别人要他们把自己的年龄报出来，看到底谁的年纪大。陈诚笑着说："不要排了，当然是我大。因为我叫陈诚，他叫陈'继'承。"陈诚在一次向"立法院"作施政报告时，曾用小孩子与老太婆竞走的故事，来说明人们对事物的看法，常会见仁见智，有所不同。他说："一个老太婆和一个小孩子同向某一个村庄出发，小孩子说只要一天的时间就可走到，但结果这个老太婆却走了一天半才到达目的地，老太婆气愤非常。过了两天，当她碰到这个小孩子的时候，就质问他说：'小孩，你不是说一天就到的，怎么我走了一天半才到呢？'这小孩却简单地说：'是一天可以到达的，我就是一天跑到的。'路是一样的远，老太婆和小孩子两人在行程的差别，是由于各人的走法不同，一个年轻力壮的孩子当然跑得快些，年迈的老太婆势必要慢慢走，所以他们两个人的争执是无谓的。这也是对一件事的看法，见仁见智，各有不同的道理。"[10]

陈诚曾接受医师的劝告，将喝酒改为抽烟，因为酒会刺激他已经割治过的胃部，而抽烟却可以帮助消化和缓解情绪。他打趣地说："不抽烟是好人，抽烟是好国民。"他的解释是：吸烟是消费，且对身体无益，不抽烟的是好人；但现在台湾的税收大部取自公卖局，公卖局一定要烟酒销路好，才能增加"国库"收入，因此抽烟的是好"国民"。

一日陈诚好友来访，陈夫人正在楼上，陈遂命工友请夫人来作陪。但台籍工友听不清国语，误将"夫人"听成"冯庸"，便把冯庸请在门房里等了一个多小时。冯庸乃长年跟随陈诚在武汉行营、军官训练团和东北行辕的幕僚。陈诚赶快把冯庸请进来，笑曰："对不起，你做了我一小时多的夫人。"[11]

二　平凡的家庭

陈诚的家庭，在国民党军政要人中，可说平淡无奇。不过，惟其平淡，反而引起了人们的注意；惟其无奇，倒显出几分奇特。

陈诚与谭祥婚后，共生有二女四子。他们的孩子都出生在抗战胜利

1954年陈诚与夫人谭祥及子女陈幸（右二）、陈平（右四）、履安（右三）、履庆（右五）、履碚（右六）、履洁（右一）合影

以前。其出生的次序为：长女幸，次女平，长子履安，次子履庆，三子履碚，四子履洁。

陈诚在一个偶然的机会，手书了这6个名字的含意：

> 陈幸——上海幸福村
>
> 　平——武昌平越路
>
> 履安——因西安事变后生
>
> 　庆——重庆
>
> 　碚——同上，陪都之意
>
> 　洁——在鄂石蘅芗先生[12]，当时所谓廉洁政府。

这6个名字，都具有纪念性质。或纪念出生地点，或纪念陈诚在西安事变中大难不死，或纪念抗战中提倡的廉洁政府。

这6个名字，都没有显示出什么宏大的抱负或夸张的描述。这似乎也是一种平淡和朴实的表现。

官邸的室内布置，也显得非常简洁。没有丝绒窗帘，没有锦缎沙发垫，没有古董装饰；但是，窗明几净，一尘不染。一位在1951年10月去陈诚官邸采访的记者，这样描述了陈诚住宅的环境与陈设：

> 那座客厅坐落在一个相当大的园林中。它离开了正屋，在它的周围只有浓厚的树荫。在客厅里面，陈设着陈旧而洁净的桌椅，没有地毯，没有桌布，也没有盆花，但见两面墙上挂着中国的旧字画，一面悬着四幅何子贞的字屏，这四幅字屏，好像从前在陈氏南京住宅中也见过。另一面悬着四幅十分精致的花卉翎鸟。四周的气氛，意味着整洁、朴实与明爽的情调。[13]

　　陈诚是个书画迷。客厅和卧室里挂满了条幅、字画。起居室里，挂着岳飞笔力雄劲的草书《出师表》。那"受任于败军之际，奉命于危难之中"的传世名言，都似为陈诚所写。

　　厅堂里挂着多条陈诚自撰的对联、条幅：

　　　　古人说居安知危，今日吾人居危，更应该知危；
　　　　古人说安不忘危，吾人处此危境，更不可偷安。

　　　　无取于人斯富，
　　　　无求于人斯贵，
　　　　无损于人斯寿。

　　　　毁誉听之于他，
　　　　得失安之于数。

1951年陈诚阖家欢照

这些座右铭，是陈诚自身心态的描述，也是他自己追求的道德标准。

陈诚用自己固有的道德观念来教育子女。他要求自己的孩子勤劳、节俭、守纪律。陈诚的小儿子履洁在上台北女师附小时，常常一个人最先到教室，把所有的课桌抹干净。孩子的耳朵里常响着父亲的话："辛劳的工作一定要争着做，不要推诿，不要偷懒。"

陈诚从不用小汽车送孩子上学。陈诚对孩子们说："司机是公家雇的，你们上课是私人的事，不能用公家的车。"履碚、履洁上小学时，都是乘公共汽车，赶不上公共汽车就步行。一位记者报道了陈诚教育孩子不应乘坐轿车的故事：

> ……还是民国卅八年（即1949年）的事。那时陈诚担任台湾省政府主席。他有两个孩子在台北女子师范附属小学读书，每天都是跑路上学。有一次下大雨，孩子跑到学校，弄得满身泥水，顽皮的同学们就逗他说："你看，有些当厅长、当经理的孩子都坐小汽车上学，你爸爸做这么大的官，为什么不给你坐汽车上学呢？赶快回家向你爸爸要汽车坐。"孩子天真得很，回家以后，马上就向爸爸提出这个要求。陈诚听了以后很好笑，就问他的孩子道："你们有脚没有？"孩子答："有两只脚。"又问："脚是干什么的？"孩子答："走路的。"于是陈诚就笑着对他的孩子说："我坐小汽车是因为在替国家办事，是国家给我的一种待遇，你们没有替国家办事，怎能享受这种待遇呢？小的时候学着吃苦耐劳，长大了能替国家做事，是吗？"孩子听了这番话，点了头跑了，以后再也不要小汽车坐了。[14]

　　后来，到履洁快小学毕业时，陈诚替他买了一辆旧的自行车。履洁每天放学后，都要拿废布在校园里擦车，把车子擦得干干净净。老师问他为什么不花3元钱送到车店去擦，履洁答："我爸爸说我们还不会赚钱，应该节省每一文钱，能够自己做的事就自己去做，不要假手于人。"

　　陈诚在繁忙的公务之中，还十分重视孩子们的作业。他常在孩子们的练习簿中，夹一张鼓励他们的条子，并署"石叟"之名。有时他没有空做，便把这项工作交给夫人谭祥去做。

　　每逢孩子生病，不能按时到校上课，陈诚夫妇总是以父亲、母亲的名义恭敬地写好请假条，请人送给老师。有时，则是事后亲自到学校向老师说明原因。

　　长子履安去美国读书了，但他却是一名工读生。他的学费完全靠自己工作挣来。有时，他不得不停下学业，做一学期工，挣够了学费再继

陈诚长子陈履安，台湾前"国家科学委员会主任"、"经济部长"、"国防部长"、"监察院长"

续读书。三子履碚在工专读书时，有一个闻名全校的习惯，即哪怕是只花了几角钱买邮票寄信，他也会郑重其事地掏出笔记本，将账目记上。

孩子不以父亲的地位来显示自己。大女儿陈幸在美国读书时，同学们并不知道她的父亲是什么人，1961年陈诚去美国访问时，美国报纸上登出了陈幸的照片，同学们才恍然大悟。次子履庆，眼睛高度近视，本可免服兵役，但他却主动要求与别的同学一样参加服役。他说："如果我不服兵役，人家如果不说我有近视，只说我是副总统的儿子，那太不好了。"

陈诚的6个儿女，看上去都普普通通，他们没有高人一等的想法，应该说与陈诚的教育与影响有莫大的关系。

谭祥是家庭里的贤妻良母。她主持家务，教育孩子；除去礼仪上规定的活动外，她并不过问丈夫的公务。但也有一次例外。

抗战期间，陈诚在恩施担任湖北省政府主席。他下了一道命令：全省文武僚属，一律不准坐轿子。命令公布后，一位厅长患痔疮，又有脚气病，无法走路上班，但又不敢违抗命令，只好痛苦地坚持步行。几天后，厅长的太太不忍心，求见了陈夫人，请求陈诚能准许她的丈夫坐一段时间轿子。谭祥的心被说动了，她为这位厅长说了情。据说，这是仅有的一次。

台湾《陈诚先生传》一书中，载有专门描述陈夫人谭祥的文字。内称：

> 陈夫人学贯东西，娴淑贞静，婚后予先生以不少安慰和鼓励，使他能安心报国，不稍为家庭分心。具有中国女性传统美德的陈夫人对于政治并没有兴趣，从不谈论国家军政大计。但对家事处理，生活的克制，子女的教育，以及安排丈夫公余生活，做得非常周到。夫人除参加劳军工作或必要时与外宾夫人作礼貌上应酬外，过去很少人看到她在外边活动，然而

她却在尽心地布置着一个舒适愉快的家，布衣荆钗，淡泊安
详，相夫教子，诚然是一标准的贤妻良母。[15]

三　病中恩爱

陈诚与夫人谭祥，结婚30余年来，堪称为恩爱夫妻。尤其是在陈诚
得了不治之症后，这种夫妻的恩爱，更在患难与生离死别之际，得到了
升华。

陈诚早年，曾有过一次不幸的婚姻。

1918年，20岁的陈诚依媒妁之言，与师范同学吴子漪的胞妹吴舜莲
结婚。吴家是青田著名富户，结婚时陪嫁甚多，妆奁满房。新婚燕尔，
感情甚笃。可是，由于吴舜莲是小脚，又是文盲，而陈、吴的结合，又
全由父母包办，相互间毫不了解，这一切，便成了陈诚与吴舜莲之间婚
姻悲剧的基础。随着时间的推移和陈诚走南闯北、生活阅历的增加，陈
诚与吴舜莲之间感情基础的脆弱，便愈加显示出来。

1924年5月，陈诚入黄埔军校不久，其父陈希文突然病故，家中急
电黄埔。陈诚得此噩耗，随即请假回家奔丧。惜因当时粤汉线、浙赣线
均未完成，只能取水路经温州返乡；而海运班次又稀少，航速较慢。故
待陈诚赶抵青田县城，其父已过世多日。陈诚迅将父亲枢体入殓，并将
灵柩运回高市村家中，按乡中习惯，暂不入土，存放于屋后"气存房"
中。不想此次陈诚返家奔丧，祸不单行。他刚刚安顿好父亲的灵柩，便
又发生了妻子自杀的意外事件。

陈诚与吴氏结婚7年来，由于陈诚东奔西走，不常回家，吴舜莲亦
无身孕。此次回家料理丧事，对于吴舜莲来说，倒觉得是与丈夫团聚的
好机会。于是，他在对陈诚百般照料、殷勤的同时，并向丈夫打听自己
哥哥吴子漪在他身边干什么工作，拿多少薪水。然而，陈诚的心情却完
全是另外一样，甚至起初都不愿睡在妻子的房间里，还是经过母亲的劝

说，才勉强住进去。吴舜莲从陈诚那里得到的是冷淡和呵斥。她虽无文化，却也聪明伶俐，心里并不糊涂。

吴舜莲自觉无趣，一气之下，便以剪刀刺破喉咙，以死相抗。幸得当地走方郎中陈茂相及时抢救，先给止住了血，再用活鸡去毛，剥下鸡皮糊贴在伤口，再敷上金疮伤药，方得脱离危险。陈诚由水路雇船送妻子去温州医院养伤，托付母亲照料，自己便登程回部队销假。

陈诚与其妻吴舜莲间，原已感情淡漠，再加此次自杀之冲击，犹如雪上加霜，更难弥合。此后，陈诚长期只是表面敷衍，一别数载，不稍问候；吴舜莲亦自知无回天之力，唯怨父亲没有把她嫁给一个船工，父女相对，徒叹奈何。

就在陈诚与吴舜莲痛苦地维持着一场没有爱情的婚姻，而陈诚在事业上又逐步辉煌起来的时候，文静贤淑的谭祥小姐，意外地走入他的生活之中。

谭祥，又名曼怡，乃清进士翰林、湖南咨议局议长、国民革命军第2军军长、南京国民政府主席、行政院长谭延闿之三女，光绪三十一年正月（公历1905年二三月间）生于长沙，母方氏。她曾就读上海教会女校，并与宋美龄一起在美国留学。因其父谭延闿曾认宋美龄之母为干娘，故谭祥虽仅比宋美龄小6岁，但认辈份，却是宋氏之干女。

陈诚与谭祥结合的介绍人是蒋介石与宋美龄夫妇。蒋、宋出面作媒，有其历史的因缘。当年蒋、宋结为伉俪，乃谭延闿为月老。谭生前曾嘱托蒋、宋，为其物色才识卓越的乘龙快婿。谭祥既是宋美龄的干女，又是其留美同学，品貌端庄，聪惠出众，宋美龄极愿为她的婚姻大事出力。而陈诚在1930年出任第18军军长，久为蒋介石所器重和赏识，由蒋亲自为其择配佳偶，便成了蒋、陈政治上紧密结合的一种需要。

于是，蒋介石、宋美龄在1931年春，便正式向陈诚提起了这件婚姻。陈诚对谭祥，可称一见倾心，不仅为其落落大方的潇洒风度和知书达理的内在素质所折服，而且更为蒋介石、宋美龄的亲自出马充当介绍人而受宠若惊。他毫不犹豫地接受了蒋、宋的美意。谭祥对陈诚的翩翩风度和军阶、战功，亦极仰慕，可谓一见钟情。自此以后，陈诚便与谭祥书信往返，电话不断。一次，陈诚由岳阳军部去长沙公干，特意命副官邱行湘，在长沙选购了绒织锦沙发椅垫、枕头、鹅绒被等10件高档用品，送至南京成贤街谭公馆交给谭祥。后来，即使在江西"围剿"红军的前线，陈诚亦常命副官将写给谭祥的信带至后方邮寄。

可是，在陈诚与谭祥结合的道路上，还有一道障碍需要扫除。这就是陈诚乃有妇之夫，按时间算来，与青田吴氏已结婚十二三年，若不与其妻吴舜莲离异，谭祥嫁入陈家，就不能算作正娶。作为名门闺秀的谭祥，精于世理，在这一点上，当然不肯迁就。

陈、吴之夫妻关系，自1925年5月吴自杀未遂后，已更为冷漠，名存而实亡。在陈、吴之间，对这一婚姻的存续，都已不抱任何幻想。陈诚便托了同乡前辈、吴家祖上的亲族杜志远先生和吴氏的哥哥、第18军军需处长吴子漪，出面予以劝导，促其同意办理离婚手续。淳朴老实的吴舜莲，在各方劝说下，决心终身不再婚嫁，便提出了一个可怜的条件："生不能同衾，死后必须同穴。"陈诚也顾不着去理会这身后的遥远问题，当予同意。然后，又由吴子漪代为写了一张离婚协议书，并注明：因舜莲不识字，故由子漪代为签名盖章，并愿承担一切责任。

陈诚与谭祥，原定在1931年10月10日订婚；后由于江西对红军的战事紧张，乃延至次年初正式结婚。1932年元旦，陈诚身着戎装，与手捧玫瑰花束的谭祥，在上海沧州饭店举行了隆重的婚礼。蒋介石、宋美龄亲临祝贺。接着，他们双双到杭州西子湖畔，度了蜜月。

婚后，谭祥堪称为陈诚之贤内助，不过问政事，持家有方，尊敬婆婆；偶当陈诚在人事关系上遇到麻烦时，也出面到宋美龄面前予以周旋，使之化险为夷。谭氏随陈诚度过了"剿共"、抗日和战后内战的长年战争岁月。1948年秋抵台后，陈诚在宦海中节节高升，他们又过了一段较为安定和舒适的日子。但是，一个阴影却逐渐笼罩了他们这个美满幸福的家庭：陈诚的身体江河日下，日益衰弱。

1964年10月下旬，医院为陈诚作了"肝穿刺"，以便为他的肝脏病况作出最后的结论。化验的结果表明，陈诚所患确系肝癌。这是现代医学技术对陈诚的健康作出的"终审判决"。

常年跟随陈诚作私人医师的沈彦大夫，怀着惴惴不安的心情，将这个令人心碎的结果带至陈诚官邸。

沈大夫与陈诚夫妇都极为熟悉。多年来，陈诚到台岛各地视察及出台访问，都由他作保健医生。自然，谭祥及他们子女的健康，也都由沈彦医师兼为料理。

1961年七八月间，陈诚去美国访问，夫人同行，沈彦亦随往。就在陈诚结束了对美国的访问，准备返回台北的时候，夫人谭祥突然患肠胃炎，住进了医院。陈诚命沈彦不要随团返台，暂留美国照料夫人的身体。这次在异国的土地上，沈大夫对陈夫人的精心照料和护理，给谭祥留下了极为深刻的印象。

转眼间3年过去了。今天，沈大夫给她带来了可怕的、令人震惊的消息。沈彦对谭祥说：

"副总统'肝穿刺'的结果已经出来，确诊为肝癌。"

谭祥在惊恐之后，理智地要求沈彦，暂时不要把真实的病情告诉陈诚。他们只对陈诚说，他患了一种不太严重的肝硬化症。

隔数日，依照蒋介石的吩咐，一个设备完善的医师诊疗小组已经建立起来。在陈诚的坚持、要求下，医生们也将病情的真实情况告诉了他。陈诚面对绝症，表现了较为开朗的态度。他说："没有关系，人定胜天，我至少还要活二十年！"但他同时又要求医护人员对夫人保密，不要告诉她真实的病情，免得她担惊受怕。

为了治疗的方便，在建立了家庭诊疗病房和医师诊疗小组之后，陈诚即由楼上的卧室搬至楼下来住。谭祥除料理家务外，主要的精力都用来陪护丈夫。她陪陈诚谈笑，照料他的饮食，用妻子的温情，来减轻丈夫的痛苦。

晚上，陈诚不休息，她不离开病榻。大多是在陈诚的再三催促下，她才依依不舍地回房休息。

每天上午准9时，夫人必定出现在丈夫的病榻边。大家都习惯了这种生活习惯。稍有迟到一点的时候，陈诚便会问孩子："姆妈到哪里去了？"每当迟到的谭祥出现在他面前的时候，他便会莞尔一笑，说："我等你很久了。"

当陈诚病势较轻的时候，便由护士用轮椅推他到院子里散心。他喜欢欣赏鲜花。有时，他会精心挑选一朵最鲜艳的花摘下来，笑吟吟地说："让太太高兴一下。"

随着陈诚病情的日趋恶化，谭祥不时地背着丈夫，暗暗哭泣；但在陈诚的面前，她总是表现出信心和微笑。她是一名虔诚的基督教徒，她以特有的宗教形式，朝夕为丈夫的健康祈祷。她还写信给各位亲友，请他们也为陈诚祷告。

陈诚的身体在崩溃，谭祥的精神也在崩溃。一向被人们推崇为坚强女性的谭祥，好像变得平凡起来。她焦急、不安、激动，有时失声痛哭。

当一切的迹象，显示出陈诚的生命已经临近终点的时候，陈夫人再也不肯离开他半步。她不肯睡，不肯吃，放了一张半躺半坐的椅子，守在丈夫的病榻旁，目不交睫地注视着丈夫，唯恐丈夫会突然弃她而去。

陈诚临终前，宋美龄前来探望。她劝谭祥暂时回到卧室去休息一会。陈夫人不好不听蒋夫人的话，这才被半拖、半劝地送到楼上。宋美龄并吩咐医生为谭祥注射些镇静剂，让她睡一会。潭祥哭泣着哀求道："陈先生要过去的时候，你们一定要叫我！"

　　她没有睡多久，就被护士急促的脚步声惊醒。她被搀扶着下楼，来和共同生活了34年的丈夫诀别。当陈诚最后停止呼吸的时候，谭祥抚尸痛哭，口中连呼："辞修，你为什么不带我一起走……"正如谭祥在献给丈夫的挽联上所写："伤心成独活，哪堪白首不同归。"

　　在陈诚重病期间，他们夫妻间的恩爱与深情，给人们留下了深刻的印象。

第九章 病 逝

一 生命的终点

自1964年9月3日起，陈诚突然连续腹泻，体重遽降，虽经各种药物治疗及加强营养，终不见效。医生们觉得，来势不妙。10月14日，由陈约翰医师陪同巴大维、张先林两位教授共同会诊，发现肝脏肿大并坚硬，其表面有蛋形硬块，诊断为肝硬化合并肝癌症。20日，陈诚赴荣民总医院作放射及肝功能检查，发现右上腹部肝硬块与临床诊断相符。主治医师遵照蒋介石、宋美龄的嘱咐，立即在陈诚官邸设立了设备齐全的临时病房，指定2名医师、3名护士和1名营养专家，悉心照料；护士则分日夜3班，每班8小时，进行不间断的护理。

10月27日，专家们经再三斟酌，决定对陈诚作"肝穿刺"检查。检查结果，确诊为肝癌，从而斩断了医生们暗暗抱着的一线希望。这一消息，迅速报到了蒋介石那里。蒋介石命令为陈诚设立专门的医师治疗小组，不惜一切代价进行治疗。一个由"国防医学院"院长卢致德为负责人的治疗小组很快建立起来，聘定巴大维教授、娄克斯博士、张先林教授及陈约翰医师等为顾问医师；指定长期跟随陈诚的沈彦医师为主治医师；董玉京、陈良甫两医师在陈诚身边值理。

11月，医师治疗小组先后请美国、香港及台岛的医学权威和癌症、放射科专家为陈诚会诊。会诊的结果令人失望。他们的一致意见是：对于陈诚所患之肝癌，目前世界各国尚无根治良方；若以放射性及中、西药物等治疗，除可能增加患者之痛苦外，实无效用；因此，治疗之准则只能是支持其体力，减少其痛苦，尽可能延长其安适而无痛苦的生命。

蒋介石指示，给陈诚在海外读书的儿女寄去飞机票，让他们回来看望父亲。小女儿陈平，整日陪着母亲守候在父亲的身边，大女儿陈幸带着幼子从海外归来。大儿子履安正在美国哥伦比亚大学攻读博士学位，与夫人曹倩，携带刚满1岁、陈诚唯一的孙子赶到台北。在纽约读书的二子履庆、四子履洁和在美国柏克莱加州大学攻读物理学的三子履碚，都匆匆来到父亲的身边。这次团聚，使陈诚在生命结束以前，最后一次见到了所有的儿女。

陈诚因为得到夫人的精心护理，精神上又享受到与亲人团聚的安慰和满足，病情一度趋于稳定。治疗小组的医师、护士，则逐日给他注射葡萄糖、蛋白质、维生素、蛋白合成剂以及止痛性药物等，这使陈诚的精神和体力都有些增进。有时，他能在花园中散步，逗弄依偎膝下的孙子、外孙。

但是，进入1965年以后，陈诚的健康状况急转直下。1月17日，他突患重感冒，并发支气管肺炎。这对于晚期癌症病人来说，无异于雪上加霜。经医疗小组全力抢救，两周之后，急性症状方逐渐消失。但陈诚的体力与精神已急剧恶化，食欲消失，两腿浮肿，腹水增加，癌肿增大至脐下，皮下出现了出血性紫斑及黄疸。西医已经束手无策。不得已，请来周、黄两位享有盛名的中医师。然而，病入膏肓，妙手不能回春。两位中医师表示，已无根治之中药疗法。

2月2日，按照中国传统的历法，跨进了蛇年。陈诚的病情进一步恶化。

2月27日，陈诚体温忽降至35摄氏度以下，呼吸每分钟只有8次至12次，脉搏增加至每分钟100次以上，血压亦逐渐降低，终日呈半睡眠状态。当晚，医师治疗小组向报界发表了陈诚的第一次病情公报。公报说：

数位专家曾延聘会诊，经会商结果，一致认为，目前对肝癌一症，尚无实际上或实验上之治愈方法……医师治疗小组及各顾问医师决定治疗之准则及主要任务，均为安排如何使副总统获得安适，所有治疗之方法均循此原则。[1]

同一天，美联社从台北发出了一条更为耸人听闻的电讯。电讯称陈诚已进入弥留状态，其生命不会延长一周。虽然陈诚身边的医生否认这条电讯的内容为事实，但陈诚的生命日程表，却证实了这条电讯的正确。陈诚在这天以后，一共只活了6天。

自3月3日起，陈诚已不能饮食。这天早晨8时左右，他屏退医生、护士，召长子履安带纸笔至其身边，口授遗言三条。他用浓重的青田口音，低声地、缓慢地说：

一、希望同志们一心一德，在总裁领导之下，完成国民革命大业。

二、不要消极，地不分东西南北，人不分男女老幼，全国军民，共此患难。

三、党存俱存，务求内部团结，前途大有可为。[2]

这66字的遗言，思路清晰，内容完整，是他对人们提出的要求，也应当是他一生经验的总结。然而，与陈诚一贯的思想、言论及当时台湾的政治气候相比较，人们不难发现，其中竟未出现"反共"和"反攻"一类的词句。这是出自偶然，还是陈诚临终有感？人们不得而知。

当晚，陈诚又向家人索笔。当送给他一支钢笔时，他摇摇头，表示要毛笔；但当家人把毛笔交给他时，他已无力握笔，连一个字也没有写出来。此时陈诚又想到了什么？又想写些什么？可惜，在他生命尚存的一息，已经来不及清醒地叙述出来。

3月4日上午，陈诚病情已相当危急，脉搏每分钟在百次以上，血压降至80。中午，谭祥低声对陈诚说："总统和夫人马上要来看你。"陈诚听后，竭尽全身的力量，在夫人的帮助下，勉力下床，坚持坐在椅子上等候。在蒋介石、宋美龄来到后，陈诚以微弱的声音，伤感地对蒋介石说："总裁，我的病恐怕不容易好了……"蒋介石、宋美龄则尽量给陈诚夫妇以安慰。他们在这里一共停留了30分钟。

下午，陈诚断断续续地向家人吩咐："我很累，恐怕不行了，别人要来看我的，你们不必再阻止他们，让他们进来，见我一面。"治疗小组遂遵照陈诚的意愿，取消了原来"概不会客"的禁令，让各界官员及其亲友入内探视。位于信义路的陈诚官邸门口，一下子变得热闹起来，车水马龙，前来探视的人络绎不绝。

5日清早，陈诚官邸大门敞开，继续接纳前来探视的宾客。"总统府秘书长"张群、"行政院长"严家淦、"立法院长"黄国书、"司法院长"谢冠生、"考试院长"莫德惠、"监察院代院长"李嗣璁先后赶到。

张群与严家淦在会客厅里悄声交换意见，准备为陈诚料理后事。接着，张群将参谋总长彭孟缉请来，要他安排好在陈诚安息后护灵的宪兵。

曾经常年作为陈诚军事副手的薛岳，对"行政院政务委员"叶公超说："在阴历中这几天正是'惊蛰'节气交替之期，对病人不利，我真担心辞公今天过不了……"

"中央研究院院长"王世杰则在客厅里校阅"政务委员"陈雪屏送过来的《陈辞修先生小传》。看完后，他又递给台湾国民党中央党部副秘书长郭骥说："写得很好。"郭骥收起其中一份，准备向外发布；另一份则由张群放进了自己的西装口袋里。

"国防部长"蒋经国曾长期在陈诚领导下工作，又在接班问题上，与陈诚有着复杂微妙的关系。他一早便来到陈诚官邸，默默地伫立在窗前，时而一个人呆坐在沙发上；中午，有人给他送来面包，他只是低声道谢，并不食用。

下午4时，张光璧医师从陈诚病房中走出来，向守候在客厅里的人们宣布说：陈诚仍在弥留中，人早已失去知觉，血压又降到40，但脉搏却渐趋正常。两小时后，即下午6时，张大夫重新出现在客厅里。他带来了最新的消息：陈诚血压继续降低，但脉搏却出奇地变得正常，每分钟达到72次。他说，像这样的情况，可能持续三五小时，甚至一天，希望大家离去进餐，不必再守候下去。

大约在6时半左右，陈诚病房的门关上了。病房中只有谭祥和长子履安、四子履洁，女儿陈幸、陈平，以及医护人员。这时，陈诚斜躺在病榻上，安详如常人，但呼吸更微弱，站在榻前的人，渐渐听不见那沉重的吐气声。陈诚艰难地走到了生命的尽头。这位戎马一生的四星上将，终于悄然离开人世。

7时刚过不久，病房的门缓缓打开。张光璧医师走出病房，面对严家淦、蒋经国等高级官员简短的说：

"副总统在7时零5分过去了！"

蒋经国带着凄然的神情，即席对记者发表讲话说："陈副总统的逝世，在国家和党来说，是无可补偿的重大损失。在我个人来说，尤其是失去追随了近三十年的导师。"15年前曾由陈诚主持从上校晋升少将仪式的蒋纬国，则神秘地宣称：这日下午7时左右，他心中突然涌起一种奇异的感觉，立即驱车赶到陈诚官邸，可惜这位"可敬的长者"，刚刚溘然长逝。菲律宾驻台湾"大使"、"外交团团长"罗慕斯和多米尼加"大使"魏雅诺、阿根廷"大使馆代办"马迪尼，匆匆赶来，想见陈诚最后一面。可惜已经迟了。他们在陈诚官邸徘徊了一会，便默默地返回"使馆"。当晚，比谭祥小8岁的妹妹谭韶女士，由日本匆匆赶回台北，参加陈诚丧礼，并安慰姐姐。

8时10分，4名担架人员将陈诚遗体抬上15—00509号救护车，由信义路官邸前往松江路台北市立殡仪馆。担架上一幅大红织锦棉被，覆盖在陈诚遗体上。陈诚的两个儿子履安、履洁，随车伴灵。8点20分，灵车开动。灵车前面有两辆吉普车开路，灵车旁有16辆摩托车组成的仪仗队分列两边护灵，灵车后有10余辆"政府"官员的轿车尾随。当灵车抵达市立殡仪馆时，由两队宪兵组成的仪仗队，立正举枪，向逝去的"副总统"致敬。陈诚遗体置于化妆室冰库中。尾随而至的各"政府"官员，面向冰库，虔诚地行三鞠躬礼后，默默离去。

二　隆重的丧礼

台湾当局对于作为蒋介石副手的陈诚之逝世，极为重视，给予了特殊的哀荣。

台湾国民党中央常务委员会于5日当晚，为失去党的副总裁举行临时常会，作出决议，给予陈诚一生的活动以极高的评价。决议称：

> 陈副总裁献身革命，对领袖之忠贞，对同志之亲爱，对主义的践履笃实，对国家之公忠沉毅，及其自奉之俭，自律之严，尤为国人所钦仰。副总裁在此四十余年中，革命圣战，无役不从，烛照机先，深谋果断，其不辞艰范，不避劳怨，尤为总裁所倚重，全党所推崇。当大陆阽危之际，副总裁镇抚东南，秉承总裁指示，贯彻党的政策，以土地改革安定民生，以工业建设增强国力，俾克建设台湾为三民主义模范省，承担反攻复国之大业。[3]

后来的情况显示，自陈诚死后，国民党内即不再设"副总裁"。可见，在蒋介石和台湾当局看来，在台湾高级官员的阵容中，除陈诚外，一时还没有其他任何一个人能够超然地稳居"二号"位置。

蒋介石于当天发布"总统令"，特派"总统府秘书长"张群，"五院院长"严家淦、黄国书、谢冠生、莫德惠、李嗣璁，"总统府战略顾问委员会主任委员"何应钦，"最高国防会议秘书长"顾祝同，"总统府参军长"周至柔，"光复大陆设计委员会代主任委员"薛岳，"国民大会秘书长"谷正纲，国民党中央委员会秘书长谷凤翔12人组成治丧委员会，"敬谨治丧，以示优隆，而昭崇报"。蒋介石还下令：自3月6日起，全体军政机关、部队、学校、团体等，一律下半旗10日，并停止娱乐及宴会；公祭及殡葬之日，民间一律悬挂半旗，并停止娱乐及宴会。

蒋经国主持的"国防部"下令：三军为陈诚服丧，各单位自6日晨6时起至15日日落时止，一律下半旗志哀；官兵自6日起至15日止，一律缀佩丧章；凡备有礼炮之部队，于6日中午12时，鸣放丧炮19响。

陈诚治丧委员会于5日晚9时30分举行第一次会议，决定张群为治丧委员会召集人；设治丧办事处，"内政部长"连震东为主任，"国防部副部长"马纪壮及国民党中央委员会副秘书长郭骥为副主任，下设典礼、总务、财务、招待、新闻、布置、交通、警务、文书、工程10组。会议并确定3月10日大殓，随即公祭。

安放陈诚遗体的台北市殡仪馆，忙碌了一整夜，赶在3月6日黎明前搭起了灵堂。灵帏装缀成宫殿式。淡绿色的灵帏上，嵌着雕花的金边，四周围着矮矮的栏杆。一张50寸的陈诚遗像，四周镶缀着白花，放置在灵帏的中央。灵台用白绸围绕。灵台上的祭品除桔子、苹果、雪梨外，还特地供上陈诚生前爱吃的鲜枣、金桔和柠檬；最前面是3杯水酒。12盆鲜花，围绕灵台，其中6盆深红色的玫瑰花特别引人注目。一炉檀香，袅绕不绝。灵台正中，放着一座用檀香木雕成的神主牌，上书"显考陈公辞修府君之神主"。陈诚生前特地关照家人，要给他立一座神主牌，并希望将来能供入家乡青田的家祠。

自6日凌晨，"政府"官员、各界人士及外国"使节"，纷纷冒雨来到殡仪馆悼祭陈诚。

上午11时40分，蒋介石着蓝色长袍、黑色马褂前来致祭。他神情忧戚，默默地在陈诚遗像前行三鞠躬礼，并在灵前献花致哀。陈子履安、履洁则在旁叩谢。蒋介石行礼后，复至化妆室吊视陈诚遗容。这位79岁高龄的独裁者，目睹比自己小11岁的副手先己而去，无限伤感，不禁凄然泪下。

11时55分，"国防部长"蒋经国主持了陆海空三军的祭典。蒋经国在陈诚遗像前献花后，即与"参谋总长"彭孟缉率"陆军总司令"刘安祺、"海军总司令"刘广凯、"空军总司令"徐焕升、"联勤总司令"赖名汤、台湾警备总司令陈大庆等高级将领行三鞠躬礼。12时整，殡仪馆附近的礼炮部队鸣放丧炮19响；与此同时，高雄、台中两地区，亦鸣放丧炮19响。

9日下午1时，蒋介石夫妇派人送来了一个巨大的花圈，放在陈诚灵前的左边，坠在白花朵上的两条白色挽带上写着：

> 辞修同志千古。
>
> 蒋中正、蒋宋美龄挽。

为准备10日的大殓，灵堂在9日夜晚又进行了一番布置。灵堂四周，置放着1347副挽联、95幅挽幛和471个花圈、花篮。在陈诚巨大的遗像的上方，悬挂着蒋介石亲题的挽额"党国精华"。在灵堂两边的显要位置，挂着蒋介石亲书的挽联：

> 光复志节已至最后奋斗关头，那堪吊此国殇，果有数耶！
> 革命事业尚在共同完成阶段，竟忍夺我元辅，岂无天乎！

灵堂里还安放着蒋经国的挽联：

> 三十年导师中殂，忧国不忧身，少长皆令照肝胆；
> 千万里疆土待复，为河亦为岳，涕洟原许负弓旌。

陈夫人谭祥的挽联为：

> 结褵自卅载相守以还，怜君尽瘁邦家，临难每忘身，遗恨中原犹未复；

　　易簀在一息仅存之际，顾我栖迟病榻，伤心成独活，哪
堪白首不同归。

　　10日，是大殓的日子。谭祥于7时15分来到灵堂。在夫人的照料
下，经过整容的陈诚遗体，身着"七领五腰"的寿衣，由陈子履安、履
洁引灵，6名陆海空军上尉护灵军官轻抬，14位扶灵委员扶侍，缓缓移
入灵枢。

　　陈诚的灵枢系用阿里山的一棵千年香杉制成。这节香杉5年前运抵
台北时，直径长1.8米，年轮达2000个以上。陈诚逝世后，由江苏籍42
岁的名匠陶祖生，用三天三夜的时间赶制成棺。棺长8尺，高3.9尺，重
2400余斤，共涂5层深咖啡色福建生漆和3层紫红油漆；待大殓后，还要
刮去外面的3层油漆，再涂7层油漆、石膏。陶祖生说，这口棺材埋入地
下后，可保100年不腐烂。

　　在简短的家祭之后，便开始了隆重的公祭。

　　大殓公祭由身着蓝袍、黑褂，左胸佩戴白花的张群主祭，其余11
位治丧委员担任陪祭。在盖棺前，将陈诚身前喜爱的1顶呢帽和1支竹头
拐杖，放入棺椁。谭祥和她的子女相信，这样做将能帮助陈诚的在天之
灵。在盖棺、敲钉的同时，19响丧炮缓缓响起。之后，又由台湾国民党
代表何应钦、顾祝同、周至柔、谷正纲在陈诚灵枢上覆盖国民党党旗；
继由"行政院长"严家淦、"立法院长"黄国书、"司法院长"谢冠生
和"考试院长"莫德惠，在灵枢上覆盖"中华民国国旗"。

　　大殓仪式的高潮是蒋介石、宋美龄于9时整出现在陈诚灵堂。他们
率"总统府"全体同仁，在哀乐声中，献了花圈，行三鞠躬礼，并慰问
了陈诚的亲属，吊唁活动历时10分钟。

　　从10日晚6时起到11日上午8时止，由28名中常委和治丧委员，轮流
彻夜守灵。他们每小时轮换一次，每班2人。之后，又公祭5天，50万人
至台北市殡仪馆致祭。

三　安息在水一方

大殓之后，遂由国民党中央党部副秘书长、治丧办事处副主任郭
骥，负责勘选墓址。台湾当局公开宣称的说法是：墓址必须风景优美、
环境雅洁、交通便利，同时还要考虑到费用节省的因素。为此，治丧办
事处婉言谢绝了观音山农场一位董事长自愿无偿奉献出的一片土地，理
由是那里过于偏僻，修筑道路的工程费用太大。但是，据一些资料透
露：由于蒋介石迷信风水，他指示要为陈诚勘选一处"龙穴"作为墓
址。为此，郭骥同一些风水高手曾跑遍了阳明山、北投、淡水、观音山
等地，最后还是由台湾名望甚高的"地理仙"曾子南，勘定台北县泰山
乡的一处"雄狮出林穴"作为墓址。蒋经国称赞这座墓址"风藏气聚、
山水环抱、龙虎比和、万山朝拜、万派归源、气象阔大"。

经过4个多月才选定的泰山乡墓址，在同荣村一块海拔400米的山腰

陈诚墓地

平台上。这里四周是连绵的山峰，山坡上植满了郁郁葱葱的修竹和相思树。由陈诚主持兴建的石门水库放出的水，长年灌溉着附近一望无垠的良田。墓地依山带水、视野广阔、气势雄伟、交通方便。从台北乘车到同荣村，只要20分钟，从同荣村再步行10分钟，就可以到达墓园。

治丧办事处请七八名建筑设计师同时为陈诚的墓园设计图样，规定以简朴、庄严、雅致和节约为原则。著名建筑设计师杨卓成先生以其简单、朴实的图样独占鳌头，为治丧办事处选中。

墓地工程于7月底正式动工。经半个月日夜施工，至8月中旬，墓园及墓穴工程告竣。墓园依陡峭的山势而建，经6层240级台阶而达于墓穴。台阶的中部有一大水泥广场，供凭吊者中途休息，其两端各立一块高4.2米、宽8米的墓志铭。寝墓的形状为一块高1米、宽2.6米的正方形结结实实的水泥体。墓内为磨光的水泥石，外面用纯黑色大理石包贴；四周围着石栏，可供游人静坐。墓的后方，有一座高10米、长29.5米的弧形护墙，用白水泥建筑，与黑色的墓体黑白分明。治丧委员会认为，这种墓体的设计和色彩，象征着陈诚一生脚踏实地和廉洁奉公。

殡葬日期定于8月30日。陈诚治丧办事处对于殡葬日的一般仪节，作了如下规定：

一、下半旗及停止娱乐宴会：全国军政机关、部队、学校、团体及民间等，一律下（悬）半旗，并停止娱乐及宴会。

二、鸣放丧炮：凡备有礼炮的要塞、部队及军舰等，都于当日中午十二时起鸣放丧炮十九响。

三、佩缀丧章：凡于当日参加殡葬的人员及身份旗、武器、乐器等，都应佩缀丧章。

四、一般礼节：于灵柩移动时，鸣放丧炮时，及吹奏安息号时，除工作人员外，都应面向灵柩，武官行举手礼，文官及各界人士则脱帽肃立致敬。

　　五、服装穿着：（一）文官及各界人士，请着蓝袍黑褂、中山服或深色西服（结领带），武官请着夏季军常服（佩勋奖表），妇女请着素色服装。（二）外宾文官及各界人士，请着礼服或深色西服（结领带），武官请着礼服或军常服（佩勋奖表），妇女请着素色服装。[4]

　　谭祥因健康关系，经医生劝阻，没有参加送葬，故特于29日下午到陈诚灵前，作了最后的吊祭。

　　30日晨7时35分，蒋介石赶在启灵前，第三次来到陈诚灵堂致祭。蒋介石在陈诚灵前献了白色花圈，并行三鞠躬礼。礼成后，他进入灵帏，在陈诚灵柩前环视一周，带着忧伤的神情，黯然离去。

　　启灵仪式在上午8时整举行，由张群主祭。在献花、行礼、读"启灵文"后，缓缓的丧炮声响起，预告即将启灵。一名陆军上尉撑着"副总统"旗，立正举在灵堂左方，面向祭者。一名海军上尉捧着蒋介石亲颁的"总统褒扬令"，也站在灵堂左方，面向灵堂中央。陆海空军中尉军官各4名，捧着陈诚身前获得的各种勋章，分三列立于灵堂左前方，亦面向灵堂中央。灵堂门口，伫立着由陆海空三军共18人组成的仪仗队，作人字形排列两侧。

　　8时10分启灵。安放在活动引台上的陈诚灵柩，由6名陆海空军少校扶护推出灵帏；12名治丧委员和蒋经国、彭孟缉担任扶柩委员，分列灵柩两侧，随护前进。灵车上置有铜轨，灵柩下装了铁轮。轮盘顺着轨道滚动，使灵柩顺利地停置在灵车上。据说这种设备是仿照了西方首脑人物的灵车结构。

　　随着开道车上指挥官一声银笛长鸣，庞大的送殡行列开始缓缓移动。紧跟着开道车的，是排成"V"字队形的16辆摩托车。"副总统"旗高擎在大乐队的前面。由121人组成的陆海空三军联合大乐队，反复演奏着充满忧伤情调的《送殡进行曲》。乐队指挥只是单调、机械地将指挥棒上下移动，因为台湾当局的《军人礼节》规定，在举行丧礼时，乐队长姿势应持重端庄，不得飞舞或旋动指挥棒。

缓缓行驶的挽额车上，悬挂着蒋介石手书的"党国精华"挽额；挽额两边，挂着蒋介石手题的挽联。

12名捧勋军官，分成三排，双手捧着镶在镜框里的勋章。陈诚一生中，共获得12枚"本国勋章"和25枚"外国勋章"。在"本国勋章"中，包括了国民党最高级的一等云麾勋章、一等景星勋章、一等宝鼎勋章和一等卿云勋章；包括了因抗战有功而获得的青天白日勋章、忠勤勋章、胜利勋章和在国民党派系战争中以及反人民内战中获得的各种勋章。这些勋章，从一个侧面反映了陈诚一生的轨迹。

三军仪仗队由265人组成。他们把行进的速度比平时放慢了一半。缓慢而有节奏的步伐，显得整齐、沉重。

陈诚儿子履安、履洁，手提丧棒，身穿白布孝袍，头戴高高的白色孝帽，神情悲戚，默默地走在灵车前。14名扶柩委员，随护在灵车的两侧。由196个单位的代表和各界人士组成的万人执绋行列，跟随在灵车之后。

灵车过处，民众肃立道旁，组成厚厚的人墙；各商店门口与安全岛上，搭满香案、供桌。台湾《陈诚先生传》一书中有如下记述：

> 八时三十分发引，一条长达五公里的送殡行列，缓缓地前进，在路的两旁，满满地肃立着民众，形成两堵厚厚的人墙，高楼上也爬满了人，当灵车走过面前时，有的设香案祭吊，有的合十为礼，有的鞠躬，有的用照相机留下永恒的纪念，在木架上做工的建筑工人，也停下来就地肃立致敬。很多外籍仕女也在路旁瞻仰陈氏的遗容与灵柩，有的还拍下电影。
>
> 出殡行列，一直步行到九台街口，两位孝子叩首致谢，

请送殡的人们回驾，然后灵车继续前驶，但从市区直到墓园，两旁的民众，仍然密密层层，到处是香案路祭，后面送殡的大小车辆，数以百计。

马路中间安全岛的草地上，隔个三五步便插着一把把清香；一路香烟袅绕，这些香都是市民们对陈故副总统的灵柩拜拜后，才插上去的……

中山北路的商铺，到处自设香案路祭，有些店铺还烧了一堆堆的黑布，鸣放一串串的鞭炮。仁山庄鲜花店设的香案上面，还高书了"普惠万商"几个大字。

进入泰山乡后，远近农舍门前，均可看到乡民们扶老携幼的站在门前等候副总统灵柩经过。泰山乡那条小街道上，家家户户门前都设置了灵案，上面供着素烛清香、鲜花素果，有些人家甚至敲着锣鼓，以节奏简单的哀乐，表示他们心中无限的悲悼！[5]

灵车于10时20分抵达墓园。32名穿白色短衣裤、白球鞋，头戴斗笠的工人，合力将灵柩抬下灵车。他们冒着炙人的秋阳，不断发出嗬嗬的声音，吃力地爬上240级石阶，置灵柩于墓穴之中。

11时许，安葬典礼在墓前一座临时用杉萝搭成的丧棚中举行。治丧委员会召集人张群担任主祭。全体参祭人员向墓穴行三鞠躬礼后，6名护灵军官将覆盖在灵柩上的"国旗"、党旗收起。后来这两面旗帜，由张群代表台湾当局，赠给了陈诚的家属保存。

11时30分，蒋介石在哀乐声中，亲临墓地。这是他在4小时内，第二次来到陈诚灵前致祭。他在陈诚的遗像前献花、行礼；然后，默默地巡视墓地一周，没有和任何人说一句话，默然离去。蒋介石离开后，墓地既定的葬仪继续进行。19响丧炮隆隆响起。大家面向灵柩，武官们举手行礼，文官和市民则脱帽肃立致敬。

11时40分，4名号兵从4个不同的地方，同时连续吹起了安息号。号声悠悠，一代枭雄长眠地下。

陈诚的墓地与他的家乡青田，直线距离只有400公里左右，可谓近在咫尺。可是，茫茫的台湾海峡和一道无形的墙，将陈诚的墓地隔绝在水之一方。

注 释

前 言

［1］陈履安口述：《陈诚在台湾的岁月》、《作家文摘》2010年7月24日。

第一章 大陆最后岁月

［1］参见罗家伦主编：《革命文献》第11辑第1632页，台北1978年版。

［2］蒋介石致陈诚电，1933年3月4日，台湾《中华民国重要史料初编——对日抗战时期》绪编(二)，第390页。

［3］《红色中华》第71期，1933年4月20日。

［4］《陈诚与蒋总统》，载台湾何定藩主编：《陈诚先生传》。

［5］陈诚致蒋介石电，1938年10月10日，中国第二历史档案馆藏。

［6］［7］《陈诚私人回忆资料》，中国第二历史档案馆藏。

［8］[美]巴巴拉·塔奇曼：《史迪威与美国在华经验》下册，商务印书馆1984年版，第452—453页。

［9］《陈诚私人回忆资料》，中国第二历史档案馆藏。

［10］《毛泽东军事文选》，战士出版社1981年版，第281页。

［11］1946年10月17日、18日天津《大公报》。

［12］1947年3月21日天津《大公报》。

［13］蒋介石1947年5月19日对军官训练团第二期学员的讲话，南京国民政府内政部档案，中国第二历史档案馆藏。

［14］方知今：《黄埔名将——陈诚》，作家出版社1993年版，第299页。

［15］《陈诚私人回忆资料》，中国第二历史档案馆藏。

［16］1947年9月3日天津《大公报》。

［17］方知今：《黄埔名将——陈诚》，作家出版社1993年版，第297页。

［18］吴锡泽：《陈辞修先生年谱简编初稿》（二），台湾《传记文学》第62

卷第6期。

［19］吴相湘：《陈辞修生平大事》，载《民国政治人物》第2集，第185页。

［20］何定藩：《陈诚先生传》，台湾反共出版社1965年版，第65页。

［21］1947年10月11日天津《大公报》。

［22］陈家骥：《陈诚与沈阳会战》，载台湾《东北文献》1984年第14卷第4期。

［23］《中国人民解放军战史》第3卷，军事科学出版社1987年版，第223页。

［24］《东北解放战争纪实》，长征出版社1988年版，第465—466页。

［25］《东北解放战争战实》，长征出版社1988年版，第477页。

［26］吴相湘：《陈辞修生平大事》，载《民国政治人物》第2集，第189页。

［27］赵荣声：《回忆卫立煌先生》，文史资料出版社1985年版，第314—315页。

［28］赵荣声：《回忆卫立煌先生》，文史资料出版社1985年版，第315—316页。

［29］1948年1月18日天津《大公报》。

［30］《陈诚先生传略》，载《陈诚传》，华艺出版社1991年版，第198页。

［31］陈诚上蒋介石签呈，台湾《中华民国重要史料初编——对日抗战时期》第7编《战后中国》（五），第387页。

［32］［33］台北《国民大会实录》第1编，第119页、136页。

［34］《国民大会实录》第1编，第152页。

［35］［36］1948年4月13日天津《大公报》。

［37］方靖：《六见蒋介石》，湖南人民出版社1985年版，第127页。

［38］方靖：《六见蒋介石》，湖南人民出版社1985年版，第128页。

［39］冯世欣：《陈诚临危受命》，台湾《中外杂志》第51卷第2期。

［40］［41］王康：《陈副总统与新闻记者》，载台湾何定藩编：《陈诚先生传》辑录资料。

第二章　东山再起

［1］陈诚在国民党七全大会上的报告，1952年10月12日。

［2］［3］台湾何定藩编：《陈诚先生传》，第157页。

［4］台湾何定藩编：《陈诚先生传》，第158—159页。

［5］陈诚在国民党七全大会上的报告，1952年10月12日。

［6］台湾何定藩编：《陈诚先生传》，第160页。

［7］《先总统蒋公图像墨迹集珍》，台湾近代中国出版社1984年版，第226页。

［8］［9］［10］［11］［12］陈诚口述，吴锡泽笔记：《陈诚主台政一年的回忆》，台湾《传记文字》第36卷第6期。

［13］台湾何定藩编：《陈诚先生传》，第169页。

［14］陈诚在台湾省第二届行政会议上的报告，1949年12月5日。

［15］台湾何定藩编：《陈诚先生传》，第202页。

［16］陈诚口述，吴锡泽笔记：《陈诚主台政一年的回忆》，台湾《传记文字》第36卷第6期。

［17］台湾何定藩编：《陈诚先生传》，第207页。

［18］《中美关系资料汇编》第1辑，世界知识出版社1957年版，第327页。

［19］董显光：《蒋总统传》（三），台北中华文化出版事业社出版，第509—510页。

［20］1949年1月1日《中央日报》。

［21］［22］杨树标：《蒋介石传》，团结出版社1989年版，第493页。

［23］刘健清等主编：《中国国民党史》，江苏古籍出版社1992年版，第651页。

［24］陈诚在国民党七全大会上的报告，1952年10月12日。

［25］［26］《孙立人冤案平反》，台湾新梅出版社1988年版，第8—9页。

［27］［28］［29］陈诚在国民党七全大会上的报告，1952年10月12日。

［30］台湾何定藩：《陈诚先生传》，第51页。

［31］台湾省政府行政院电报，1949年4月8日，南京政府教育部档案，中国

第二历史档案馆藏。

［32］郭骥：《存亡绝续的三十八年》，《陈诚传记资料》，台湾天一出版社1979年版，第175页。

［33］江南：《蒋经国传》，中国友谊出版公司1987年版，第232—233页。

［34］冯世欣：《陈诚临危受命》，台湾《中外杂志》第51卷第2期。

［35］陈诚在省参议会闭幕时的致词，载何定藩：《陈诚先生传》，第173页。

［36］陈诚在台湾省第二届行政会议上的报告，1949年12月5日。

［37］陈诚就结束台湾警备总司令部发表谈话，1949年8月15日。

［38］陈诚为纪念抗战胜利4周年的广播讲话，1949年9月3日。

［39］《陈长官告东南区同胞书》，1949年10月9日，载台湾《陈诚先生传》，第192页。

［40］沈克勤：《孙立人传》，台湾学生书局1998年版，第562—563页。

［41］董嘉瑞：《悼孙帅述其轶事》，《中国军魂——孙立人将军永思录》，台湾孙立人将军纪念馆筹备处1992年版，第129页。

第三章　步登宦海巅峰

［1］蒋介石：《关于实施本党改造之说明》，1950年7月22日，载台湾《先总统蒋公全集》第2卷，第2040页。

［2］《陈诚将军组阁经过》，台湾何定藩编：《陈诚先生传》，第215页。

［3］［4］《陈诚将军组阁经过》。

［5］1950年3月16日台湾《中央日报》。

［6］1950年10月4日台湾《中央日报》。

［7］1950年3月2日台湾《中央日报》。

［8］［9］［10］［11］［12］陈诚口述、吴锡泽笔记：《陈诚主台政一年的回忆》，台湾《传记文学》第36卷第6期。

［13］陈诚：《增加生产建设台湾》，载台湾何定藩主编《陈诚先生传》，

第169页。

〔14〕台湾何定藩主编：《陈诚先生传》，第202页。

〔15〕陈诚口述、吴锡泽笔记《陈诚主台政一年的回忆》，台湾《传记文学》第36卷第6期。

〔16〕台湾何定藩主编：《陈诚先生传》，第207页。

〔17〕〔18〕陈诚在第一届"国民大会"二次会议上的施政报告，1954年3月3日。

〔19〕江南：《蒋经国传》，第265页。

〔20〕1954年2月16日台湾《中央日报》。

〔21〕《严家淦报告陈诚生平事迹》，1966年3月6日台湾《中央日报》。

〔22〕吴锡泽编著：《陈辞修先生年谱简编初稿》（二），台湾《传记文学》第62卷第6期。

〔23〕1954年2月20日台湾《中央日报》。

〔24〕何定藩编：《陈诚先生传》，第299—301页。

〔25〕〔26〕1954年3月25日台湾《中央日报》。

〔27〕〔28〕1954年5月21日台湾《中央日报》。

〔29〕吴锡泽编著：《陈辞修先生年谱简编初稿》（二）。

〔30〕〔31〕1957年10月19日台湾《中央日报》。

〔32〕〔33〕江南：《蒋经国传》，第407页。

〔34〕1958年7月5日台湾《中央日报》。

〔35〕1958年7月16日台湾《中央日报》。

〔36〕吴锡泽编著：《陈辞修先生年谱简编初稿》（三），台湾《传记文学》第63卷第1期。

〔37〕陈诚就结束台湾警备总司令部发表谈话，1949年8月15日。

〔38〕陈诚为纪念抗战胜利4周年的广播讲话，1949年9月13日。

〔39〕《陈长官告东南区同胞书》，1949年10月9日，载台湾何定藩主编：《陈诚先生传》，第192页。

第四章　经营台岛

［1］陈诚：《奋斗、创造、前进、建设新湖北》，1941年12月21日，载《前卫月刊》创刊号，中国第二历史档案馆藏。

［2］［3］陈诚：《根绝贪污提高效率》，1949年2月，载台湾《陈诚先生传》，第164页。

［4］台湾何定藩编：《陈诚先生传》，第165页。

［5］1953年4月29日台湾《中央日报》。

［6］台湾何定藩编：《陈诚先生传》，第165页。

［7］1951年12月3日台湾《中央日报》。

［8］陈诚在台湾省第三届行政会议上的报告，1949年12月5日。

［9］台湾何定藩编：《陈诚先生传》，第182页。

［10］陈诚：《劳工同胞应有的认识与努力》，1951年1月5日。

［11］陈诚在国民党七全大会上的报告，1952年10月12日。

［12］陈诚：《台湾土地改革纪要》，台湾中华书局1961年版，第21页。

［13］陈诚在第一届"国民大会"二次会议上的施政报告，1954年3月3日。

［14］［15］冯世欣：《我所知道的三七五减租》，台湾《传记文学》第53卷第4期。

［16］台湾何定藩编：《陈诚先生传》，第167页。

［17］陈诚在第一届"国民大会"二次会议上的施政报告，1954年3月3日。

［18］《陈诚传记资料》（二），台湾天一出版社1979年版，第265页。

［19］台湾《近代中国》第11期，影印手令原件。

［20］秦孝仪主编：《中华民国经济发展史》第3册，台湾近代中国出版社1983年版，书前插页手迹照片。

［21］陈诚：《台湾土地改革》，第49—51页。

［22］[德]施罗曼、费德林斯坦合著：《蒋介石传》，台湾黎明文化事业公司1985年版，第400页。

［23］1953年1月6日台湾《中央日报》。

［24］黄季陆：《为实现"耕者有其田"而奋斗》，载台湾《近代中国》第10期，1979年4月。

［25］台湾《先烈墨迹》第386页。

［26］《陈院长对地政讲习会致训》，1953年2月2日台湾《中央日报》。

［27］1953年2月4日台湾《中央日报》。

［28］徐扬、寇思坌：《陈诚评传》，群伦出版社，第183页。

［29］王致冰、庄培昌：《蒋介石集团从上海劫走了多少黄金去台湾》，1990年1月8日《人民日报》。

［30］陈诚在第一届"国民大会"第二次会议上的施政报告，1954年3月3日。

［31］台湾何定藩编：《陈诚先生传》，第172页。

［32］［33］陈诚对台湾省参议会第七次大会的施政报告，1949年6月15日。

［34］陈诚在台湾省"党政军联合纪念周"的讲话，1949年7月5日。

［35］台湾何定藩编：《陈诚先生传》，第195页。

［36］1938年9月25日《武汉日报》。

［37］［38］台湾何定藩编：《陈诚先生传》，第176页。

［39］陈诚：《教学的道理与教师的责任》，1949年7月18日。

［40］陈诚向国民党七全大会所作的施政报告，1952年10月12日。

［41］陈诚在国民党七全大会上的报告，1952年10月12日。

［42］台湾何定藩编：《陈诚先生传》，第264页。

［43］1953年1月6日台湾《中央日报》。

［44］1959年12月13日台湾《中央日报》。

［45］1960年6月8日台湾《中央日报》。

［46］［47］1955年7月2日台湾《中央日报》。

［48］1955年7月8日台湾《中央日报》。

［49］1955年7月7日台湾《中央日报》。

［50］《五十三年主持石门水库落成典礼》，载台湾何定藩编：《陈诚先生

传》辑录资料。

［51］1959年8月10日台湾《中央日报》。

［52］复旧，即恢复原貌。

［53］1959年8月18日台湾《中央日报》。

［54］1959年9月16日台湾《中央日报》。

［55］1959年9月1日台湾《中央日报》。

［56］1959年9月16日台湾《中央日报》。

［57］1960年3月17日台湾《中央日报》。

［58］1960年8月3日台湾《中央日报》。

［59］"严部长"，指"财政部长"严家淦。

［60］陈诚致黄杰函手迹，载台湾何定藩编：《陈诚先生传》辑录资料。

第五章　政坛纪事

［1］陈诚在台湾全省行政会议上的训词，1949年3月1日。

［2］台湾何定藩编：《陈诚先生传》，第206页。

［3］1950年11月7日台湾《中央日报》。

［4］陈诚在国民党七全大会上的报告，1952年10月12日。

［5］黄嘉树：《国民党在台湾》，第86页。

［6］蒋介石：《对第七次全国代表大会政治报告》，1952年10月13日，台湾《先总统蒋公全集》第2卷，第2247、2249页。

［7］《蒋经国自述》，湖南出版社1988年版，第213页。

［8］黄嘉树：《国民党在台湾》，第147页。

［9］江南：《蒋经国传》，中国友谊出版公司1987年版，第250页。

［10］1950年7月23日台湾《中央日报》。

［11］蒋介石：《对第七次全国代表大会政治报告》。

［12］［13］［14］1950年8月6日台湾《中央日报》。

［15］蒋介石：《本党现阶段政治主张》，1950年9月1日，载台湾《先总统

蒋公全集》第2卷。

[16] 1952年10月11日台湾《中央日报》。

[17] [18] 1952年10月19日台湾《中央日报》。

[19] 台湾何定藩编：《陈诚先生传》，第90页。

[20] 陈诚：《如何走向安全和平之路》，载何定藩编：《陈诚先生传》，第253页。

[21] 台湾何定藩编：《陈诚先生传》，第256页。

[22] 1951年3月27日台湾《中央日报》。

[23] 台湾《中华民国重要史料初编——对日抗战时期》第七编《战后中国》（7），第713—714页。

[24] 《陈院长报告一年施政》，载1951年5月2日台湾《中央日报》。

[25] 蒋介石为旧金山和约问题发表的声明，1951年6月18日。

[26] [27] 陈诚在"立法院"作关于台日"和约"案的说明，1952年7月15日。

[28] 陈诚在"立法院"作关于台日"和约"案的说明，1952年7月15日。

[29] 陈诚在国民党七全大会上的报告，1952年10月12日。

[30] 1951年8月6日台湾《中央日报》。

[31] 台湾何定藩编：《陈诚先生传》，第258页。

[32] 陈诚在国民党七全大会上的报告，1952年10月12日。

[33] 陈诚在"行政院"检讨会闭幕时的讲话，载1953年3月18日台湾《中央日报》。

[34] [35] 《光复大陆设计委员会陈主委讲词》，载何定藩编：《陈诚先生传》辑录资料。

[36] 陈诚在记者大会的演讲，1955年9月1日。

[37] 陈诚答美国记者问，载1956年8月13日台湾《中央日报》。

[38] 李渔叔：《敬念陈故副总统辞公》，载何定藩编：《陈诚先生传》辑录资料。

[39] 《孙案调查委员会报告书》，载1955年10月21日台湾《中央日报》。

［40］《名将孙立人》，台湾群伦出版社1987年版，第96—97页。

［41］《名将孙立人》，台湾群伦出版社1987年版，第17—18页。

［42］江南：《蒋经国传》，第313—314页。

［43］［44］《孙案调查委员会报告书》。

［45］1955年10月22日台湾《中央日报》。

［46］吴锡泽编著：《陈辞修先生年谱简编初稿》（三），台湾《传记文学》第63卷第1期。

［47］1961年6月13日台湾《中央日报》。

［48］1961年7月2日台湾《中央日报》。

［49］1961年7月8日台湾《中央日报》。

［50］1961年8月26日台湾《中央日报》。

［51］1961年8月27日台湾《中央日报》。

［52］1961年8月29日台湾《中央日报》。

［53］1961年9月1日台湾《中央日报》。

［54］曾景忠、梁之彦选编：《蒋经国自述》，团结出版社2005年版，第201页。

［55］《中央日报》，1949年10月18日。

［56］台湾何定藩编：《陈诚先生传》，第244页。

［57］童小鹏：《童小鹏回忆对台工作》，《作家文摘》，2001年4月10日。

［58］［59］左双文：《坚持"一个中国"立场的国民党元老陈诚》，《炎黄春秋》，1996年第4期。

［60］［61］［62］童小鹏：《童小鹏回忆对台工作》，《作家文摘》，2001年4月10日。

［63］［64］［65］左双文：《坚持"一个中国"立场的国民党元老陈诚》，《炎黄春秋》，1996年第4期。

［66］《黄维呈中央统战部汇报》，1988年6月3日。

［67］王永钦主编：《中国结——两岸关系重大事件内幕》，新华出版社

2003年版，第331页。

　　［68］《黄维呈中央统战部汇报》，1988年6月3日。

第六章　军旅生涯的继续

　　［1］徐焰：《金门之战》，中国广播电视出版社1992年版，第47页。

　　［2］1949年10月16日《江声报》。

　　［3］台湾《传记文学》第35卷第4期。

　　［4］《王世杰追思丰功伟绩》，载台湾何定藩编：《陈诚先生传》辑录资料。

　　［5］徐焰：《金门之战》，第79—80页。

　　［6］毛泽东：《关于渡海作战等问题给林彪的电报》，1949年12月18日，载《建国以来毛泽东文稿》（1949.5—1950.12），中央文献出版社1987年版。

　　［7］1949年10月29日台湾《中央日报》。

　　［8］蒋经国：《风雨中的宁静》，台湾实践出版社1985年版，第388页。

　　［9］《蒋经国自述》，湖南出版社1988年版，第300页。

　　［10］蒋经国：《风雨中的宁静》，台湾实践出版社1985年版，第393页。

　　［11］白万祥：《登步会战政治作战配合运用检评》，台湾《传记文学》第35卷，第5期。

　　［12］陈诚对第一届"国民大会"二次会议报告施政，1954年3月3日。

　　［13］台湾何定藩编：《陈诚先生传》，第189页。

　　［14］1951年5月2日台湾《中央日报》。

　　［15］陈诚对第一届"国民大会"二次会议报告施政，1954年3月3日。

　　［16］黄嘉树：《国民党在台湾》，第187—188页。

　　［17］［18］《中美关系资料汇编》第2辑（上），世界知识出版社1960年版，第102、101页。

　　［19］1960年10月4日台湾《中央日报》。

　　［20］台湾何定藩编：《陈诚先生传》第223页。

［21］1953年8月4日台湾《中央日报》。

［22］陈诚对朝鲜停战后若干问题的看法，均见1953年8月4日台湾《中央日报》。

［23］陈诚对"立法院"的施政报告，1954年2月9日。

［24］吴锡泽编著：《陈辞修先生年谱简编初稿》（三）。

［25］《毛泽东军事文选》，中国人民解放军战士出版社1981年版，第364页。

［26］台湾"国史馆"史料处编：《金门古宁头舟山登步岛之战史料初辑》。

［27］徐扬、寇思垒：《陈诚评传》，第247—248页。

［28］1958年8月2日台湾《中央日报》。

［29］《中美关系资料汇编》第2辑（下），第2812、2817页。

［30］《毛泽东军事文选》，战士出版社1981年版，第365—366页。

［31］1958年10月10日台湾《中央日报》。

［32］［33］《中美关系资料汇编》第2辑（下），第2937页。

［34］1958年11月4日台湾《中央日报》。

［35］1960年7月21日台湾《中央日报》。

第七章　对外交往

［1］［2］吴锡泽编著：《陈辞修先生年谱简编初稿》（续完），台湾《传记文学》第36卷第2期。

［3］1961年7月30日台湾《中央日报》。

［4］1961年8月1日台湾《中央日报》。

［5］1961年8月2日台湾《中央日报》。

［6］1961年8月3日台湾《中央日报》。

［7］吴锡泽编著：《陈辞修先生年谱简编初稿》（续完）。

［8］1961年8月19日台湾《中央日报》。

［9］［10］1963年3月5日台湾《中央日报》。

[11] 1963年3月6日台湾《中央日报》。

[12] 1963年3月7日台湾《中央日报》。

[13] 1963年3月8日台湾《中央日报》。

[14] [15] 1963年3月10日台湾《中央日报》。

[16] 1963年3月13日台湾《中央日报》。

[17] [18] 1963年3月21日台湾《中央日报》。

[19] 1963年3月22日台湾《中央日报》。

[20] 1963年3月23日台湾《中央日报》。

[21] [22] 1963年3月24日台湾《中央日报》。

第八章 家庭与生活

[1] [2] [3] [4] 台湾何定藩编：《陈诚先生传》，第100页。

[5] 桑榆：《陈副总统轶事》，《流畅半月刊》第14卷，第11期。

[6] 郭骥：《存亡绝续的三十八年》，《陈诚传记资料》，台湾天一出版社1979年版，第175页。

[7] 台湾何定藩编：《陈诚先生传》，第101页。

[8] 台湾何定藩编：《陈诚先生传》，第132页。

[9] 台湾何定藩编：《陈诚先生传》，第45页。

[10] 桑榆：《陈副总统轶事》。

[11] 台湾《陈诚传记资料》，第272页。

[12] 石蘅芗，恐为石蘅菁，即石瑛。石瑛在抗战期间，曾任湖北省政府委员、湖北省临时参议会议长。

[13] 《陈院长畅谈法治》，1951年10月31日，载台湾何定藩编：《陈诚先生传》，第246页。

[14] 《陈诚先生的风趣》，载台湾何定藩编：《陈诚先生传》辑录资料。

[15] 何定藩：《陈诚先生》，第70页。

第九章 病 逝

［1］《陈诚传记资料》，台湾天一出版社1979年版，第283页。

［2］［3］1965年3月6日台湾《中央日报》。

［4］台湾何定藩编：《陈诚先生传》，第105页。

［5］台湾何定藩编：《陈诚先生传》，第122、125、128页。

附录一

陈诚生平大事年表

1898年

1月4日　出生于浙江青田高市，父陈希文，母洪氏。

1905年

始从堂伯父陈炳谦就学，父亦常亲自督教。

1906年

入高市小学读书。

1912年

自高市小学毕业，在家补习。

1913年

春　考入丽水浙江省立第十一中学读书。

秋　以学费困难，转入丽水浙江省立第十一师范学校读书。

1917年

12月　自浙江省立第十一师范学校毕业。

1918年

春　与吴舜莲女士结婚。

夏　插班考入杭州体育专门学校，旋即毕业。

10月　考入保定陆军军官学校，随即分发至陆军第九师炮团入伍训练。

1919年

6月　于炮兵训练期满，正式入保定军官学校第八期学习，分隶炮科。

1920年

7月　因爆发直皖战争，保定军校停办，遂南下广东参加中国国民党，入粤军第1师第3团。

1921年

10月　保定军校复课，乃北返继续军校学业。

1922年

6月　自保定军校毕业，分发至浙江第2师第6团第3连任见习官，旋补少尉排长。

1923年

3月　任建国粤军第1师第3团上尉副官，旋调连长，负责大元帅府警卫。

5月　随孙中山出征西江，参与对沈鸿英叛军作战，胸部中弹受伤。

9月　升师部独立连少校连长。

1924年

春　任黄埔军官学校上尉特别官佐，负教育副官职。

10月　父希文病故于青田，返乡奔丧。

1925年

1月　任黄埔军校校军炮兵营第1连上尉连长，参加第一次东征。

2月　在淡水城之役中，指挥炮击城墙，初获战果。

3月　投入棉湖战役，发炮阻敌前进，再建战功。

6月　回师广州，讨伐杨希闵、刘震寰，在歼灭滇军胡思舜部战斗中，建有殊功。

10月　参加第二次东征，炮击惠州城，致是役大胜；旋因功升迁炮兵第2营少校营长。

1926年

1月　任黄埔军校特科大队长。

7月　参加广东国民政府北伐，初任国民革命军总司令部中校参谋，旋任预备第1师第3团团长。

11月　随预备第1师改编为第21师、第3团改编为第63团，而改任第63团上校团长。

1927年

2—3月　率部在浙江桐庐、新登间与军阀孙传芳激战，并乘胜克复杭州。

4月　擢升第21师少将副师长。

5月下旬　率部渡江进击扬州，后驻防蚌埠。

6月　晋升第21师师长。

8月　率部进击南京栖霞山孙传芳军。

10月　免第21师师长职，居沪。旋出任国民政府军事委员会军政厅副厅长，兼驻上海办事处主任。

12月　代理军事委员会军政厅厅长。

1928年

3月　兼军事教育处处长。

4月　任"国民革命军"总司令部警卫司令。

7月　任第11师副师长。

10月　兼代第1师第31旅旅长。

1929年

4月　奉命率部进驻武昌。

5月　奉命率部移驻襄樊。

7月　升任第11师少将师长。

10月　兼"讨逆军"第2军副军长。

1930年

3月　兼蚌埠戒严司令。

5月　率第11师参加中原大战，收复马牧集，克复归德，进逼宁陵。

7月　移师援曲阜，曲阜解围。

8月　率部抢先攻占济南，立战功；旋提升第18军军长，仍兼第11师师长。

10月　率部首先攻入郑州，得蒋介石嘉奖。

11月、12月　赴日参观秋操及军事学校，任观操武官。

1931年

1月　兼任第14师师长。

6月　参加对工农红军的第三次"围剿"，任第二路进击军总指挥，未遇红军主力。

10月　兼任第52师师长，原第14师师长职由周至柔调任。

是年　与原配夫人吴舜莲离婚。

1932年

1月1日　经宋美龄介绍，在上海与谭延闿之三女谭祥女士结婚。

2月、3月　率部增援赣州，使红一方面军被迫放弃攻打赣州的计划。

11月　任抚河方面"进剿军"前敌总指挥。

12月底　在对工农红军第四次"围剿"的战斗序列中，任"赣粤闽边区进剿军"中路军总指挥。

1933年

2月下旬　所率第52师、第59师在黄陂被工农红军全歼。

3月21日　所率第11师在草台冈被工农红军围歼。

7月　兼任设于庐山的"中国国民党赣粤闽湘鄂北路剿匪军官训练团"团长，训练北路军"剿匪"部队中下级军官。

10月　参加第五次对工农红军的"围剿"，任北路军第三路军总指挥，兼第五路纵队总指挥。

1934年

2月　任"北路军前敌总指挥"，兼第三路军总指挥。

7月　任军事委员会陆军军官训练团（简称庐山军官训练团）副团长，蒋介石为团长，轮训全国各地陆军高级军官。

10月　率部进占中央苏区石城、宁都、瑞金等地。

12月　任"驻赣绥靖预备军"总指挥，继续"清剿"红军及地方人民武装力量。

1935年

3月　兼任新成立的国民政府军事委员会委员长武昌行营陆军整理处处长。

4月　长陆军中将。

同月　奉派任庐山暑期训练团筹备主任。

5月　兼任陆军整理处军官教育团团长。

6月　奉蒋介石命令，负责整编部队的范围扩及全国骑兵、炮兵、工兵。

8月　任"峨嵋军官训练团"教育长兼办公厅主任，专门训练川、滇、黔三省的军、政、教界官员。

10月　任新成立的"宜昌行辕"参谋长，仍兼任陆军整理处处长，该处改隶于宜昌行辕。

1936年

1月底　宜昌行辕与陆军整理处合并，改组为"委员长行辕"，不冠地名，驻武昌，旋任行辕参谋长。

3月28日　奉派赴山西协助阎锡山防御红军东渡黄河，任"剿匪"军第一路总指挥。

6月1日　在太原就任晋陕绥宁四省边区"剿匪"总指挥。

6月　以"行辕"参谋长名义，指挥部队南调，软硬兼施，处理"两广事变"。

8月21日　为对付桂军，兼任第三路军总司令。

9月　任中央军校校务委员兼广州分校主任；旋兼任军事委员会委员长广州行营参谋长。加陆军上将衔。

11月　调武汉任"委员长行辕"副主任兼参谋长。

12月　调任国民党军政部常务次长。

12月12日　在震惊中外的"西安事变"中被拘。

12月27日　继蒋介石于25日获释后，与其他军政大员同时获释，飞返南京。

1937年

1月4日　奉派为第四集团军总司令，屯兵渭南，"剿抚并举"，分化瓦解东北军和西北军。

3月　与夫人谭祥，同赴青田探亲。

6月　兼任"庐山军官训练团"教育长，调训全国党政军官员。

8月　任第三战区前敌总指挥，兼第十五集团军总司令，指挥淞沪抗战。

9月　任第三战区左翼作战军总司令，兼第四预备军副司令长官。

11月　任第三战区前敌总司令。上海失陷后，复于11月25日任第七战区副司令长官兼第十五集团军总司令。

1938年

1月　任武汉卫戍总司令。

2月　任军事委员会政治部部长。

3月　任武昌军官训练团教育长。

4月　兼任航空委员会委员。

5月　兼任中央训练委员会主任委员、军事委员会战时工作干部训练第一团副团长。

6月14日　奉派为第九战区司令长官，兼湖北省政府主席，与五战区协同组织指挥武汉保卫战。

6月　兼任中央训练团教育长。

7月9日　任刚成立的三民主义青年团中央书记长，蒋介石任团长。

7月21日　奉派为国民党湖北省党部主任委员，未到会期间，由喻育之代理职务。

12月　第九战区司令长官兼职由薛岳代理。

1939年

1月31日　经行政院决定，其湖北省政府主席职由严重代理。

2月　兼任游击干部训练班副主任。

3月　兼任战地党政委员会委员、中央训练团军事训练处处长。

5月　升陆军二级上将。

8月　兼任中央训练团特别党部特派员。

9月　与薛岳指挥第一次长沙会战。

10月　兼任第六战区司令长官，嗣于第一次长沙会战后，由商震接任；该战区不久撤销。

1940年

1月　奉命抵桂，参与指挥桂南会战。

2月　调军破粤中北犯韶关之敌。

6月　任宜昌会战右翼兵团司令。

7月　重建第六战区，任该战区司令长官，驻节恩施。

9月　回任湖北省政府主席；与此同时，辞去军事委员会政治部长及三民主义青年团中央团部书记长职。

1941年

3月　兼军事委员会党政委员会第六战区分会主任委员。

4月　颁布《湖北省减租实施办法》，分区实行二五减租。

6月　主持制定《新湖北建设计划大纲》。

9月　赴秭归指挥攻略宜昌。

1942年

2月　实施军需独立，扫除积弊。

1943年

2月11日　奉派为远征军司令长官，3月飞楚雄到任；仍兼第六战区司令长官及湖北省政府主席职。

5月　赶回恩施，指挥鄂西战役，歼敌于石牌，获捷。

8月　重返远征军司令部任所。

9月　请辞远征军司令长官职，遭蒋严词斥责。

11月　因胃病复发，远征军司令长官职由卫立煌代理，赴渝休养。

1944年

6月　赴西安，协助整顿西北局势。

7月　出任第一战区司令长官暨冀察战区总司令。

同月　飞汉中设长官部，补充训练并监督陕豫党政机关。

8月　赴西安指挥潼关方面战事。

12月1日　出任军政部部长，着手整顿全国军队。

1945年

1月　兼军政部后勤总司令。

3月　提出整军纲要，并呈准施行。

5月　当选为中国国民党第六届中央执行委员会委员、中央执行委员会常务委员。

6月　兼任国防研究院副院长。

8月15日　日本宣布无条件投降，主持军政部开展复员与接收工作。

10月　兼国民党中央训练团教育长。

同月　辞后勤总司令兼职。

12月　任中央军事机构改组委员会主任委员。

1946年

4月3日　继张治中之后，任"三人小组"国民政府方面代表；24日即由军令部长徐永昌接任。

4月　任青年军复员管理处处长。

6月　于国防部成立后，任参谋总长兼海军总司令。

9月　再度兼三民主义青年团中央团部书记长。

10月21日　因徐永昌生病，再次奉派作为国民政府代表参加三人小组，俞大维襄助。

11月　当选制宪国大代表，出席"制宪国民大会"，并任大会主席团成员。

1947年

2月　晋升陆军一级上将。

8月29日　奉派兼任国民政府主席东北行辕主任；9月1日飞赴沈阳就职，接替熊式辉，主持东北战局。

1948年

2月5日　离沈赴沪医治胃病，由卫立煌任东北行辕副主任兼东北"剿匪"总司令。

5月12日　准辞参谋总长本兼各职。

6月　入上海国防医学院，胃切除三分之二。

10月　由上海移居台北草山（即阳明山）疗养。

12月29日　受任为台湾省政府主席。

1949年

1月18日　兼任台湾警备总司令。

1月21日　飞杭州，谒见刚宣布下野的蒋介石。次日飞南京，谒见代总统李宗仁、行政院长孙科。

3月　飞溪口，谒见蒋介石。

同月　订颁台湾省出境入境管制办法。整编军队。

4月　推行三七五减租，开始土地改革。

5月20日　颁布"戒严令"，台湾全省实行"临时戒严"。

5月　实行户口总检查。简化行政机构。

6月15日　颁布《台湾省币制改革方案》和《新台币发行办法》，发行新台币，改革币制。

8月15日　任东南军政长官公署军政长官，辖苏、浙、闽、台四省，长官公署设台湾；台湾警备总司令部同时结束工作。

12月21日　辞去台湾省政府主席职，专任东南军政长官职务。

1950年

3月　出任"行政院院长"；东南军政长官公署结束工作。

7月22日　任中国国民党中央改造委员会委员。

1951年

1月16日　兼任"行政院设计委员会主任委员"，为"反攻大陆"设计各种实施方案。

4月　实行经济金融紧急措施，禁止金钞买卖，并改订外汇管理办法。

1952年

3月　订定四年经济建设计划。

10月　当选为台湾国民党第七届中央执行委员会委员、中央执行委员会常务委员。

同月　召开侨务会议，订立《华侨反共公约》。

1953年

1月　发布"行政院令"，指定台湾省为"耕者有其田"施行区域。

1954年

3月24日　在第一届"国民大会"第二次会议上，当选为"副总统"。旋辞"行政院长"职。

11月 兼"总统府""光复大陆设计研究委员会"主任委员,原"行政院设计委员会"即行并入。

1955年

2月 兼"革命实践研究院主任"。

7月 兼"行政院"石门水库建设筹备委员会主任委员主持石门水库建设的筹备工作。

1956年

7月 石门水库建设委员会正式成立,任主任委员。

1957年

10月 在台湾国民党八全大会上当选为中央执行委员会委员、常务委员;并经蒋介石提名,当选为副总裁。

1958年

7月 再度出任"行政院长"。

8月 辞石门水库建设委员会主任委员及"革命实践研究院主任"。

1960年

1月 订立《加速经济发展十九点计划》。

3月 在"第一届国民大会第三次会议"上,再次当选为"副总统";继续担任"行政院长"。

7月 前往金门岛视察。

1961年

7月 以"行政院长"身份,主持阳明山第一次会谈,邀台湾及海外经济界人士,商讨"复国大计"。

7月29日 出访美国,8月13日返台。

8月 以"行政院长"身份,主持阳明山第二次会谈,邀台湾及海外文化、教育、科技界人士商讨"复国大计"。

1963年

3月4日　出访南越，9日返台。

3月20日　出访菲律宾，23日返台。

7月　病假一月，在阳明山休养。

8月　续假二月，在日月潭休养。

9月16日　因葛乐礼台风，提前销假，处理水灾。

11月22日　在台湾国民党九全大会上，经蒋介石提名，连任副总裁。

12月15日　辞"行政院长"兼职。

12月25日　请病假三月。

1964年

6月14日　石门水库落成，主持竣工典礼。

9月　连续腹泻，体重遽降。

10月　经肝穿刺检查，确诊为肝癌。

1965年

2月27日　医疗小组发表第一次病情公报。

3月3日　口授遗言三条。

3月5日　因患肝癌，医治无效去世，终年68岁。

附录二

主要参考资料

1.国民政府军令部战史令档案，中国第二历史档案馆藏。

2.湖北省政府档案（1949年前），湖北省档案馆藏。

3.天津《大公报》，1946—1948年。

4.台湾《中央日报》，1949—1965年。

5.著者访问陈诚部属宋瑞珂记录，1987年7月9日于上海。

6.著者访问陈诚部属邱行湘记录，1987年9月6日于南京。

7.陈诚：《陈诚回忆录——抗日战争》，东方出版2009年版。

8.陈诚：《台湾土地改革纪要》，台湾中华书局1961年版。

9.陈诚口述、吴锡泽笔记《陈诚主台政一年的回忆》，台湾《传记文学》第63卷第5—6期，第64卷第1—2期。

10.蒋经国：《风雨中的宁静》，裕文书局1967年版。

11.曾景忠、梁之彦选编：《蒋经国自述》，团结出版社2005年版。

12.江南著：《蒋经国传》，中国友谊出版公司1987年版。

13.张宪文、方庆秋主编：《蒋介石全传》，河南人民出版社1996年版。

14.李松林著：《晚年蒋介石》，安徽人民出版社2000年版。

15.茅家琦主编：《台湾30年（1949—1979）》，河南人民出版社1988年版。

16.黄嘉树著：《国民党在台湾》，南海出版公司1991年版。

17.孙宅巍著：《蒋介石的宠将陈诚》，河南人民出版社1990年版。

18.孙宅巍著：《陈诚别传》，上海人民出版社1998年版。

19.何平：《陈诚传略》，法国《欧洲时报》1988年10—12月连载。

20.吴相湘：《陈辞修先生生平大事纪要》，《民国政治人物》第2集，台湾传记文学出版社1982年版。

21.《民国伟人传记·陈诚》，台湾高雄石成书店1976年版。

22.《陈诚先生传略》，台湾《青田县志·人物志》卷八。

23.吴锡泽编纂：《陈辞修先生年谱简编初稿》，台湾《传记文学》第62卷第5—6期，第63卷第1—2期。

24.徐济德：《陈诚的军政生涯》，吉林文史出版社1989年版。

25.方知今：《黄埔名将——陈诚》，作家出版社1993年版。

26.王学庆、赵洪昌：《蒋介石和陈诚》，吉林文史出版社1996年版。

27.黄亦兵著：《蒋氏宠臣》，兰州大学出版社1997年版。

28.文思主编：《我所知道的陈诚》，中国文史出版社2004年版。

29.邱七七著：《集忠诚勇拙于一身——陈诚传》，台湾近代中国出版社1985年版。

30.徐扬、寇思至：《陈诚评传》，台湾群伦出版社1986年版。

31.浙江省政协文史编辑部编：《陈诚传》，华艺出版社1991年版。

32.湖北省政协文史资料委员会编：《陈诚史料专辑》，湖北省政协文史资料委员会1990年版。

33.何定藩主编：《陈诚先生传》，台湾反共出版社1965年版。

34.《陈诚传记资料》，台湾天一出版社1979年版。

35.孙宅巍：《陈诚客死异乡》，《民国春秋》1988年第4期。

36.孙宅巍：《陈诚与两次阳明山会谈》，《江苏史学》1989年第2期。

37.孙宅巍：《陈诚略论》，《学海》1990年第2期。

38.左双文：《坚持"一个中国"立场的国民党元老陈诚》，《炎黄春秋》1996年第4期。

39.冯世欣：《我所知道的三七五减租》，台湾《传记文学》第53卷第4期。

40.冯世欣：《陈诚临危受命》，台湾《中外杂志》第51卷第2期。

41.冯世欣：《陈辞公轶事记闻》，台湾《传记文学》第66卷第3期。

42.杨元忠：《于役东南军政长官公署回忆》，台湾《传记文学》第54卷第2期。